Strümpfe
HUDSON
perlon
ELEGANT
HALTBAR
PREISWERT
HUDSON-STRUMPFFABRIK GMBH STUTTGART-VAIHINGEN

Abb. 3

WERBUNG
IN DEUTSCHLAND 1945-1965

Die Nachkriegszeit im Spiegel ihrer Anzeigen

Michael Kriegeskorte DuMont Buchverlag Köln

Lauter gute Gaben der Natur sind es, die
„Knorr Feine Erbsensuppe" so herzhaft machen:
nach westfälischer Art geräucherter Schinken,
grüne Erbsen und einige würzige Kräuter!
Knorr
FEINE
Erbsen-Suppe
MIT SCHINKEN
Auch für diese Suppe gilt: bei Knorr – da schmeckt man die Natur!

Abb. 4

Inhalt

Vorwort

Das Werbewesen ist jetzt so weit perfektioniert, daß weitere Fortschritte unwahrscheinlich sind.
Dr. Samuel Johnson,
englischer Sozialkritiker,
im *Idler,* 1759.[I.1]

Den fünfziger und sechziger Jahren gilt nun schon seit längerem die Aufmerksamkeit zahlreicher Publikationen und Ausstellungen. Neben gesellschaftlichen und wirtschaftlichen Aspekten stehen auch Kultur- und Kunstgeschichte der Zeit immer wieder im Brennpunkt des Interesses. Die sehr eigene Formensprache vor allem der fünfziger Jahre erfährt außerdem in Mode und Design auf breiter Basis gegenwärtig Adaptionen, die jedoch in ihrer Selektivität eher zur Verklärung als zu einem tieferen Verständnis der Epoche und ihrer gestalterischen Leistungen beitragen. Einzelne Phänomene wie die ›Nierenform‹ werden dabei derart überbewertet, daß eine differenzierte Betrachtung nicht zustande kommt. Dieses Buch versucht nun, einen kleinen, aber aussagekräftigen Teil der damaligen visuellen Realität, die *Werbung,* in ihrer künstlerischen Vielfalt, ihrer Opulenz, nicht zuletzt in ihrer Skurrilität zu rekonstruieren und auf formale und inhaltliche Beziehungen zur besonderen Nachkriegssituation in Westdeutschland zu untersuchen.

Gerade auch bei der Beschäftigung mit Werbung aus den ersten zwanzig Jahren nach dem Zweiten Weltkrieg gelangt man zu Befunden, die das seinerzeit entworfene Bild einer harmonischen Aufbaugesellschaft im Zeichen des Wirtschaftswunders trüben. Für diese Selbststilisierung war ein Preis zu bezahlen, und seine Kosten schlagen sich auch in der Werbegestaltung nieder. So offenbart sich zum Beispiel der enorme und erfolgreiche Arbeitseinsatz der Deutschen schnell als ein ebenso effektiver Versuch, gewisse Schuldgefühle aus der jüngsten Vergangenheit zu kompensieren – und folgerichtig suchen auch die Visitenkarten des Aufschwungs, die Anzeigen, die Nazizeit zur Un-Zeit zu machen. Solche unterschwelligen Spannungen können sich dann in Formalien entladen: Der mannigfaltigen psychologischen und materiellen Belastung in der Epoche des Kalten Krieges entspricht für geraume Zeit eine beinahe schrankenlose irrationale Lust an ›schrägen‹ und ›ausgeflippten‹ Formen und Farben.

Während man den konfliktträchtigen Prozeß der Ausblendung der Geschichte negativ oder über solche formalen Analogien sichtbar machen kann, ist ein anderer Problemkreis sehr viel leichter zu illustrieren: das Verhältnis der Geschlechter. Den Leistungen der deutschen Frauen – nicht nur als Trümmerfrauen – haben die Männer offenbar nichts anderes entgegenzusetzen als drastische Zurückweisungen in die traditionellen Rollen am Herd und in der Familie; sprechende Dokumente dieses Verdrängungsprozesses liefern einmal mehr die zeitgenössischen Anzeigen. Nach der gründlichen Diskreditierung moralischer und ethischer Werte im ›Dritten Reich‹ bieten sich ersatzweise die zahllosen neuen Konsumidole, die in der Werbung in beispielloser Massierung als Sympathieträger eingesetzt werden, dem orientierungslosen Bundesbürger zur Identifikation an. Diese und viele andere typische Eigenheiten der deutschen Nachkriegszeit beeinflussen ihre Anzeigengestaltung und lassen sich dort noch heute nachweisen. Gerade für die Jahre, da der Begriff ›Werbung‹ noch ungute Erinnerungen an die Propaganda der Nationalsozialisten wecken mochte, entpuppt sich deren scheinbar so harmlose Nachfolgerin als besonders klarer Spiegel der tatsächlichen gesellschaftlichen Verhältnisse.

Zwei andere, rein werbeimmanente Umstände lassen die Betrachtung des Materials auch aus kunstkritischer Sicht lohnend erscheinen. Einmal konnte in den ersten, mit der Währungsreform aufkommenden Anzeigen nicht auf für effektive Werbung sonst so wichtige eingefahrene Sehmuster zurückgegriffen werden, denn diese waren in den vorhergehenden zwanzig Jahren von der nationalsozialistischen Ikonografie bestimmt worden und damit in der neuen Ära unbrauchbar. So mußte praktisch aus dem Nichts Neues kreiert werden, mußte die Werbegestaltung unerprobte Lösungen erarbeiten, auf deren Akzeptanz sie nur hoffen konnte, ein risikoreiches Unterfangen, dessen zum Teil sehr qualitätvolle Ergebnisse – die freilich allzuoft auch die Erfolglosigkeit des beworbenen Produkts bezeichneten oder gar beförderten – von einer heute selteneren Experimentierfreude getragen wurden. Weiterentwickelte Techniken gaben den Gestaltern dabei neue formale Möglichkeiten an die Hand. Was zum Beispiel das Plakat als hochentwickelter, oft künstlerisch gestalteter farbiger Werbeträger bis zum Krieg geleistet hatte, konnte nun dank des Vierfarbendrucks auch in den Illustrierten an ein Massenpublikum herangetragen werden – das führte zur letzten Hoch-Zeit der Druckwerbung.

Zweitens lassen sich interessante Konsequenzen aus der scheinbar paradoxen Tatsache erwarten, daß das wichtigste Stimulans werblicher Innovation in der unmittelbaren Nachkriegszeit zunächst entfiel: der harte Konkurrenzkampf der Marken. Die zeitweise Mangelsituation, in der sehr viel weniger produziert als nachgefragt wurde, entband die Werbegestaltung vorerst von dem Zwang, aggressive Differenzierungsstrategien zu entwickeln, wie sie vor allem in den sechziger Jahren zur Regel werden sollten. (Daß deren Ergebnis Gleichschaltung statt Vielfalt war, wird später zu zeigen sein.) Fürs erste aber erschöpfte sich die Funktion der Werbung oftmals im Aufweis der Wiederverfügbarkeit, der schieren Präsenz der Nachkriegsprodukte, und dafür entwickelte sie in einer noch offenen ästhetischen Situation eine beeindruckende Formensprache, deren diverse Konjunkturen in diesem Buch nachgezeichnet werden sollen.

Es ist interessant zu beobachten, wie sich dann gegen Ende der fünfziger Jahre der Wandel zur künstlichen Schaffung von Bedürfnissen in der Werbung vollzog – nämlich von dem Moment an, da die Industrie wieder mehr liefern konnte, als Bedarf bestand. Gleichzeitig machte sich auch die Konkurrenz des Fernsehens, das in dieser Zeit seinen Siegeszug als Werbeträger begann, in der Gestaltung von gedruckten Anzeigen bemerkbar, die die überlegene Informationsmächtigkeit des neuen Mediums zu imitieren versuchten. Nun fand schließlich der Anschluß an internationale Entwicklungen statt, die zum Ende dieser Darstellung diskutiert werden sollen: ein weltweit verbindliches, optimal verkaufsförderndes formales Schema und ein ebensolcher Inhalt, der ›Lifestyle‹, zogen auch die westdeutsche Werbung in ihren Bann.

Fast vier Jahre hat es gedauert, bis mit etwa 400 000 gesichteten Seiten eine einigermaßen repräsentative Basis für die Untersuchung deutscher Nachkriegswerbung in den Druckmedien zur Verfügung stand, deren Ergebnis dieses Buch ist. Natürlich ist es relativ schwierig, ein derart komplexes kulturelles Feld anschaulich zu strukturieren. Es erwies sich als am sinnvollsten, die ausgewählten Anzeigenbeispiele unter signifikanten Themenschwerpunkten in chronologischer Reihenfolge abzuhandeln. Auch systematische, im gesamten Zeitraum wirksame Aspekte sind in diese Chronologie eingepaßt worden, wenn ihre Relevanz für einen bestimmten Zeitabschnitt vorrangig schien. So kommt etwa das Thema ›Schrift‹ schon als Kapitel 3 – Ausdruck der größeren Bedeutung formaler, hier: typografischer Elemente in der Werbung der frühen fünfziger Jahre; während der differenzierten Inhalt transportierende Text erst an neunzehnter Stelle besprochen wird, um die relativ späte Blüte textintensiver Anzeigen zu dokumentieren.

Für die Zeit bis 1955 existiert nur wenig Zahlenmaterial, das zum Beleg einiger der hier vertretenen Standpunkte hätte herangezogen werden können. So sind es die Anzeigen selbst, die den Autor zu mancher These bewogen haben und die – in ausreichender Größe in diesem Band abgebildet – den Leser von deren Stichhaltigkeit überzeugen sollen.

1 »Es gibt wieder...«: Kriegsfolgen

GEGENÜBER:
Abb. 5
Ford
Ein amerikanisches Statussymbol – made in Cologne.
Aus: *Das Beste aus Reader's Digest* 1/1950

In den Jahren 1945 bis 1948 trat Werbung fast nur in Form von politischer Propaganda auf. Vor allem das Plakat als leicht verfügbares, preiswertes Medium zur Information der Allgemeinheit in einer vielfach zerstörten Infrastruktur erfüllte neben dem Radio eine wichtige – ein letztes Mal seine ursprüngliche – Aufgabe: die »Ansprache an die Öffentlichkeit«.[1.1] Formale Aspekte konnten für seine Gestaltung eine untergeordnete Rolle spielen, da das enorme Informationsdefizit keine Konkurrenzsituation entstehen ließ, die eine besonders ausgefeilte Profilierung erzwungen hätte. So waren die Plakate stilistisch meist der politischen Richtung entsprechend gestaltet, von der sie eingesetzt wurden. (Mehr dazu in Kapitel 10.)

Die Anfänge der Wirtschaftswerbung in Westdeutschland lassen sich sinnvoll erst nach der Währungsreform analysieren; bis dahin gab es ohnehin wenig zu kaufen – wenigstens nicht auf legalem Wege. Werbung wurde anfangs hauptsächlich in den ab 1948 wieder erscheinenden Zeitungen und Zeitschriften betrieben. Dabei ging es zunächst einmal darum, die bloße Wiederverfügbarkeit bestimmter Produkte bekanntzugeben. So war es tatsächlich von untergeordneter Bedeutung, *wie* ein Artikel angeboten wurde. Die allgemeine Mangelsituation – beworben wurden bis 1950 hauptsächlich preiswerte, einfache Konsumartikel wie Zahnpasta, Seife, Zigaretten und Kosmetika – erlaubte es, daß etwa das Reinigungsmittel *Rei* noch 1951 in einer Anzeige gleichzeitig zur Körperhygiene, zum Baden und Duschen, zum Geschirrspülen, zum Wäschewaschen, zum Hausputz und zur Bodenreinigung empfohlen werden konnte. Was ihre grafische Gestaltung betraf, waren die ersten Anzeigen, wenn es sich nicht um reine Textanzeigen handelte, meist mit gezeichneten oder gemalten Abbildungen im Stil der zwanziger und frühen dreißiger Jahre kombiniert. Farbanzeigen tauchten noch recht selten auf, da nur wenige Zeitschriften mehrfarbige Illustrationen drucken konnten.

Die folgenden Beispiele (Abb. 5–11) sollen diese und andere, weniger offensichtliche Einflüsse der besonderen Nachkriegssituation auf die Werbung veranschaulichen.

Die Anzeige des amerikanischen Automobilkonzerns *Ford* (Abb. 5) aus dem Jahr 1949 ist nach traditionellen Gestaltungsregeln aufgebaut: schlicht, symmetrisch, wie ein Gemälde im Passepartout. Die Gestaltung des Schriftzugs, in großen, klassischen Lettern auf Illustrationsbreite gesperrt, verleiht ihr noch zusätzliche kompositorische Standfestigkeit. Der Kölner Dom – in Köln wird der *Ford* seit 1931 gebaut – in dem zum Wappen umfunktionierten Firmenemblem demonstriert einen deutschen Wert, der älter ist als das ›Tausendjährige Reich‹: Wappen, Rhein und deutsche Baukunst sollen wieder an vorzeigbare deutsche Geschichte erinnern.

So wird gerade das moderne, amerikanisch wirkende Auto zum Träger des neuen Geistes. Der Betrachter liegt dank der Extremperspektive schon jetzt vor dem künftigen goldenen Kalb im Staub, und der Stil des Wagens repräsentiert den (Markt-)Führer der neuen Zeit: Amerika.

Formal sehr ähnlich ist die *Kaufhof*-Werbung (Abb. 6) aus dem Jahr 1949. Sie ist betont symmetrisch und nach den Regeln klassischer Bildkomposition angelegt.

4914a
Autofahren ist kein Luxus, aber
immer ein Vergnügen mit dem
TAUNUS
FORD
FORD-WERKE AKTIENGESELLSCHAFT

Gegenüber:
Abb. 6
Kaufhof
Einen möglichst großen Bogen um die letzten zwanzig Jahre der Firmengeschichte schlägt dieses ›mittelalterliche‹ Dokument.
Aus: Stadt Köln (Hrsg.), *1900 Jahre Köln*, Köln 1949

Seite 12:
Abb. 7
Osram
Ein opulentes Stilleben, aus der Not geboren.
Aus: *Das Beste aus Reader's Digest* 1/1950

Seite 13:
Abb. 8
Caro
Der gute Freund in schweren Zeiten: Kaffee-Ersatz *Caro.*
Aus: *Film und Frau* 23/1953

Als ein wahrer Konsumtempel vor der aufgehenden Sonne verspricht der *Kaufhof* den Anbruch einer strahlenden neuen Zeit des Überflusses. Die Strichzeichnung im Stil eines alten Kupferstichs suggeriert allerdings, wie auch der Text, die Kontinuität bewährter Qualitäten. In der Tat greift diese Anzeige noch systematischer als das vorige Beispiel in die Vergangenheit zurück. Schrift und Ornamente lassen sie wie eine Urkunde erscheinen – vielleicht wie einen nachträglichen Kaufvertrag? Schrifttyp – das Wort *Kaufhof* ist in einer typischen Zwanziger-Jahre-Schrift gesetzt –, Schreibweise – »Cöllen an dem Rheine« – und Wortwahl – »Heimstatt« und »Kaufmannsgeist« – beschreiben, indem sie das längst vergangene Mittelalter assoziieren, den größtmöglichen Bogen um die letzten zwanzig Jahre der *Kaufhof*-Geschichte.

»Tradition« ist einer der wichtigsten, in vielen frühen Anzeigen auftauchenden Begriffe. Er suggeriert epochenüberdauernde Existenz und macht die Nazizeit zur Un-Zeit. »Zu den Hütern dieser verpflichtenden Tradition gehört heute wie stets der *Kaufhof.*« Dieser Satz als Leitthema regt die Fantasie an.[1.2] Man durfte schon damals nicht unbedingt alles, was die Werbung behauptete, auf die Goldwaage legen.

Die beiden *Osram*-Anzeigen (Abb. 7, 9) aus dem Jahr 1950 stellen typische formale Rückgriffe auf Vorkriegswerbung dar. Die farbige Illustration, im Stil eines altmeisterlichen, naturalistischen Stillebens gemalt, wirbt lediglich mit der Verfügbarkeit von *Osram*-Leuchtkörpern. Über ihre opulente Präsentation hinaus wird auf eine verkaufsfördernde Argumentation völlig verzichtet. Das war der spezifischen Nachkriegssituation durchaus angemessen, denn die Versorgung mit den angezeigten Produkten war keineswegs sichergestellt. So kam es vor – zum Beispiel bei Zigaretten (siehe Abb. 127 und 128) –, daß sich Firmen in Anzeigen dafür entschuldigen mußten, die beworbene Ware gar nicht liefern zu können.

Vor dem Krieg blieben farbig gedruckte Zeitschriftenseiten in der Regel der Abbildung von Kunst vorbehalten, meist auf besonderem Papier von speziellen Maschinen gedruckt. Das *Osram*-Stilleben weckt hier sicherlich bewußt Assoziationen zur Kunst. Technisch möglich wurde diese frühe Farbanzeige durch ihre Publikation in einem ungewöhnlichen Kontext: in der deutschen Ausgabe der amerikanischen Zeitschrift *Das Beste aus Reader's Digest.* Von Anfang an getragen durch eine ausreichende Anzahl von Werbekunden aus den USA, bot das Magazin schon früh die Möglichkeit, Werbung farbig zu drucken. Gleich *Osram* nutzten viele andere deutsche Firmen diese Chance und warben mit Illustrationen in prunkvoller, gemäldehafter Qualität für ihre Produkte.

Tatsächlich beschränkte sich der amerikanische Einfluß nicht auf die Bereitstellung technischer Innovationen. In den ersten Jahren nach der Währungsreform bewarben zahlreiche US-Unternehmen, vor allem die Kosmetikbranche, ihre Erzeugnisse mit den einfach ins Deutsche übertragenen Anzeigen. Bis auf wenige Ausnahmen – dazu gehört *Luxor,* siehe Kapitel 4 – verschwanden diese Anzeigen jedoch wieder, da sie nicht den besonderen Verhältnissen in Westdeutschland entsprachen. Erst auf dem Gipfel des Wirtschaftswunders gegen Ende der fünfziger Jahre kehrten amerikanische Werbemuster nach Westdeutschland zurück (vgl. *Marlboro,* Abb. 133; *Coca-Cola,* Abb. 136).

KAUFHOF

OSRAM
OSRAM
OSRAM
OSRAM
OSRAM

Vorüber ist der Sonne Glut.
Wie wärmt Freund Caro uns jetzt gut.
Er schmeckt, ist kerngesund und rein,
er soll des Winters Sonne sein.
Ja, Caro ist blitzschnell bereit!
Versäumt sie nie, die Caro-Zeit.
Caro
INSTANT
der Erste in seiner Art

Der Lichtblick des Alltags:
OSRAM
Ins rechte OSRAM-Licht gesetzt, wird eine Wohnung erst zum Heim
OSRAM
Doppelwendel-Lampen
leuchten heller
leuchten lange
SCHNEIDER
J 11

Viel häufiger wurde um 1950 allerdings einfarbige Werbung gedruckt, Schwarzweißdruck oder auch Braun- oder Blauschwarzdruck waren die Regel. Das typische Muster lieferte die gezeichnete Anzeige der Vorkriegszeit, die in Deutschland eine lange Tradition hatte und beim breiten Publikum sehr beliebt war. Auf diese Tradition greift die vorliegende *Osram*-Anzeigenzeichnung (Abb. 9) zurück.

Zeichnungen waren preiswert, schnell und leicht herzustellen und brachten den Witz mit in die Werbung. Auch die in Amerika zum Comic weiterentwickelte Bildergeschichte wurde gerne benutzt. Viele später berühmte Zeichner verdienten auf diese Weise ihr erstes Geld. So zeichnete zum Beispiel Herr von Bülow in den fünfziger Jahren zunächst anonym für einen deutschen Weinbrand, signierte später mit *Pirol* und änderte schließlich seinen Künstlernamen in das französische Wort für diesen Vogel, *Loriot.* Weitere heute bekannte Zeichner, die damals für die Werbung arbeiteten, waren Walter Hanel, Manfred Schmidt und Olaf Gulbransson, um nur drei zu nennen.

Das *Osram*-Beispiel beweist, daß ein guter Zeichner auch in einer formal schlichten Anzeige sehr viele verschiedene Inhalte transportieren konnte. Die Zartheit des Strichs entspricht der Ruhe der dargestellten Szene. Die Zufriedenheit der Näherin wird automatisch auf die Verfügbarkeit von Helligkeit zurückgeführt. Untrennbar mit dem *Osram*-Licht verbunden ist – so wird suggeriert – die angenehme Arbeitssituation, mit reichlich Stoff zum Nähen und einem schönen, bequemen Arbeitssessel. Der Slogan »Der Lichtblick des Alltags« nimmt behutsam Bezug auf die harte Nachkriegswirklichkeit, in der das Selbernähen und -flicken eine existentielle Notwendigkeit war. Von Hand geschrieben, stellt er geschickt eine formale Beziehung zwischen Zeichnung und Text her.

GEGENÜBER:
Abb. 9
Osram
Behutsam in Szene gesetzt: »Der Lichtblick des Alltags«. Die gesamte Anzeigengestaltung liegt erkennbar noch in einer Hand.
Aus: *Constanze* 21/1950

OBEN:
Abb. 10
Sunlicht
Ein übergroßes, ›kerniges‹ Stück Seife – zur kollektiven Reinigung?
Aus: *Constanze* 10/1949

OBEN:
Abb. 11
VW-Fleischhauer
Freie Mobilität – nach dem Krieg ein besonders erfolgreiches Werbemotiv. Aus: Stadt Köln (Hrsg.), *1900 Jahre Köln*, Köln 1949

Das Bild einer – natürlich hübschen und jungen – Frau in dekolletiertem Kleid, die zufrieden arbeitete, war ein erstrebenswerter Besitz für die das Geld verdienenden Männer.

Der übergroße, in der Mitte der Anzeige plazierte Markenname *Osram* ist in einem leichten, schmalen Schrifttyp gesetzt, so daß er die zarte Harmonie der Komposition nicht stört. Die tiefere Ursache des dargestellten Glücks ›erscheint‹ in der Illustration nur indirekt – frei nach Platos Höhlengleichnis – in dem abstrahierten Negativschattenriß einer Glühbirne.

Indem sie das Umfeld des Elektrobirnenkaufs und die dadurch erreichbaren Vorteile mit in die Anzeigengestaltung einbezieht, geht diese an sich formal einfache Werbung in ihrer suggestiven Wirkung weit über die des gemalten *Osram*-Stillebens hinaus; sie bietet dem Betrachter zahlreiche gedankliche Ansätze.

Die sanfte Leichtigkeit der Zeichnung und der beschauliche Ton des Gedichtes in der *Caro*-Werbung (Abb. 8) von 1953 dürfen als bewußter visueller Versuch angesehen werden, die harte Nachkriegsrealität leichter erträglich zu gestalten. Die Anzeige sollte als persönliche, schriftliche Botschaft verstanden werden können: der gesamte Text ist kursiv gesetzt, das Gedicht in einer Art Schreibschrift. Spielerisch integriert ist die leichthändige Zeichnung eines jungen Mannes, der lächelnd dem Wind trotzt. Es war zwar offensichtlich notwendig, einen Schal zu tragen – auch der ließ sich im V-Ausschnitt recht elegant präsentieren –, und die linke Hand mußte in der Hosentasche bleiben. Aber der Genuß von *Caro* konnte die rauhen Zeiten ertragen helfen, als ob's schon echter Bohnenkaffee wäre!

Auch der Text scheint auf ähnlich behutsame Weise, als Metapher, die Nachkriegssituation zu reflektieren: Es war »Winter«, der vergangene Sommer war »Glut«, er war »vorüber«. Jeder brauchte nun Freunde, vor allem nach einem verlorenen Krieg, und da bot sich »Freund *Caro*« an: der war – immer noch – »rein«.

»*Caro* ist blitzschnell bereit!« Die Verhältnisse erlaubten sowieso keine mußevolle Kaffeezubereitung, deshalb wurde nun das amerikanische ›Instant‹-Verfahren angeboten. ›Instant‹ war übrigens einer der ersten englischen Begriffe, welche nach dem Krieg Eingang in den Wortschatz der deutschen Werbung fanden, die durch Anglizismen die Modernität ihrer Produkte beweisen wollte.

»Es gibt wieder ...« ist sicher eine der wichtigsten Aussagen in Anzeigen der frühen Nachkriegszeit.

Wie wichtig da gerade eine Seife sein konnte, wird in der *Sunlicht*-Werbung (Abb. 10) von 1949 deutlich. Auch die Seife steht in der aufgehenden Sonne für den neuen Tag, die neue Zeit, überdimensional groß dargeboten vom Mann der Stunde, dem Arbeiter. Es gab also wieder Arbeit, man sieht die rauchenden Fabrikschornsteine. (Vielleicht wurde in der abgebildeten Fabrik ja die Seife hergestellt.) Sauber sollten jetzt alle wieder dastehen – auch im übertragenen Sinn? Dafür war natürlich ein derart übergroßes, »kerniges« Stück Seife notwendig. Und *Sunlicht* eignete sich für diese Aufgabe besonders gut, darauf wird im Jubiläumskranz hingewiesen: 50 Jahre, 1899 bis 1949, waren also glorreich überstanden und mit ihnen der Krieg; den Vorkriegsstatus wieder zu erreichen war nun oberstes Gebot. So stammt auch der Schrifttyp der *Sunlicht Seife* aus den zwanziger Jahren.

Noch viele andere Anzeigen nahmen auf ähnlich subtile Weise indirekt Bezug auf die jüngste Geschichte, eine *Kaloderma*-Anzeige von 1950 etwa, indem sie ihrem Produkt das Markenzeichen »Friedensqualität« verlieh. So steigerte der endlich erreichte Frieden auch noch die Qualität von Konsumprodukten. *Nivea*-Zahnpasta versprach den Kunden »unbesorgtes Lachen« – sicher nicht nur, weil die Zähne wieder mit Zahnpasta geputzt werden konnten. Wer die Möglichkeit hatte, wies darauf hin, daß er schon vor dem ›Tausendjährigen Reich‹ existiert hatte: den »großen deutschen Sekt *MM*« gab es bereits »seit 135 Jahren«, das *Simi*-Gesichtswasser genoß »Weltruf seit 1904«.

Die *VW*-Werbung des Kölner Autohauses *Fleischhauer* (Abb. 11) aus dem Jahr 1949 präsentiert sich traditionell, mit einer holzschnittartigen Illustration im Passepartout, unter der *VW*-Zeichen und Text symmetrisch angeordnet sind. Die Ähnlichkeit zum Aufbau der *Ford*-Anzeige (Abb. 5) ist unverkennbar; jedoch sind gerade die Unterschiede eine genauere Betrachtung wert.

Der *VW* wird gefahren; er ist in seiner eigentlichen Funktion verfügbar – als sportliches Cabriolet, in dem Geschwindigkeit und Wind das Fahrvergnügen betonen. Der amerikanische Wagen *steht* – Besitzerstolz und Bewunderung sind dargestellt: ein monumentales Statussymbol. Das deutsche Auto bewegt sich durch die Natur, hier ein japanisches Kirschblüten-Idyll, der *Ford* präsentiert sich in einer amerikanischen Großstadt, der Geschäftsstadt der Männerwelt, von Beton umgeben. Der *VW* wird von einer Frau gesteuert – eine Würdigung der Trümmerfrauen? Wohl kaum, eher zur Dekoration – der *Ford* aber gehört auf jeden Fall in eine reine Männergesellschaft.

2 Rückgriffe auf das *Bauhaus*

GEGENÜBER:
Abb. 12
Nivea
Glückte in der Nachkriegszeit nur selten: *Bauhaus*-Gestaltung in Reinkultur.
Aus: *Constanze* 1/1949

Einer der wenigen möglichen Anknüpfungspunkte an eine unbelastete deutsche Gestaltungstradition hätte das *Bauhaus* sein können. 1919 von Walter Gropius in Weimar gegründet, 1925 nach Dessau verlegt und 1933 von den Nationalsozialisten geschlossen, hatte es in den Vorkriegsjahren weltweit Beachtung mit gestalterischen Innovationen gefunden. Während vor allem in den USA – zum Beispiel am 1937 von dem ehemaligen *Bauhaus*-Lehrer László Moholy-Nagy in Chicago gegründeten *New Bauhaus* – die emigrierten *Bauhaus*-Künstler die Zukunft gestalteten, war in Deutschland davon wenig zu spüren. Die einst vom *Bauhaus* geknüpften Verbindungen zur Industrie und damit auch zur Werbung waren durch die Schließung und den Krieg abgerissen. Folgerichtig stellt auch Anton Sailer in seinem Buch ›Das Plakat‹ zu einem abgebildeten Werbeplakat »im *Bauhaus*-Stil« fest: »Trotz ihres großen Aufmerksamkeitswertes tritt eine solche Flächenaufteilung auf Plakaten verhältnismäßig selten auf.«[2.1]

Dennoch lassen sich vor allem aus der frühen Nachkriegszeit einige dieser Tradition verpflichtete Anzeigenentwürfe nachweisen. Das lag zum Teil sicher auch am Einfluß der in Deutschland aktiven ehemaligen *Bauhaus*-Schüler wie Georg Neidenberger und Hannes Neuner, die typische Gestaltungselemente in die Werbung übertrugen. Die im folgenden gezeigten sieben Anzeigen sollen diese Kontinuität, aber auch die Verflachung der *Bauhaus*-Ideen auf dem Weg in die Fünfziger-Jahre-Werbung zeigen.

Ein sehr charakteristisches Beispiel für *Bauhaus*-Typografie stellt die *Nivea*-Anzeige (Abb. 12) von 1949 dar. Ihrer optischen Sachlichkeit widerspricht ein wenig der emotionale, der Versorgungslage angepaßte Werbetext: »Endlich wieder« – »und dazu in Friedensqualität«. Ansonsten erinnert ihr gestalterischer Aufbau jedoch stark an Joost Schmidts Entwürfe für das *Bauhaus*.

Die ganze Anzeige läßt sich in einzelne, klar unterschiedene Elemente zerlegen, die einer strengen formalen Gesamtkonzeption unterworfen sind: der räumlichen Dynamisierung der Fläche. Die diese Räumlichkeit erzeugende, rigoros geometrische Anordnung wirkt betont sachlich. Indirekt werden die am kleinsten, optisch am unauffälligsten – weil waagerecht – gesetzten Worte »stark aromatisch / mikrofein / nachhaltig erfrischend« besonders hervorgehoben. So wird dem *Bauhaus*-Wunsch nach dezidiert informativer Kundenwerbung Rechnung getragen. Die Bedeutung dieser ›Sachlichkeit‹ hatte Herbert Bayer schon 1927 im pädagogischen Ziel seiner *Bauhaus*-Klasse betont: Er wollte zum ›Werbsachner‹ ausbilden.[2.2]

Zu einer Zeit, da die Verwendung der Fotografie in der Werbung noch keineswegs üblich war, entstand die *Westminster*-Anzeige (Abb. 13): 1952. László Moholy-Nagy hatte sie allerdings schon 1927 folgendermaßen begründet: »Der Reiz des neuen, noch nicht verwendeten, ist einer der wirksamsten Faktoren der Werbegestaltung; so ist es schon äußerlich gerechtfertigt, wenn man die Photographie in die Reklamegestaltung einbezieht.«[2.3]

Durch Doppelbelichtung – ein im *Bauhaus* häufig genutztes Stilmittel – gelang hier, ein Vierteljahrhundert später, ein expressives Kunst-Foto, das den Regeln des

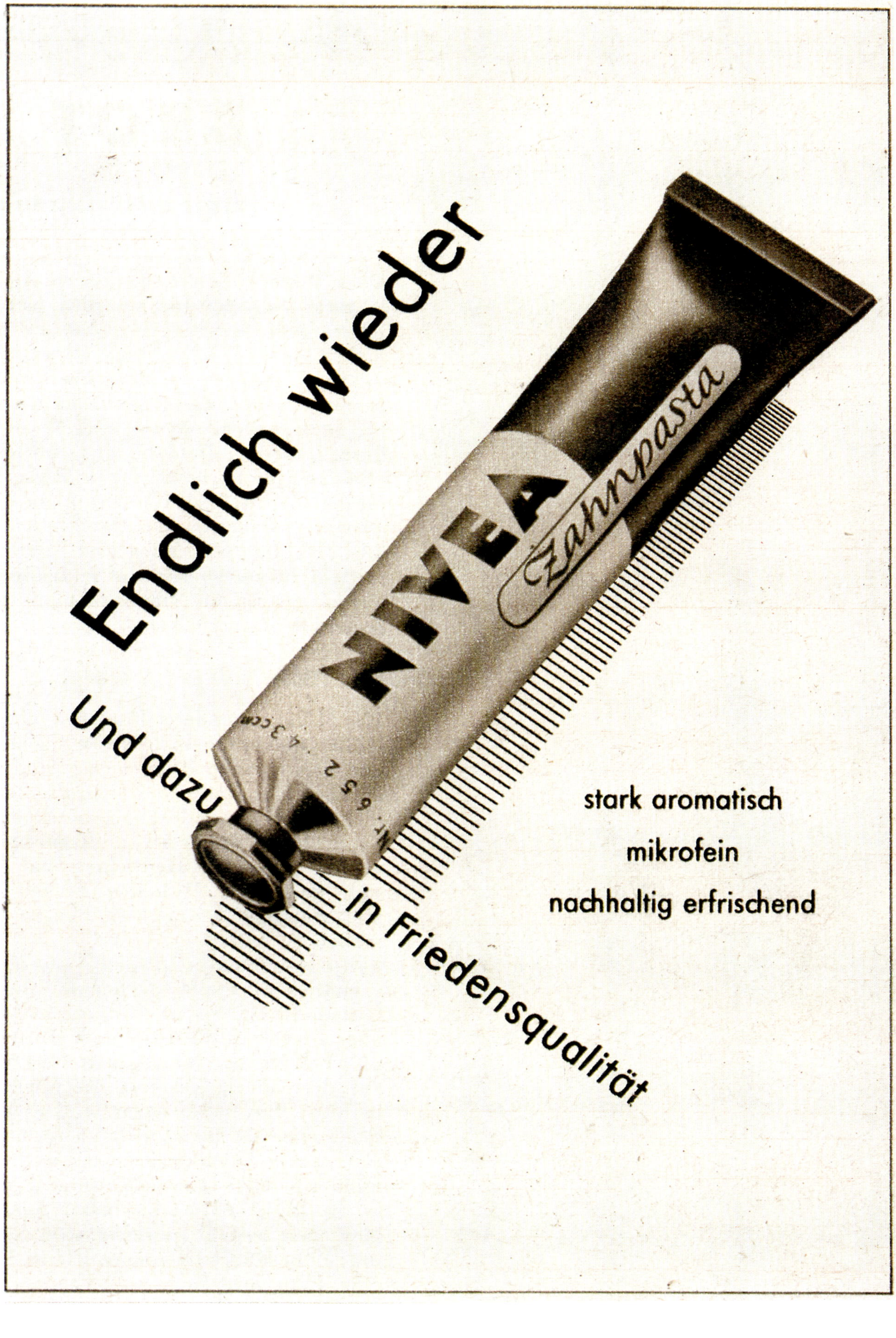
Endlich wieder
NIVEA
Zahnpasta
Und dazu in Friedensqualität
stark aromatisch
mikrofein
nachhaltig erfrischend

DIE 12 1/2 PF. ZIGARETTE
WESTMINSTER
»Raucher-Trance« – alle Raucher aus Leidenschaft kennen diesen Zustand. Der Körper scheint im vollen Genuß des reichen, vollwürzigen Aromas neu aufzuleben ... – alle Last des Tages sinkt von ihm. Wer angestrengt arbeitet, will auf starken Rauchgenuß nicht verzichten: für ihn ist die Westminster geschaffen: trotz doppelter Schonwirkung (Doppelfilter) reiches blumiges Virginia-Aroma.
MIT DEM INTEGRAL-EFFEKT: DOPPELFILTER – VOLLAROMA

›Neuen Sehens‹ der *Bauhaus*-Fotografen entsprach. Gesicht und Rauch(en), Mensch und *Westminster* werden eins.

Der Text verspricht folgerichtig »›Raucher-Trance‹« für alle »Raucher aus Leidenschaft«. Der mußte man freilich auch sein, um den restlichen Werbetext zu schlukken: »Starker Rauchgenuß« wurde versprochen und »trotz doppelter Schonwirkung (Doppelfilter) reiches blumiges Virginia-Aroma«. Gegen den Widerspruch »Doppelfilter – Vollaroma« wird starker Tobak ins Werbefeld geführt, der »Integral-Effekt«.

In der *Ninoflex*-Anzeige (Abb. 14) aus dem Jahr 1950 wird eine kinetische Lichtstudie zur Illustration des Begriffs »atmungsaktiv« verwendet. Derartige Experimente gehörten zu den Grundübungen der *Bauhaus*-Fotoklassen. Der *Bauhaus*-Schüler Kurt Kranz und der Fotograf Peter Keetman haben in den fünfziger Jahren diese Technik weitergeführt. László Moholy-Nagy verstand sie als Nutzung des »Primär-Optischen«. Das Foto sollte hier visuelle Sensibilisierung zur Erweiterung des menschlichen Wahrnehmungsbereiches leisten. Wege dorthin waren für Moholy-Nagy die »[b]ewußte Verwertung der Hell-Dunkel-Verhältnisse, Aktivität der Helligkeit [. . .] Verhältnisumkehrung positiver und negativer Werte, Einschaltung größter Kontraste«.[24]

GEGENÜBER:
Abb. 13
Westminster
Nach den Regeln des ›Neuen Sehens‹: Mensch und Rauch(en) werden eins.
Aus: *Das Beste aus Reader's Digest* 12/1952

OBEN:
Abb. 14
Ninoflex
Ninoflex und die Kunst I: das ›Primär-Optische‹ als Regenmantel-Metapher.
Aus: *Constanze* 16/1950

BOSCH IM AUTO
BATTERIEN
LEUCHTEN
BLINKER
HÖRNER
BOSCH UND IMMER WIEDER BOSCH
jedes Erzeugnis eine Leistung für den Fortschritt der Kraftfahrt. BOSCH – Begriff und Wort für Qualität an sich.
BOSCH IM HAUS - FROHE HÄUSLICHKEIT
BOSCH-KÜHLSCHRÄNKE
ganz modern, formschön und stromsparsam
Sie sollten unbedingt danach fragen. Der Handel führt sie.
ROBERT BOSCH GMBH STUTTGART

Untersucht man die vorliegende Anzeige unter dem Gesichtspunkt dieser Methode, so ist festzustellen: Sie verwertet bewußt Helldunkelverhältnisse, indem sie eine Lichtbewegung im Dunkeln zeigt. Sie ist schwarzgrundig mit weißer – negativer – Schrift, verkehrt also die gewohnten positiven und negativen optischen Werte der Schriftgestaltung. Indem sie das Halbtonfoto zum Druck nicht rastert, sondern als ›Strich‹ wiedergibt, schaltet sie effektiv den größtmöglichen Kontrast ein. Die Bewegungsaktivität des Lichtpendels ist in dem Wort »atmungsaktiv« auf die Luftbewegung durch den Stoff des Popeline-Mantels umgemünzt. Ein notwendiges Manöver, da der Stoff ansonsten als »winddicht« angepriesen wird.

Die *Bosch*-Anzeige (Abb. 15) aus dem Jahr 1951 spielt die vom *Bauhaus* angestrebte Dynamisierung der Fläche in zahlreichen Varianten durch.

Aufgeteilt in zwei Hälften, präsentiert sie oben »*Bosch* im Auto« und unten »*Bosch* im Haus«. Während oben das Fahrzeug den geometrischen Fluchtpunkt bildet, ragt die Hausfrau unten, in übertriebener Perspektive fotografiert, aus der Anzeige heraus dem Betrachter entgegen. Wollte sie vielleicht nicht wieder in die Küche zurück? Der demonstrierten Freude über den neuen, noch ganz leeren Einrichtungsgegenstand an ihrem Arbeitsplatz zum Trotz wirkt der dunkle, kahle Raum, den man durch eine stilisierte Türöffnung einsehen kann, nicht besonders einladend. Allzu *Bauhaus*-getreu für die Gestaltung der konkreten Küche eingesetzt, führt die räumliche Dynamisierung der Fläche hier zur Unbewohnbarkeit der Umwelt des Werbeobjekts.

Die Schürze als Arbeiterinnen-Indiz mußte die junge Frau trotz des Fototermins anbehalten – damit sie nicht auf falsche Gedanken kam? Denn schön und gepflegt hatte sie andererseits natürlich auch zu erscheinen. Eine Korallenkette im eleganten V-Ausschnitt und der sichtbare Einsatz von Lippenstift weisen sie als vorzeigbare Ehefrau und nicht etwa als Hausangestellte aus. Ihr Blick scheint allerdings in eine ferne Zukunft gerichtet – oder vielleicht auf das über ihr abgebildete Fahrzeug?

»Frohe Häuslichkeit« soll ihr die Neuerwerbung bescheren, so die Anzeige – der Kühlschrank als Vergnügungspartner der Hausfrau. Frauen wollen nach dieser Strategie emotional angesprochen werden, und das scheint im Falle *Bosch* auch notwendig zu sein, denn ob ihnen mit den sonstigen Eigenschaften des Geräts (»modern, formschön und stromsparend« – damals *noch* ein überzeugendes Argument) sehr geholfen wird, ist die Frage.

GEGENÜBER:
Abb. 15
Bosch
Die »Dynamisierung der Fläche« formal auf die Spitze getrieben.
Aus: *Constanze* 13/1951

OBEN LINKS:
Abb. 16
Telefunken
Fünf verschiedene Interpretationsansätze für eine abstrakte Montage – dank der richtigen Zusatztexte.
Aus: *Das Beste aus Reader's Digest* 12/1952

OBEN RECHTS:
Abb. 17
Werra
Bauhaus contra Niere.
Aus: *Constanze* 26/1954

OBEN:
Abb. 18
WMF
Wer ist schon Wilhelm Wagenfeld?
Aus: *Medaillon* 12/1959

Ganz anders die Präsentation des Autos: die Sache ist Mittelpunkt und befindet sich im Freien, was man aus seinem Schatten und dem des darüber angeordneten Pfeils schließen kann. Die von *Bosch* angebotenen Autoaggregate weisen mit riesigen Vektoren auf ihr Ziel. Ein rundum perfektes Fahrzeug zu garantieren »für den Fortschritt der Kraftfahrt« ist hier durch geometrische Abstraktionen visualisiert, die sich mit dem Werbeobjekt zu einer homogenen Darstellung fügen – im Gegensatz zur Kühlschrankwerbung, wo sich der Benutzer der technischen Kunstwelt zu entziehen scheint.

Auch die *Telefunken*-Anzeige (Abb. 16) aus dem Jahr 1952 trägt noch wesentliche Züge einer Collage aus Foto- und Formelementen der *Bauhaus*-Tradition. Die weitreichende räumliche Wirkung der Radiowellen mußte als besonders geeignet für ihre symbolische Darstellung durch die Perspektive erscheinen. Auch das abgebildete Radiogerät selbst ist in extremer Verzerrung fotografiert, verstärkt so die plastische Wirkung der Linien und Flächen und verleiht der Komposition zusätzliche optische Tiefe. Schließlich soll noch ein Scheinwerfer assoziiert werden, der das erfolgreiche Produkt ins rechte Licht rückt.

Die ehemalige *Bauhaus*-Schülerin und Ehefrau Moholy-Nagys, Lucia Moholy, beschreibt den Prozeß der Bild-Text-Montage nach der *Bauhaus*-Methode so: »Hatte die Komposition des Bildes einen Dichtegrad erreicht, der das Entstehen einer neuen Einheit anzeigte, so war damit auch der Moment der Einführung des Verbalinhalts gegeben, der die Aussagekraft der Montage ergänzen oder unterstreichen sollte.«[2.5]

Wiederum läßt sich die getreuliche Beachtung auch dieser Gestaltungsprinzipien in der *Telefunken*-Werbung leicht nachweisen.

Die in die Abbildung integrierten Texte ergänzen und unterstreichen ihre Aussagekraft gleich in mehrfacher Hinsicht: »In der Leistung an der Spitze« betont den optischen Eindruck eines Berggipfels und nutzt die Doppeldeutigkeit des Wortes »Spitze« zur Qualitätsbeschreibung des Produkts. Ein zweiter Text weist auf die andere Möglichkeit, das abstrakte Strahlenbündel visuell zu interpretieren: als Fläche. So wird die Bergspitze zum Fluchtpunkt. »Mehr als 7 Millionen *Telefunken*-Empfänger gingen in alle Welt«: von einem Punkt aus gesandt an mehr als sieben Millionen Empfänger, ein offensichtlich sehr erfolgreiches Gerät. (Deutschland scheint damals bei der Produktion von Heimelektronik noch einen Spitzenplatz eingenommen zu haben.)

Die *Telefunken*-Anzeige ist also auch beispielhaft für die in der Werbung übliche Methode, mit Hilfe der visuellen Darstellung des primären Wortsinns den übertragenen zu veranschaulichen. So läßt sich ein scheinbarer Nachweis des behaupteten Qualitätsmerkmals ›Spitze‹ mit den Mitteln der Anzeige – Abbildung und Text – führen. Ohne die räumliche Wirkung der gegeneinander gesetzten Flächen und die zusätzlichen textlichen Anregungen wäre nur eine – die wohl ursprüngliche, weil nächstliegende – Idee für die Illustration übriggeblieben: Radiowellen, von einem Punkt aus gesendet, werden dank des *Telefunken*-Geräts in aller Welt empfangen.

Da in der ganzen Anzeige mit keinem Wort auf Tonqualität, Empfangsstärke und andere technische Eigenschaften eingegangen wird, darf man schließen, daß die Rolle des Radios als lebenswichtige Informationsquelle noch unbestritten genug war, um allein als Verkaufsargument dienen zu können.

Dynamisierung der Fläche durch extreme Perspektive im Sinne des *Bauhauses* ist auch für die *Werra*-Anzeige (Abb. 17) von 1954 das zugrundeliegende Gestaltungskonzept gewesen.

Die leicht gekippte Kamera ragt dem Beschauer aus der Anzeigenfläche heraus entgegen. Ein übergroßes Objektiv öffnet sich dabei ähnlich beeindruckend wie die in einer Gegenbewegung befindlichen Raumlinien, die mit dem Apparat zwei gegenstrahlige Brennpunkte der Anzeigenkomposition markieren. Zum Teil ist auch die Schrift dieser Räumlichkeit angepaßt. Der Firmenname *Werra* ist in dreidimensional wirkenden Lettern gesetzt, und auch der Slogan »Die Kamera mit dem neuen Gesicht« verläuft parallel zu dem Linienbündel.

Dann aber erfolgt der Bruch. Die in den frühen fünfziger Jahren aufkommende Vorliebe für Rundungen führt hier mit dem Eindringen einer flächigen halben Ellipse zur Zerstörung nicht nur des Rechtecks der dunkelgrundigen Anzeige, sondern auch ihres räumlichen Gesamtkonzepts. Gleichzeitig verdeutlichen die fast dreihundert in die freigelegte Fläche gesetzten Buchstaben und Zahlen eine neue Priorität: reichhaltige textliche Information, für einen Kunden, der nicht nur ästhetisch, sondern auch argumentativ überzeugt werden will.

Gewiß geht die vereinfachte Anzeigengestaltung bewußt Hand in Hand mit der neuen, stark vereinfachten Kameraform. Das »neue Gesicht« des Apparats wird als so schön empfunden, daß es zum unabhängigen Verkaufsargument avanciert. Und weil Äußerlichkeiten wie Schönheit offenbar nur für Frauen eine Rolle spielen, kann dieses Argument nicht anders lauten als: »Auch eine fotografische Kamera kann die Eleganz der Dame diskret betonen«. Frauen sollen also den Apparat als elegantes Accessoire kaufen, nicht um damit zu fotografieren. Und diese Kamera ist dafür besonders geeignet, da sie die Eleganz »diskret« betont – wo Frauen offenbar doch immer Gefahr laufen, Kameras zu erstehen, denen man sofort ansieht, daß sie nur zur Selbstdarstellung getragen werden.

Eine letzte Anzeige zum Thema *Bauhaus* (Abb. 18) aus dem Jahr 1959: *WMF* bewirbt fünf Haushaltsgegenstände, die von dem weltberühmten ehemaligen *Bauhaus*-Lehrer Wilhelm Wagenfeld entworfen wurden. Während sich die Museen der Welt mit seinen klassischen *Bauhaus*-Entwürfen wie dem gläsernen Teeservice und der Tischlampe schmückten, erwähnt *WMF* den namhaften Formgestalter mit keinem Wort.

Wilhelm Wagenfeld war einer der wenigen *Bauhaus*-Lehrer, die schon bald nach dem Krieg wieder in Deutschland arbeiteten. Durch seine einfachen Entwürfe für formschöne Haushaltsgegenstände wurde er zu einem der wichtigsten Industriedesigner seiner Zeit. Statt jedoch den Urheber der fünf einheitlich gestalteten Gegenstände als ihren gemeinsamen Nenner aufzuzeigen, erfindet die Anzeige den aufgesetzten Titel »Die praktischen 5«.

Optisch verläßt sie sich ansonsten freilich auf die Qualität der Formgebung. Alle fünf Objekte sind in nüchternen quadratischen Fotografien, also auf ihre Form reduziert, präsentiert. Der Anzeigentext lobt sie – ohne Quellennachweis – mit einem Kernsatz der *Bauhaus*-Designphilosophie: »richtig geformt« ist »praktisch und schön«. Auch die Betonung des Gebrauchs von funktionsgerechten Materialien erinnert an das *Bauhaus:* »praktisch, weil [. . .] alle Metallteile aus Cromargan, dem unverwüstlichen, hygienischen Edelstahl-rostfrei bestehen«.

OBEN:
Abb. 19
Thomy's
Schritt für Schritt von der verspielten Schreibschrift der fünfziger Jahre zur Sachlichkeit der Sechziger.
Aus: *Film und Frau* 4/1955, *Film und Frau* 5/1956, *Film und Frau* 10/1959, *Constanze* 26/1959, *Neue Illustrierte* 40/1963, *Moderne Frau* 19/1967

Der restliche Text offenbart einige charakteristische Elemente der Lebenskultur in den späten fünfziger und frühen sechziger Jahren. Erster Wohlstand und Reisefreiheit haben Italien zum Traumziel der Deutschen gemacht. Daran kann eine gute Anzeige nicht vorbeigehen: »Spaghetti« und »Salami«, »Käse« und »Sardinen« sind es, die mit den *WMF*-Produkten in Verbindung gebracht werden.

Gegen Ende der fünfziger Jahre mußten erfolgreiche Produkte offensichtlich vor allem so sein: »hübsch«, »handlich«, »praktisch und schön« und »leicht zu bedienen«. »Max und Moritz« hießen die Salz- und Pfefferstreuer. Mit solchen Späßen sollte wohl die Erinnerung an entbehrungsreichere Tage verscheucht werden. Denn noch war die Zeit der Not nicht ganz vergessen, als Alltagsgeräte anderen, simpleren Anforderungen zu genügen hatten. So mußten auch die hier beworbenen Haushaltsgegenstände immerhin noch »unverwüstlich« und »vielseitig verwendbar« sein, so wie die Butterdose auch Käse, Sardinen und anderes aufnehmen konnte. Die Glasdose ließ sich mit Senf ebenso wie mit Honig und Marmelade füllen. Mit derselben Zange konnte man »vom Salat über Spargel und Spaghetti bis zur Salamischeibe und zum Schnitzel« alles servieren.

OBEN:
Abb. 20
Thomy's
›Loslösung‹ von der Tube – ein Logo macht sich selbständig.
Aus: *Das Beste aus Reader's Digest* 6/1966

3 Schrift in der Werbung

Als eines der wirksamsten formalen Mittel der Anzeigengestaltung muß Schrift angesehen werden. Dabei ist zu unterscheiden zwischen der Typografie im engeren Sinn (den verschiedenen Schrifttypen) und dem grafischen Einsatz von größeren Schriftmengen in Form von Wörtern, Sätzen und Textblöcken. Bei ersterer spielt neben grundsätzlichen Entscheidungen in bezug auf Schriftgröße, -anordnung und ähnliches die bewußte Auswahl von Schrifttypen eine für die Wirkung einer Anzeige ausschlaggebende Rolle. Für den Einsatz bestimmter Schrifttypen gibt es hier eine Reihe von grundsätzlichen Entscheidungskriterien, die sowohl inhaltlicher als auch formaler Art sein können – oft sind sie beides.

Eine sorgfältig motivierte Entscheidung ist zum Beispiel für die *Westminster*-Anzeige (Abb. 13) getroffen worden. Das Wort *Westminster* soll trotz des begrenzten Platzes neben dem beherrschenden Foto ausreichend auffällig sein. Da die Buchstaben-Versalhöhe dafür mitbestimmend ist, wird ein möglichst großer, aber kompreß gesetzter Schrifttyp gewählt. Soll ein Wort einer Anzeige kompositorisches Standgewicht verleihen, so muß ein großer, fetter Schrifttyp gewählt werden: *Telefunken* (Abb. 16) oder *Porolastic* (Abb. 43). Besteht dieses Wort nur aus vier Buchstaben, muß es gesperrt gesetzt werden: *Ford* (Abb. 5).

In einem Werbeplakat, dessen Inhalt auch aus größerer Entfernung erfaßt werden soll, erhöhen einfache, schnörkellose Lettern die Lesbarkeit erheblich, und sie kann auch die Wahl der Buchstabengröße bestimmen. Die Bedeutung einer Information gibt in der *Sunlicht*-Anzeige (Abb. 10) den Ausschlag für die gewählte Schriftgröße. »Es gibt wieder« ist wichtiger als alles andere – daß die beworbene Seife gut oder gar besonders gut waschen würde, ist scheinbar nicht der Rede wert.

Beobachtet man die Entwicklung der Zeitschriftennamen auf den Covern von *Constanze* und *Freundin* (Abb. 54–61), ist festzustellen, daß der entsprechende Schriftzug immer größer abgedruckt wird. Ohne Zweifel ist die zunehmend verschärfte Konkurrenzsituation auf dem Zeitschriftenmarkt dafür die Ursache.

Bei der Entscheidung für einen bestimmten Schrift*typ* überwiegen zuweilen inhaltliche Gründe; hier einige Beispiele:

Soll eine Anzeige wie eine Urkunde erscheinen, so wählt man dafür eine kursive Schreibschrift wie in Abbildung 6 *(Kaufhof)*. Kursive Schrifttypen lassen auch die *Caro*-Werbung (Abb. 8) wie einen privaten Brief erscheinen. Gerade das Wort *privat* wird in sehr vielen Anzeigen in kursiver Schreibschrift gesetzt. Natürlich ist auch »Ein Typ von Marianne Koch« in der Abbildung 73, wie von ihr selbst verfaßt, in schreibschriftähnlichen Buchstaben gedruckt.

Für eine Anzeige, die nüchtern und sachlich zu wirken hat, werden einfache, klare Lettern eingesetzt, zum Beispiel aus der *Bauhaus*-Typografie. Auch die von den *Braun*-Designern betriebene Versachlichung der Optik bestimmte die Wahl nur einer einzigen, nüchternen Type (Abb. 117). Um den repräsentativen Charakter eines *Opel Kapitän* zu betonen, wählt man eine große, klassische Schrifttype wie die ›Times‹ und setzt das ganze Wort gesperrt in Großbuchstaben (Abb. 108). Der Teppichhersteller *Besmer* benutzte für seinen Markennamen natürlich arabisch anmutende Buchstabentypen (Abb. 52). Einen bewußt extrem begrenzten Kundenkreis sprach *Tampax* 1954 in Verbindung mit der Frage »Sind Sie eine selbständige Frau?« an: Der gesamte restliche Text war in Stenografie gesetzt. Solche inhaltlich bedingten Entscheidungen sind weitgehend unabhängig von stilistischen Konjunkturen.

Wählt man bestimmte Schrifttypen nach grafischen Gesichtspunkten aus, so spielt der Zeitgeschmack schon eine weitaus größere Rolle. Auch dafür nachfolgend einige Beispiele.

Viele Anzeigengestalter sind in der Hoch-Zeit der Rundung – 1952 bis 1955 – dazu übergegangen, runde Schreibschrift zu verwenden. Die beiden *Uhu-Line*-Anzeigen sind dafür exemplarisch: In der ›Nieren‹-Anzeige von 1955 (Abb. 39) ist auch der Slogan »Aha – auch Uhu-Line« in runden Lettern gesetzt; 1957 ist die Nierenform verschwunden und mit ihr der runde Schrifttyp (Abb. 42). In der *Montblanc*-Werbung (Abb. 33) sind sogar die Textzeilen in Rundungen angeordnet. Der Firmenname *Osram* ist in Abbildung 9 in großen, aber dünnen Lettern gesetzt, um die Leichtigkeit der Zeichnung nicht zu beeinträchtigen.

Anhand der untersuchten Werbung (und auch für andere Beispiele; vgl. vor allem die *Mercedes-Benz*-Werbung, Abb. 145–149) lassen sich in bezug auf den Einsatz von Schrift in der Anzeigengestaltung die folgenden allgemeinen Entwicklungen nachvollziehen:

Bis circa 1950 herrschten Rückgriffe auf die gestalterische Tradition der zwanziger und dreißiger Jahre vor. Von 1951 bis 1960 benutzten fast alle Anzeigengestalter mit zunächst stark ansteigender, dann wieder abfallender Tendenz schreibschriftähnliche, runde, zumindest kursive Schrifttypen. Seit 1960 wird der Informationsgehalt des Textes offenbar immer wichtiger. Schrift wird nun versachlicht, Schrifttypen werden einfacher, gerader, eckiger, nur noch ganz selten schräg angeordnet, und der Textblock avanciert zum bestimmenden Gestaltungsprinzip.

Zum Schluß soll das Thema Schrift mit Hilfe einiger Abbildungen noch einmal unter zwei speziellen Aspekten analysiert werden. Um die formale Entwicklung eines Schriftzuges genau aufzuzeigen, wurde der Schriftzug *Thomy's* ausgewählt, da er im gesamten untersuchten Zeitraum (1954–1967) das bestimmende Element der *Thomy's*-Anzeigen war. Danach sind zwei rein redaktionelle Seiten derselben Zeitschrift *Constanze* von 1948 und 1964 miteinander zu vergleichen.

In Abbildung 19 ist die Entwicklung des *Thomy's*-Logos zwischen 1954 und 1967 gezeigt. In acht Schritten wird das Markenzeichen dieser Mayonnaise behutsam dem sich ändernden Zeitgeschmack angepaßt.

Der Ursprung, in reiner Schreibschrift, fällt in die Hoch-Zeit der Rundung, 1954 – und schon innerhalb derselben Anzeige wird der Schrifttyp variiert: In dem unter der im Stil eines Kupferstichs gezeichneten Tube wiederholten Markennamen sind die Buchstaben deutlich dicker und gleichmäßiger ausgefallen. Diese Entwicklung wird Schritt für Schritt weitergetrieben. Zunächst entsteht eine stilisierte Schreibschrift; dann werden ›organische‹ Bewegungen zu geometrischen Kurven; Rundungen geraten zu immer spitzeren Winkeln, die schließlich zu Ecken und Eckpunkten führen. Dabei werden die Buchstaben langsam immer dicker, sie rücken dichter aneinander und komprimieren das ganze Wort. Die Gerade bestimmt in der Folge immer mehr den Gesamtcharakter der Schrift, was schließlich zum Gebrauch von Großbuchstaben führt. Im letzten hier dargestellten Zustand von 1967 beginnen sich diese Versalien zu strecken, sie werden höher und schmaler, als versuchten sie, sich aufzurichten. (Unnötig hinzuzufügen, daß diese Entwicklung um 1975 in der Senkrechtstellung der Buchstaben einen vorläufigen Höhepunkt erreichte.)

Abbildung 20 zeigt eine *Thomy's*-Werbung von 1965. Sie präsentiert die Mayonnaise in einer neuen Verpackungsform, im Glas mit Deckel. Zwei wichtige bildliche Elemente bewahren die Kontinuität zu den früheren Anzeigen: der gelbe Diagonalstreifen, der auch auf der Tube zu sehen war und durch seine Präsenz an ihre Form erinnert, und das Wort *Thomy's,* das von der früheren Tube nun leicht modifiziert auf das Glas übertragen wird – auch bildlich in der Anzeige. Es wird deutlich, daß der losgelöste Schriftzug und der abstrahierte gelbe Streifen inzwischen selbständig, aufgrund der Anzeigenentwicklung, als Logo imstande sind, den Wiedererkennungseffekt zu garantieren.

Die Abbildungen 21 und 22 stellen zwei rein redaktionelle Seiten der Zeitschrift *Constanze* aus den Jahren 1948 und 1964 einander gegenüber. Schrift ist in diesem Fall Bestandteil des Layouts und wirbt so im optischen Erscheinungsbild mit für die *Constanze.* Es wurde hier bewußt zweimal die gleiche Zeitschrift gewählt, um jeweils möglichst ähnliche Voraussetzungen für die Seitengestaltung vorzufinden. Die *Constanze* gehörte in beiden Jahren zu den auflagenstärksten Illustrierten ihrer Art. (Die Seite von 1948 wurde übrigens bei der Wiederholung des Romans in der Zeitschrift *Film und Frau* 1949 in fast unveränderter Form noch einmal abgedruckt.)

Zunächst fallen vorrangig die formalen Gemeinsamkeiten auf: grundsätzlich ähnlicher Seitenaufbau, eine in großen Lettern gesetzte Überschrift im linken obe-

MÜNCHEN – ganz privat

ROMAN VON MARIANNE VON ANGERN

Susi Pelander ist geschieden worden. Die Ehe der einst gefeierten Schauspielerin mit dem Chirurgen Professor Pelander war nicht lange glücklich. Der vielbeschäftigte Arzt hatte wenig Zeit und Susi ging ihre eigenen Wege. Daß es eines Tages zur Scheidung kommen würde, hatte Susi allerdings nie geglaubt. Was soll sie nun beginnen? Darüber macht sich auch ihre Freundin Jo Gedanken, die Susi unmittelbar nach dem Termin wiedergetroffen hat. Für eine Frau ohne Beruf, so sagt sich Jo, wird es nicht leicht sein, dem Leben einen neuen Inhalt zu geben. Denn wenn man es Susi auch nicht ansah — die Vierzig müßte sie nach Jos Schätzung erreicht haben

1. Fortsetzung

Jo erinnerte sich daran, wie Susi als gefeierte Schauspielerin einst von ihr, gleich vielen anderen Backfischen Berlins, angehimmelt und um Autogramme belagert worden war. Ihr gesamtes Taschengeld ging damals oft für die Blumenspenden drauf, die sie so lange persönlich in Susis Privatwohnung ablieferte, bis die Primadonna sich schließlich veranlaßt sah, die hartnäckige Verehrerin zum Tee einzuladen.

Das war der Beginn ihrer beiderseitigen Bekanntschaft. Irgendwie schien Susi die Gesellschaft des halbwüchsigen Mädchens zu behagen. Sie duldete es gern in ihrer Nähe, und allmählich rückte es zu der Ehrencharge einer Vertrauten auf.

Ganz genau entsann sie sich noch, wie Susi ihr eines Tages von dem hübschen Dozenten berichtete, den sie in einer Gesellschaft kennengelernt und in den sie sich Hals über Kopf verliebt hatte. Und wenige Wochen darauf waren die beiden miteinander verheiratet.

Hätte sie ihren Beruf weiterhin ausgeübt, so wäre die Tatsache dieser Ehe vollkommen unerheblich gewesen. Aber nach dem Ablauf ihres Theaterkontraktes zog sich Susi seltsamerweise in das Privatleben zurück. Und als Jo nach mehrjähriger Abwesenheit mit ihr wieder zusammentraf, hatte Pelanders Gattin ausschließlich gesellschaftliche Interessen und der Bühne ganz und gar entsagt.

Als sie dann selbst, gleichsam über Nacht, eine bekannte Schriftstellerin geworden war, verkehrte sie viel in Susis Hause, aber den Professor, der sich inzwischen einen erstaunlichen Ruf als Chirurg erworben hatte, bekam sie nur selten, und dann äußerst flüchtig, zu Gesicht.

Bald darauf verlor sie Susi aus den Augen, und wieder gingen Jahre dahin, bis sie ihr auf der Seepromenade einer Kärntner Sommerfrische unvermutet in die Arme lief.

Damals war Susi Preisträgerin und umworbener Mittelpunkt sportlicher Amateurkreise, und ein nicht übel aussehender, gleichfalls aus Berlin importierter, stets in ihrer Umgebung anzutreffender Herr entpuppte sich als der vom Gatten offiziell zugelassene Freund. Vom Gatten selbst war nichts zu sehen und zu hören. Doch sollte, nach Susis eigenen Angaben, die Harmonie ihrer Ehe keinerlei Trübung erfahren haben und die gegenwärtige Regelung durchaus im Sinne und zur Zufriedenheit des abwesenden Gemahls erfolgt sein.

Daß unter diesen Umständen in der Seele des Mannes Bitterkeit und Abneigung Platz greifen mußten, schien ihr nicht einmal im Traume einzufallen. In diesem einen Punkte erwies sich die sonst nicht lebensunkluge Susi als hoffnungslos unbelehrbar...

So — und nun tauchte auch schon, den anstürmenden Erinnerungen Halt gebietend, im trüben Licht einer einsamen Bogenlampe die Gaststätte auf, deren reservierte Stube dem künstlerischen und intellektuellen München, soweit ihm der eigene Herd noch versagt oder bereits wieder entrissen war, eine Art Heimstätte gewährte. Dort wimmelte es von Theaterleuten, Wissenschaftlern und Literaten. Jeder kannte jeden und wußte, in welche Kategorie er einzureihen war. Dort boten sich für den flüchtigen Besucher Möglichkeiten erwünschter Fühlungnahme, die sonst mangels ausreichender Telefonanschlüsse und ohne gültiges Adreßbuch sehr in Frage gestellt worden wäre. Und dort war Jo auch jenem Verleger begegnet, der durch einen Romanauftrag ihrem hiesigen Aufenthalt erst seine eigentliche, vernunftgemäße Berechtigung gab.

Ja, es war ein schicksalsträchtiger Moment, als sie — kaum eine Woche mochte es her sein — im Freundeskreis Platz nehmend, einigen ihr noch nicht bekannten Teilhabern der Tischrunde vorgestellt wurde.

„Lasius... Lasius..." wiederholte ihr Nachbar zur Linken, ein mittelgroßer, untersetzter, sie forschend durch seine Brillengläser betrachtender Mann, nachdenklich ihren Namen, „es gab einmal eine Schriftstellerin Johanna Lasius...

Jo fühlte, wie sie über und über errötete, als hätte man sie auf einer unerlaubten Tat ertappt. Aber es mochte wohl eher Freude gewesen sein, daß sie doch noch nicht so ganz vergessen war...

Ehe sie selbst eine Antwort fand, hatten ihre Freunde die Situation bereits geklärt.

Und der Mann an ihrer Seite zeigte sich plötzlich ungemein interessiert. Er sagte ihr allerlei Freundliches über ihr längst verschollenes Buch und wollte durchaus Näheres über ihre derzeitigen Pläne erfahren.

„Sie scherzen wohl, Verehrteste", fuhr er sie beinahe ärgerlich an, als sie ihre Absicht, zunächst hierzubleiben und Sprachunterricht zu erteilen, kundtat. „Sie werden den Teufel tun und Vokabeln abhören, Sie werden sich hinsetzen und einen neuen Roman schreiben. Um einen Verleger dafür brauchen Sie nicht bange zu sein. Der ist bereits zur Stelle..."

So kam denn, nach einigem Für und Wider, eine Vereinbarung zustande, der ein nachfolgendes Schreiben des Verlagsbüros ihren offiziellen Charakter verlieh, und die Jo wieder ermutigte, sich als Zugehörige der Gilde zu betrachten, aus der sie vor Jahren so grausam verwiesen worden war.

Jedenfalls hatte sie allen Grund, mit der Entwicklung der Dinge zufrieden zu sein. Der Münchner Start ließ sich bedeutend besser an, als es zu erwarten gewesen wäre.

Schaudernd gedachte sie des bitter kalten Wintermorgens, als sie, einsam auf weiter, verschneiter Flur zurückbleibend, dem nach Norden davonrollenden Güterzug nachblickte. Einer spontanen Regung gehorchend, war sie, gelegentlich eines kurzen Aufenthalts im Münchner Vorgelände, nach überstürztem Abschied von den Reisegefährten einfach mit Sack und Pack abgesprungen. Und dies geschah aus einem Anlaß so lächerlicher und kindisch sentimentaler Art, daß der bloße Gedanke daran alle Geister grimmiger Selbstverhöhnung in ihr mobilisierte.

Aber nun war nichts mehr daran zu ändern. Da stand sie also, verlassen und allein. Und ohne die Unterstützung eines mitleidigen Weichenstellers wäre es ihr wohl nie gelungen, die zum Hauptbahnhof führende Vorortbahn und somit das grauenhaft zerstörte Stadtzentrum zu erreichen.

Ihre naive Erkundigung nach Hotels oder Pensionen löste allenthalben nur spöttisches Lächeln aus. Stundenlanges Treppauf, Treppab der Quartiersuche führte nicht zum geringsten Resultat, und das Gespenst der Unterkunftslosigkeit nahm immer drohendere Formen an.

So war es also um die bereits friedensmäßig funktionierenden Fremdenverkehrseinrichtungen Münchens bestellt, von denen ihr die Leute unterwegs Wunderdinge erzählt hatten.

Eine unscheinbare Visitenkarte, seit Jahren in einem Seitenfach ihrer Brieftasche lagernd, die ihr zufällig in die Finger geriet, erwies sich dann schließlich als Retterin aus der Bedrängnis.

Auf den Namen einer in München-Schwabing wohnhaften Frau Geheimrat Bergauer lautend, wahrte sie die Erinnerung an zwei verklungene, mit Besichtigung der weltberühmten Mosaiken in der oströmischen Kaiserstadt Ravenna zugebrachten Tage, zwei gemeinsam im albergo bei dunkelrotem Chianti verplauderte Abende und zwei Wand an Wand unter dichtmaschigem Moskitonetz durchschlafene Nächte...

Gesegnetes Italien — frohlockte es in Jo, während sie, dem Hoffnungsschimmer nachjagend, in der Straßenbahn der Linie acht dem lebensgefährlichen Ansturm der Menschen und Rucksäcke tapfer standhielt.

Allzu große Illusionen schienen freilich nicht am Platze, denn was konnte solch einer Frau Geheimrat im Laufe der letzten chaotischen Jahre nicht alles widerfahren sein? Doch zeigten sich die Götter dem Unternehmen hold, und die Gesuchte fand sich, obzwar mit fünfzig Pfund

Aufnahme: Gaza

Die vielversprechende, junge Nachwuchsschauspielerin

Helga Zülch

ist bei einem Autozusammenstoß tödlich verunglückt. Ihre letzten Filme waren „Die Zaubergeige" und „Vor uns liegt das Leben"

14

OBEN:
Abb. 21
Constanze-Layout 1948
Dichtung und Wahrheit à la 1948: ein andächtiger Blick hinter die Kulissen von »München – ganz privat«...
Aus: *Constanze* 17/1948

ren Eck. Ein Foto ist in den mehrspaltigen Text eingebaut und wird von einer Bildunterschrift begleitet. Der verwendete Schrifttyp ist ebenfalls sehr ähnlich; beide Einführungstexte sind kursiv gesetzt.

Dann zeigen sich aber die Unterschiede. Während die Seite von 1948 in vergleichsweise verspielter Manier gestaltet ist, setzt das Layout von 1964 dem enge Grenzen. 1948 wird die Blockbreite des Fließtextes insgesamt zwölfmal durchbrochen, 1964 nur dreimal. Überhaupt ist der Block 1964 die gestalterische Grundform – gleich zehn grafische Blockbildungen lassen sich auf dieser Seite nachweisen. Während 1948 die Linie noch in sieben zum Teil sehr großen, handgeschriebenen Worten ein gestalterisches Eigenleben führt, erscheint sie 1964 nur noch in geometrischer Hilfsfunktion, als blockbreite Linie oder als Kontur extrem großer Buchstaben.

Der Einführungstext hat offenbar im Laufe der Zeit an Bedeutung gewonnen; er ist 1964 viel größer als der restliche Text, während er 1948 noch kleiner gesetzt war. Insgesamt fällt für 1964 die geringere Textmenge auf. Es befinden sich nur noch circa 3200 Zeichen auf der Seite, gegenüber den mehr als 10 000 von 1948. Das hat

*Coco

verliert Glück und Krone

Coco Chanel wurde eine der reichsten und berühmtesten Frauen der Welt. Ihr Modethron galt als unantastbar. Aber plötzlich kam alles auf einmal: scharfe Konkurrenz, private Schicksalsschläge und der drohende Krieg. Die Kaiserin der Mode stürzte von ihrem Thron. Die Armeen der Welt hatten Cocos Imperium zertrampelt.

Coco Chanel, wie sie jeder kennt: Mit rundem Hut und dreireihiger, wertvoller Perlenkette.

Auf dem Hauptbahnhof von Los Angeles stand ein Empfangskomitee der Metro-Goldwyn-Mayer. Die Herren trugen Bukette aus Lilien und Orchideen, wie sie gewöhnlich nur berühmten Filmstars überreicht werden. Man erwartete Coco Chanel. Sie galt jetzt als eine der reichsten Frauen der Welt. Sie besaß fünf Häuser in der Rue Cambon, in denen 2400 Angestellte jedes Jahr 32000 Kleider anfertigten. Allein in Amerika betrug ihr Jahresumsatz 20 Millionen Mark, und ihr Privatvermögen wurde auf 236 Millionen geschätzt.

Man schrieb September 1931. In New York hatte die junge Dollarerbin Barbara Hutton gerade ihre ersten 30 Kleider bei Chanel bestellt. Die Amerikanische Handelskammer hatte sie zu ihrem Ehrenmitglied ernannt. Coco wurde damals in den Vereinigten Staaten womöglich noch stärker bewundert als in Europa. Als Chanel dem Sonderzug entstieg, den die MGM für sie gechartert hatte, trat Louis B. Mayer, der Chef der Firma, ans Mikrophon. Er begrüßte sie als „Frankreichs inoffizielle Botschafterin" und überschüttete sie mit Komplimenten. Doch als Coco gefragt wurde, ob sie irgendwelche Sonderwünsche habe, sagte sie in fast schüchternem Ton: „Ich würde gern Greta Garbo kennenlernen." „Die Garbo?" riefen die Pressechefs verlegen. Das war ungefähr der einzige Wunsch, dessen Erfüllung sie ihr nicht versprechen konnten.

Coco trifft Greta Garbo

Die „Göttliche" war damals der Star Nr. 1 von Hollywood, doch sie galt als unnahbar. Einige Wochen vorher war die Garbo gebeten worden, den Zeitungsmagnaten Hearst zu besuchen, an einem Festessen für Lady Mountbatten teilzunehmen und den Sohn des englischen Premierministers Macdonald zu empfangen. In allen drei Fällen hatte sie schlankweg abgelehnt. Trotzdem schickte das Studio einen Boten zu der Diva, um wenigstens nichts unversucht zu lassen. Der Mann hatte kaum den Mund aufgetan, als die Garbo ihn unterbrach: „Chanel? Aber natürlich will ich sie sehen." Und zum Erstaunen des Boten fügte sie hinzu: „Bitte fragen Sie Mademoiselle Chanel, wann sie bereit ist, mich zu empfangen." Es war seit Jahren das erstemal in Hollywood, daß die Schwedin jemand anderes um ein Rendezvous bat.

Wenn es zwischen Frauen Liebe auf den ersten Blick gäbe, so hätte man in diesem Fall davon reden können. Greta und Coco umarmten einander wie alte Freundinnen und trafen sich von da an fast täglich. Chanel versprach, die Kostüme für mehrere Garbo-Filme zu liefern, darunter für „Susan Lennox", wo Greta zum erstenmal den jungen Clark Gable zum Partner hatte, sowie für „Mata Hari" und Vicky Baums „Grand Hotel". Doch als ihr die MGM einen Vertrag anbot, der sie mehrere Monate im Jahr an Hollywood gekettet hätte, lehnte Coco dankend ab. Sie fand das kalifornische Klima angenehm und die Amerikaner sehr sympathisch. Auch gab es damals am Sunset Boulevard eine große französische Kolonie, zu der Maurice Chevalier und Claudette Colbert gehörten. Doch Cocos Herz war an der Seine geblieben, und sie fühlte, daß sie die Pariser Atmosphäre brauchte, um ihr Talent richtig zu entfalten. Vier Wochen später schiffte sie sich wieder nach Frankreich ein.

Hier hatte inzwischen eine andere Frau begonnen, in Modekreisen von sich reden zu machen. Sie hieß Elsa Schiaparelli

Constanze-Exclusiv-Serie
über Coco
*Chanel

92

sicher auch damit zu tun, daß 1964 eine größere Zahl von Werbekunden für eine anteilig höhere Belegung mit Anzeigen sorgte, so daß eine gleichbleibende Menge redaktionellen Textes mit steigendem Werbeanteil auf immer mehr Seiten verteilt wurde.

Zeitgeschmackabhängige Unterschiede sind auch in den verwendeten Headlinetypen zu erkennen: 1948 emotional ansprechende Handschrift »ganz privat« gegenüber unpersönlicher Geometrie in den Sechzigern. Während 1948 noch von Künstlerhand geschriebene Buchstaben (»Roman von Marianne von Angern«) und eine größer gesetzte Eingangsletter »J« an vergangene Buchdruckkunst erinnern, sind 1964 selbst die abgebildeten Blumen streng geometrisiert.

Auch die beiden Fotografien erlauben Rückschlüsse auf Veränderungen. Das frühe Beispiel ist ein künstlerisches – idealisierendes – Porträtfoto, das neue eher ein bewußt demaskierender Schnappschuß. Die Bildunterschrift hebt 1948 die abgebildete junge Schönheit in den Zelluloidhimmel: »Die vielversprechende, junge Nachwuchsschauspielerin [...] tödlich verunglückt«; der spätere Text holt »eine der reichsten und berühmtesten Frauen der Welt« auf den Boden der Normal-

OBEN:
Abb. 22
Constanze-Layout 1964
... und sechzehn Jahre später? Die »Exclusiv-Serie« demaskiert öffentlich ein Idol.
Aus: *Constanze* 13/1964

sterblichen herunter und denunziert sie auch noch als Angeberin, »wie sie jeder kennt: Mit [...] dreireihiger, wertvoller Perlenkette«.

Hier ist es lohnenswert, einen kurzen Blick auf den Inhalt der beiden Texte zu werfen, die je verschiedene zeitspezifische Typen offizieller ›Realitätsbewältigungen‹ auf dem Unterhaltungssektor widerspiegeln. 1948 erlaubt ein Roman, von einer offensichtlich adligen Dame »von Angern« verfaßt, einen Blick hinter die Kulissen der Münchener Gesellschaft. Das Foto der tödlich verunglückten Schauspielerin und sein Begleittext stellen einen Bezug der Romanebene zur Realität her. Das hat der in den sechziger Jahren so erfolgreiche ›Tatsachenroman‹, in Abbildung 22 als »Exclusiv-Serie« präsentiert, nicht mehr nötig: hier ist die Verbindung von Fiktion und Realität ganz offen zum Prinzip erklärt worden. Auch ist der Blick nicht mehr andächtig nach oben gerichtet, vielmehr werden die Idole von gestern aus kommerziellen Gründen öffentlich demontiert.

4 *Luxor* – ein Anzeigenmuster und die Folgen

In diesem Kapitel soll gezeigt werden, wie ein erfolgreiches Anzeigenmuster über Jahre das Erscheinungsbild eines Artikels in der Werbung beherrschen kann. Es geht dabei um die Seife *Lux,* die von 1951 an in Deutschland beworben wurde.

In den USA war der Einsatz von Sympathieträgern schon in den zwanziger Jahren üblich. Vor allem teure Kosmetikartikel wurden in der Werbung von bekannten Persönlichkeiten angepriesen (siehe dazu auch Kapitel 9). An dieser Situation profilierte sich die vergleichsweise preiswerte Seife *Lux.* Sie warb schon in den frühen dreißiger Jahren mit Hilfe von Filmstars. Bis zu sechzehn bekannte Schauspielerinnen priesen zugleich auf einer Anzeigenseite die Vorzüge des Produktes. Zusätzlich wurde die die Seife aufwertende Konkurrenz mit teurer Kosmetik aufgenommen. Selbstbewußt stellte man die 10-Cent-Seife der prestigeträchtigen, aber kostspieligen französischen Kosmetik gleich: »Luxury such as you have found only in French soaps at 50 ¢ and $ 1.00 the cake.«[4.1] Dieses Anzeigenmuster hat *Unilever* um 1951 in Deutschland eingeführt. Möglicherweise weil es vor dem Krieg hier ein bekanntes Wollwaschmittel *Lux* gegeben hatte[4.2], wurde der amerikanische Name in den deutschen Anzeigen zunächst in *Luxor* umgewandelt. Sicher paßte außerdem der vor allem den Begriff ›Luxus‹ assoziierende Originalbegriff nicht in die deutsche Nachkriegswirklichkeit. So kehrte man erst 1957 zu *Lux* zurück (Abb. 141).

Zu Beginn der Anzeigenkampagne setzte man amerikanische Schauspielerinnen wie Dorothy Lamour, Marilyn Monroe (Abb. 23) und Liz Taylor ein; für Deutschland genügte dabei offensichtlich *eine* Berühmtheit pro Anzeige. Lediglich verbal wurde in einem schwarzen Balken an die amerikanischen Staransammlungen erinnert: »9 von 10 Hollywood-Filmstars benutzen *Luxor* Toiletteseife«.

Ab 1953 wurden die amerikanischen Idole durch deutsche Filmstars und -sternchen ersetzt. Diese Besetzungsliste liest sich wie ein Almanach der deutschen Fünfziger-Jahre-Schauspielprominenz: Heidi Brühl, Marlene Dietrich, Hertha Feiler, Heidemarie Hatheyer, Angelika Hauff, Margot Hielscher, Carola Höhn, Elma Karlowa, Hildegard Knef, Hansie Knoteck, Marianne Koch, Gertrud Kückelmann, Bruni Löbel,

LINKS:
Abb. 23
Luxor
Filmstar wirbt für Seife – Seife wirbt für Filmstar: ein erfolgreiches Werbeschema, importiert aus den USA.
Aus: *Stimme der Frau* 23/1953

OBEN:
Abb. 24
Luxor
Der Beginn einer jahrzehntelangen Freundschaft: Marianne Koch und *Luxor*, eine symbiotische Erfolgsstory ohnegleichen.
Aus: *Freundin* 19/1954

OBEN LINKS:
Abb. 25
Juwel
Die *Luxor*-Epigonen: wenn schon kein Filmstar, dann wenigstens eine adlige Braut.
Aus: *Freundin* 4/1954

OBEN RECHTS:
Abb. 26
Kaloderma
Ein lächelnder Frauenkopf, darunter das Produkt – für geraume Zeit das verbindliche Schema für jede Seifenwerbung.
Aus: *Constanze* 17/1957

Winnie Markus, Liselotte Pulver, Eva-Ingeborg Scholz, Hannelore Schroth, Luise Ullrich, Ilse Werner, Sonja Ziemann, um nur die bekanntesten zu nennen. In diesem Kreis nimmt Marianne Koch eine herausragende Stellung ein. Sie ist die einzige, die über zwanzig Jahre in immer neuen Anzeigen als Symphatieträgerin eingesetzt wurde (Abb. 24, 68–70; Kapitel 9).

Als einer der maßgeblichen Gründe für den Verkaufserfolg der *Luxor* wurde schon damals dieses besondere Muster der Anzeigenwerbung begriffen. Nur so läßt sich erklären, warum derart viele verschiedene Seifenmarken ihre Werbung den *Luxor*-Anzeigen formal und inhaltlich anzugleichen suchten. Aus Platzgründen können hier nur sieben Beispiele dafür abgebildet werden (Abb. 25–31); so seien als weitere *Luxor*-Epigonen wenigstens genannt: *Cadum, Camay, Elida, Kult, Lyril, Mouson Lavendel, Pid* und *Rexona.*

Beim Vergleich der *Luxor*- mit den Konkurrenzanzeigen fällt zunächst die formale Ähnlichkeit auf. Ein groß abgebildeter lächelnder Frauenkopf wird mit einer Seife in der Originalverpackung kombiniert. Die Frau ist jung und steht in ihrer Schönheit keinem Filmstar nach. Um die im unteren Teil der Anzeige räumlich abgebildete Seife herum sind größere Mengen von Werbetext abgedruckt. Häufig wurde auch die Verbindung Seife – Blume übernommen.

Auffällig ist ferner, daß in fast allen Seifenanzeigen der Verkaufspreis genannt ist. Das ist ein Indiz für die Versuche der Hersteller, sich wegen der großen Ähnlichkeit

in der Präsentation über den Endpreis zu profilieren. Vor dem Hintergrund des wachsenden Massenwohlstands fanden folgerichtig jetzt auch in dieser Branche die entscheidenden Kämpfe um Marktanteile statt.[4.3]

Das Besondere an den *Luxor*-Anzeigen ist der geglückte Versuch, den Gebrauch des Körperreinigungsmittels Seife aus dem alltäglichen Funktionszusammenhang herauszulösen und in den Bereich der Imagepflege zu übertragen. »Schönheitsseife [...] wie sie Filmstars benutzen« stellt jede Seifenkäuferin in den »Blickpunkt des Erfolges«, indem sie sie »von Grund auf verschönt«. War das nach dem Krieg in Deutschland vielleicht besonders notwendig?

Die meisten Seifen, die in Konkurrenz zur *Luxor* angeboten wurden, versuchten, sich auch diesem inhaltlichen Muster zu nähern. Wenngleich kein anderer Hersteller direkt mit Schauspielerinnen warb, war man doch bemüht, dieses Manko mit anderen Mitteln auszugleichen. Die abgebildeten Frauen waren genauso schön wie Filmstars; sie waren genauso jung, so gepflegt, so geschminkt, so gut gekleidet und lächelten so verführerisch wie Filmstars. Zuweilen präsentierte man sie wie adlige Schönheiten oder ideale Bräute. Die Seifenmarken suggerierten ihrerseits mit Namen wie *Juwel, Princess* oder *CD* die Zugehörigkeit zu höheren sozialen Schichten. Krönchen und Wappen, Gold und Silber, Rosen und Perlen vervollständigten diesen Eindruck.

Was den Text anbetrifft, so gibt es eine Anzahl von Begriffen, die in den frühen *Luxor*-Anzeigen und dann in fast allen Seifenwerbungen auftauchen: »rein«, »weiß«,

OBEN LINKS:
Abb. 27
8 mal 4
Wie sich die Bilder gleichen – und die Fotomodelle erst!
Aus: *Film und Frau* 12/1959

OBEN RECHTS:
Abb. 28
Dali
Kein Star zwar, aber lächelnd, jung und schön.
Aus: *Freundin* 20/1959

OBEN LINKS:
Abb. 29
CD
Auch die Demokratie hat ihre gehobenen Schichten: Das ›Corps diplomatique‹ veredelt diese Seifenmarke.
Aus: *Constanze* 40/1965

OBEN RECHTS:
Abb. 30
Princess
Offizielles Vorbild für Millionen Frauen und bester Ersatz für den fehlenden Filmstar: die Königstochter.
Aus: *Constanze* 17/1961

»mild«, »zart« und »gepflegt«. Sicher können diese Adjektive eine gewisse zeitlose Allgemeingültigkeit in der Seifenwerbung beanspruchen; es ist jedoch immerhin auffällig, daß keine der anderen Seifen mit einem Begriff wie »sauber« agiert, der doch genauso naheliegend wäre. Im Gegenteil: im Fahrwasser von *Luxor* werten mehr oder weniger alle Anzeigen den Seifengebrauch jenseits der profanen Reinigungsfunktion auf. Der Grund dafür ist die gewünschte Absatzsteigerung, das Mittel die Forderung nach Schönheitspflege. Und da nur Frauen den Anforderungen nach gesellschaftlich vereinbarten Äußerlichkeiten wie Schönheit, Zartheit und Gepflegtheit entsprechen müssen, wird auch nur um und mit Frauen geworben.

Kehrt man diese These um, so ergibt sich eine ebenso einleuchtende Erkenntnis: Frauen sollen die Schönheitspflege betreiben, das heißt Seife kaufen, nicht, *damit* sie den gesellschaftlichen Ansprüchen genügen, sondern die gesellschaftlichen Ansprüche werden an die Frauen gestellt, damit *sie* Schönheitspflege betreiben und *kaufen.* Schließlich muß ja auch auf diesem Absatzmarkt irgend jemand die wirtschaftspolitisch notwendigen Produktionssteigerungen kompensieren. Und diese Rolle wird von Männern natürlich den Frauen verkauft.

Es ist nicht zu entscheiden, inwieweit Werbetreibende an dieser Entwicklung bewußt beteiligt waren. Für die Seifenwerbung bedeutete sie jedenfalls eine Belebung, die in ähnlichen Branchen, zum Beispiel bei der Zahnpflege oder in der Waschmittelreklame, nicht stattgefunden hat – so daß diese Bereiche in der Werbung bis heute ein eher langweiliges Dasein fristen.

5 Eine erste Konjunktur: die sogenannte ›Nierenform‹

Mit der wirtschaftlichen Erholung Westdeutschlands und dem zunehmenden Warenangebot begann sich eine erste stilistische Konjunktur auszubilden. Von 1952 an tauchte, zunächst zögernd, dann immer häufiger, in allen Gebieten der Produktgestaltung die leicht gebogene, in eine Rundung gebrachte Form auf. In der Möbelgestaltung, in Stoffmustern, beim Porzellan – natürlich auch in der Werbung: praktisch überall, wo ›zeitgemäßes‹ Design entwickelt oder präsentiert wurde, »bereitete sich eine Revolution vor«.

So schrieb jedenfalls die *Constanze* in ihrer Februarausgabe von 1953. »Eine vorübergehende Mode? Oder berechnende Unternehmer, die zur gleichen Zeit mit schockierenden Dingen auf den Markt kommen und nur bluffen wollen?« Nein! »Es ist eine Wandlung, die sich seit mehr als einem Jahrhundert vorbereitet und an der die Architekten, Ingenieure und Unternehmer der ganzen Welt gemeinsam arbeiten.« Plötzlich war alles, was sich aus den dreißiger und vierziger Jahren an gestalterischer Tradition noch erhalten hatte, »angeklebter Schnörkel« und »falscher Putz«. Die Vorteile der neuen Formen hingegen lagen auf der Hand: »Keine handwerkliche Verzierung stört das Gleichgewicht der Linien.« Das neue Design »hatte Sinn«, war »schlicht« und »praktisch«, im irritierendsten Fall »originell«, vor allem aber »abwaschbar und pflegeleicht«.[5.1] Die floralen Formen des Gummibaums und

OBEN:
Abb. 31
Fa
Ein »täglicher Luxus für wenig Geld« macht »meine Haut so richtig von innen her zufrieden«.
Aus: *Stern* 48/1959

Gegenüber:
Abb. 32
Bifora
Hier noch Mittelpunkt und Ursprung aller Kurvendynamik: der reine Kreis.
Aus: *Das Beste aus Reader's Digest* 12/1952

sphärisch-leichte Accessoires wie Calders ›Mobiles‹ ergänzten den neuen kunstgewerblichen Stil der scheinbaren Unbeschwertheit.

Als heute bekannteste formale Ausprägung dieser Entwicklung kann die sogenannte ›Nierenform‹ angesehen werden. Einen »Nierentisch« stellte die *Constanze* 1953 im Foto vor und schrieb in der Bildunterschrift dazu: »Vielleicht gefällt Ihnen auf Dauer doch die *freie* Atmosphäre besser, die die leichten Formen um Sie herumzaubern.« Und der Text ergänzte: »Da schiebt sich der sachliche Federholzstuhl neben den schwellenden Rokokosessel. Die Tische lassen ihre vertraute Wuchtigkeit im Stich und führen auf elastischen Gummiteppichen ein fast tänzerisch-leichtes Dasein.«[5.2]

Die Gründe für die enorme Akzeptanz der ›Nierenform‹ sind ebenso schwer zu klären wie ihr stilistischer Ursprung. Im nachhinein wird sie häufig als ›Arpsche Niere‹ bezeichnet und so auf die abstrakten, organisch fließenden Rundungen der Skulpturen des Malers und Bildhauers Hans Arp (1887–1966) als mögliche Inspirationsquelle verwiesen. Auch Einflüsse amerikanischer Designer – Hugh Stubbins jr., Robsjohn-Gibbings, Jens Rissom und Marcel Breuer – sind angeführt worden.[5.3] Der ungebremste Optimismus des Kriegsgewinners Amerika streckte jedoch die gewiß auch dort aufkommende Rundung meist zur *streamline.*

Ob die so umfassende Präsenz der Niere, eines reinigenden Organs, in der Gestaltung der Lebenswelt der fünfziger Jahre eine Visualisierung des Wunsches nach Reinwaschung von der Kollektivschuld in der Nachkriegszeit darstellt und deshalb unbewußt breiteste Aufnahme fand, ist sicher für Tiefenpsychologen eine Überlegung wert. Einen weiteren Interpretationsansatz bietet möglicherweise die besondere wirtschaftliche Situation der damaligen Zeit: Der Auf-*Schwung* der Nachkriegsjahre erzeugte jene Dynamik eines beschwingten Optimismus, deren emotionaler Gegenpol die tiefsitzende Existenzangst im andauernden Kalten Krieg war. Als optischer Ausdruck einer unter solchem Druck in eine unkontrollierte Kreisbewegung geratenen Dynamik wäre dann die ›Nierenform‹ zu interpretieren. Untermauert wird diese These durch die Vielzahl übertrieben dynamischer Rundformen, die in den Anzeigen des fraglichen Zeitraums zu sehen sind – siehe Abb. 32–41.

Derartige Überlegungen mögen manchem etwas zu gewagt erscheinen; als sicher kann jedoch gelten: Die neuen Formen erinnerten in nichts an die schreckliche jüngste Vergangenheit. Sie waren einfach, und ihre beschwingten Linien strahlten einen gewissen Optimismus aus. Die neu geformten Gegenstände waren leicht und handlich, und die neuen Materialien, wie Plastik und Stahl, extrem pflegeleicht. So kamen sie den besonderen Bedürfnissen der Jahre des Wiederaufbaus entgegen.

Daß die schnelle Begeisterung und die kritiklose Akzeptanz auf breitester Basis zu mancher Übertreibung, ja Entgleisung geführt haben, ist nicht zu bestreiten. Es dürften vor allem diese Übertreibungen gewesen sein, die als Ursache nicht nur für das schnelle Ende dieses ›Stils‹, sondern auch für sein heute so schlechtes Image angesehen werden müssen.

Auch in der Werbung erlebte die neue Form eine heftige, wenn auch kurze Blütezeit. Es gab zwischen 1953 und 1955 nur wenige Anzeigen, die sich diesem formalen Trend nicht in irgendeiner Weise anschlossen.

B
BIFORA
WERK-KORREKT
FORM-KORREKT
PREIS-KORREKT
DIE QUALITÄTSUHR
IN ALLEN FACHGESCHÄFTEN
J. BIDLINGMAIER
SPEZIALFABRIK FÜR ARMBANDUHREN, SCHWÄBISCH-GMÜND

Schon Ende 1952 visualisierte *BP* das neue Lebensgefühl in einer einfachen, trefflichen Anzeige für die eigenen Zwecke (Abb. 2, auf dem Backcover dieses Buches). In einer zur dynamischen Aufschwungbewegung stilisierten Straßenkurve können zwei Kraftwagen dank *BP* – das Logo symbolisiert eine Tankstelle – so stark beschleunigen, daß ihnen Flügel wachsen, die ein Abheben vom Boden der harten Realität ermöglichen. Die Illustration demonstrierte den Wiederaufbauenden, daß es beim Einsatz der geeigneten Mittel gelang, ›die Kurve noch zu kriegen‹. So konnte die breite Rückwärtsbewegung – im Bild nach links, gegen die Leserichtung – doch noch in eine aufstrebende Dynamik gewendet werden.

Die *Bifora*-Werbung (Abb. 32) vom Dezember 1952 bietet eine gelungene Verbindung herkömmlicher Anzeigengestaltung mit der aufkommenden Begeisterung für die weiche Bewegungslinie. Die Anzeige ist technisch traditionell in Farbe gezeichnet und gespritzt. Bis auf das *B-Bifora*-Zeichen rechts oben sind alle Gestaltungselemente derselben grafischen Gesamtkonzeption unterworfen. Die Schrift ist nicht gesetzt, sondern vom Illustrator gezeichnet und unterstreicht so den Gesamteindruck der Anzeige als künstlerische Grafik.

Das formale Grundelement der ausgewogenen Komposition ist die Rundung, nicht nur wegen der sechs sofort ins Auge springenden Schlangenlinien. Das runde Zifferblatt der Uhr mit seinen vier Kreisen bildet den Mittelpunkt der Anzeige. Insgesamt fünfzehnmal wird diese reinste Form der Rundung zusätzlich aufgenommen und wiederholt. Dazu kommen neben den dreißig Kurvenbewegungen der Linien noch über fünfzig in den Buchstaben, bis hin zur genüßlich zelebrierten Doppelrundung im *f* von *Bifora*. Mindestens genauso prägend für den optischen Eindruck dieser Anzeige ist neben dem Vorhandenen auch das Nichtvorhandene: Keine einzige technisch erzeugte Gerade stört die von den zahlreichen Rundungen und den gespritzten Verläufen geschaffene Weichheit des Bildes.

Auch in der *Montblanc*-Anzeige (Abb. 33) von 1953 ist die Rundung das bestimmende formale Gestaltungsprinzip. Während sie jedoch in der *Bifora*-Werbung dort eingeführt wurde, wo dies ohne Konflikt mit traditionellen Konventionen möglich war, findet in diesem Beispiel der Bruch auch mit dem sonst verbindlichen Grundformat statt.

Das Rechteck der Anzeigenfläche wird durch eine im Bogen geführte Begrenzungslinie abgerundet; sogar die Schrift ist dort in Kurven gesetzt. Das Foto einer die Schaufensterauslage eines Schreibwarengeschäfts bestaunenden Kinderschar ist in der Form einer Malerpalette beschnitten, deren Kontur auch der Werbetext folgt: »das ersehnte Geschenk der Jugend!«, natürlich in einer weichen, runden Schreibschrift gesetzt.

Das Markenzeichen des Schreibwarenherstellers, ein Stern, wurde mit abgerundeten Strahlen in einen Kreis eingeschlossen: eine weitere Variation des grafischen Grundthemas. Daß die Selbstdarstellung von *Montblanc* für die Anzeigengestaltung auch andere, ausgesprochen eckige formale Anknüpfungspunkte geboten hätte, sieht man auf den beiden mittleren Füllhaltern. Dort ist das Firmenemblem noch ein Berggipfel mit zahlreichen Spitzen. Bewußt *nicht* im rechten Winkel zur Anzeigengrundform steht der Markenname links oben, ebenso die abgebildeten Schreibgeräte, die mit Bedacht eben nicht parallel zueinander angeordnet sind.

Schließlich ist auch der Druckknopf des noch als »Druckfüllstift« bezeichneten Kugelschreibers entgegen allen ergonomischen Einsichten abgerundet, sicher aus denselben formgestalterischen Gründen.

Die Anzeigen der Kölner Firma *4711* zeichneten sich schon 1953 durch besondere Traditionsverbundenheit aus. Der für damalige Begriffe sensationelle, weltweite Bekanntheitsgrad des *Eau de Cologne* ermöglichte es, daß sich daran bis 1970 praktisch nichts zu ändern brauchte.

Die *Tosca*-Anzeige (Abb. 34) wenigstens präsentiert sich im formal aktuellen Muster ihrer Zeit, der Rundung, und ist damit für *4711*-Verhältnisse enorm modern gestaltet. Zahlreiche schwungvolle Kohlestiftlinien schaffen eine beschwingte Grundstimmung; sogar das Foto ist diesem floralen Bewegungsmotiv entsprechend beschnitten. Aufgrund seiner besonderen Form kann ein eleganter Handspiegel assoziiert werden, in den die potentiellen Kundinnen schon mal probeweise hineinsehen dürfen. Natürlich soll sie dieser Blick davon überzeugen, daß sie genauso schön wie die abgebildete junge Dame würden, wenn sie nur *Tosca* benützten.

Ansonsten aber weisen Rokokoornament als Tubenverzierung, *4711*-Zeichen und Puderdöschen in eine weit zurückliegende Vergangenheit. Wörter wie »Krönung« und »veredeln« lassen gar die Feudalzeit wiederauferstehen. Sicher war auch damals schon die Zeit vorüber, da man neue Käuferschichten mit Argumenten wie »Anmut und zeitloser Liebreiz« gewinnen konnte.

Die im Markennamen bewußt hergestellte Assoziation zur Oper und das Foto der bühnenreif geschminkten Schönheit tragen die (Negativ-)Botschaft der Anzeige: diese Kosmetik sollte (nur) bei festlichen Anlässen benutzt werden.

OBEN LINKS:
Abb. 33
Montblanc
Nur keine Ecken, keine Geraden, kein Blocksatz! Das formale Gestaltungsprinzip triumphiert über die inhaltliche Informationspflicht.
Aus: *Freundin* 5/1953

OBEN RECHTS:
Abb. 34
4711
Kosmetikspiegel oder Kurvenspiel? Am besten beides! (*4711* ausnahmsweise ganz im Stil der Zeit.)
Aus: *Elegante Welt* 6/1953

GEGENÜBER:
Abb. 35
Geha
Die beliebteste Form der frühen fünfziger Jahre ließ sich natürlich auch mit *Geha*-Geräten zeichnen.
Aus: *Constanze* 24/1955

4711 hielt über dreißig Jahre mit fast bewundernswerter Hartnäckigkeit an dieser ›altmodischen‹ Selbstdarstellung fest – was dazu geführt hat, daß *4711*-Produkte bei Jugendlichen heute nicht gerade beliebt sind. Folgerichtig wurde das Logo – allerdings erst 1990 – aus dem Firmennamen verbannt.

Der an sich sehr traditionell gestalteten *Geha*-Werbung (Abb. 35) von 1955 gelingt es, mit sehr einfachen Mitteln die Rundung in die Anzeige zu integrieren. Zwei schwungvolle Linien ergänzen das den Schreibgeräten unterlegte Lichtfeld zu einer Ellipsenform. Als formale Bezugselemente fungieren der Markenname *Geha,* rund und kursiv gesetzt, das Hauptwerbeargument »technisch einzigartig...« in Schreibschrift und die abgerundete Form der Objekte selbst. Die beiden sich verschlingenden Schreiblinien bilden ein abstrakt florales Muster, das in dieser oder ähnlicher Form zum Grundraster zahlloser Dekorationsstoffe der frühen fünfziger Jahre werden sollte.

Der dunkle Anzeigengrund und der kometenhafte Lichtschein verleihen den beiden Geräten die Aura von Himmelsboten, bei deren Erscheinen man sich etwas wünschen durfte: am liebsten einen *Geha*-Füller. »Technisch einzigartig...«, »mit Reservetank« und »Hermetic-Verschluß«, wirbt der Anzeigentext, und nicht etwa: »Schreibt gut und hält lange.« Füller und Kuli sind also Luxusgegenstände (»14 kar. Goldfeder«) – deren Technik allerdings noch in den Kinderschuhen steckt (»Kein Auslaufen der Schreibpaste«).

In der *Phonotrix*-Anzeige (Abb. 36) aus dem Jahr 1954 erlaubt das beworbene Objekt selbst, ein Tonbandgerät mit Zubehör, den spielerischen Umgang mit dem formalen Thema Rundung. Kreisrunde Spulen, das Ton*band,* abgerundete Formen in der Produktgestaltung aller drei Geräte bilden den konkreten Hintergrund für eine abstrakte Auseinandersetzung mit Dreidimensionalität, die auch eine grafische Visualisierung des Raumklangs einschließt. Mochte zwanzig Jahre später in der Heimelektronik die Dynamik unter der Rubrik ›Technische Daten‹ zum Qualitätsmaßstab werden: Hier ist sie in der Abbildung als optische Metapher illustriert. Im *Bauhaus* nannte man das »Dynamisierung der Fläche«, und das Mittel war strenge Geometrie. Die Parallelen zu der *Nivea*-Anzeige (Abb. 12) und der *Telefunken*-Werbung (Abb. 16) sind auch unübersehbar – nur ist nun die Rundung das elementare Gestaltungsprinzip.

Zusätzlich liefern die schwungvollen Vektoren noch zwei bildliche Argumente, die zusätzlichen Werbetext überflüssig machen: »Was das Tonband anbetrifft, so kann der Weg nur zu *Phonotrix* führen«, und: »Es kommt aus dem Nichts, über den (Radio-)Lautsprecher, und kann mit Hilfe des Mikrofons vom Tonband aufgenommen werden.«

Ähnlich dem *Werra*-Apparat (Abb. 17) wird auch die *Bolex*-Kamera (Abb. 37) von 1957 als »elegant« und damit als »die Kamera der modernen Frau« angepriesen. Technisch ist die *Bolex*-Anzeige jedoch schon eine Weiterentwicklung der *Werra*-Werbung; aus der Foto- ist inzwischen eine Film-Kamera geworden, die sich mit ihrer Vorgängerin vergleichen läßt: »...filmen [ist] nicht teurer als fotografieren!« Und auch der Geschmack der Anzeigengestalter hat sich inzwischen gewandelt. Die Rundung, hier vor allem die Ellipse, ist zum gestalterischen Grundthema erhoben

Geha
Technisch einzigartig . . .
Geha-Füllhalter
»mit Reservetank«
Von 6,20 DM bis 32,– DM
Ab 10 DM mit 14 kar. Goldfeder
Geha-Kugelschreiber
»mit Hermetic-Verschluß«
Von 3,75 DM bis 10,– DM
Kein Auslaufen der Schreibpaste

OBEN:
Abb. 36
Phonotrix
»Dynamisierung der Fläche« wie im *Bauhaus* – aber ohne Geraden.
Aus: *Hobby* 1954

worden: Kurvenlinien, Rundrahmen, ein Regenschirmgriff im Brennpunkt des ellipsenförmig beschnittenen Fotos, kursive Schreibschrift, Kamera- und Schutzhüllendesign – alles wetteifert um den Preis der schönsten Rundung.

Wo *Werra* seine Kamera noch »mit neuem Gesicht« vorgestellt und sie dann im Kleingedruckten den Damen besonders ans Herz gelegt hatte, da definiert sich *Bolex* gleich ganz offen als »die Kamera der modernen Frau«. Diese Offenbarung ist symptomatisch für eine allgemeine Akzentverschiebung. Hatte *Werra* sachliche Information im geometrischen Blickpunkt präsentiert, wird hier ganz unbeschwert ohne technische Argumente geworben. Die einzige Einlassung in dieser Richtung fällt mit dem Begriff »präzis« recht unpräzise aus. Kürzel wie »CH«, »JF5« und »L8« sollen möglicherweise einen (wenn auch diffusen) Eindruck elektronischer Kompetenz vermitteln, auch wenn sie noch andere Daseinsberechtigungen haben. Für alle, die damit noch nicht zufrieden waren, wurde im Foto vorgeführt, was mit der Kamera sinnvollerweise anzufangen sei. Mitgeführt beim Spaziergang, ergänzte sie die eleganten Lederhandschuhe und den *auch* meist in der Lederhülle steckenden Regenschirm und demonstrierte so den Mitmenschen den etwas steileren Anstieg der eigenen Lebensqualität.

In der Lampenanzeige (Abb. 38) von 1954 paßt sich der gestalterische Stil kongenial dem abgebildeten Objekt an: Beide variieren in eleganter Weise das Thema Rundung.

Die Tischlampe verfügt über einen sogenannten ›Schwanenhals‹, der nicht nur rund im Querschnitt und in einer Rundung gebogen, sondern vor allem flexibel ist.

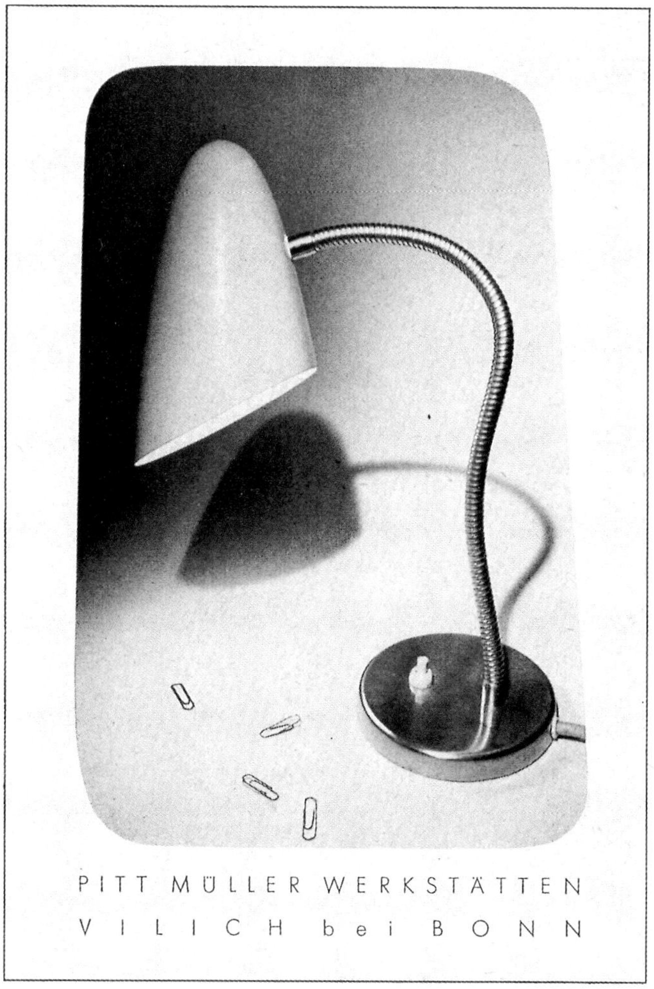

Wenn die gebogene Form jemals Dynamik ausdrücken sollte: Hier hat sie ihr Ziel beinahe optimal erreicht. Denn Dynamik ist Bewegung, und Bewegung bedeutet hier Beweglichkeit. Diese Beweglichkeit wird im Foto mit zwei optischen Kunstgriffen eindrucksvoll demonstriert. Der Schatten der Lampe stellt gleichzeitig eine andere mögliche Biegungsform des Schwanenhalses dar. Außerdem sieht man auf dem Foto sowohl eine Seitenansicht des Lampenschirms als auch eine Draufsicht des Lampenfußes, was nur durch die besondere Biegsamkeit der Lampe möglich ist. Natürlich konnte der Fotograf auch auf den kreisrunden Lampenfuß als optisches Rundelement im Foto nicht verzichten. Rund sind schließlich noch das Elektrokabel, der Druckknopf und der Lampenschirm – in der Seitenansicht eine Halbellipse. Die Rundungen werden im Schatten wiederholt. Einige – gebogene – Büroklammern als grafische Irritationspunkte runden das Foto ab, dessen Ecken wiederum folgerichtig rund beschnitten sind.

Das Vertrauen der Anzeigengestalter in die Ausstrahlung der Objekte und ihre Präsentation zeigt sich in der extremen Zurückhaltung beim Einsatz weiterer Gestaltungselemente. Lediglich 34 Buchstaben eines einzigen, sehr zarten Typs wurden verwendet. Um der bei solcher Beschränkung drohenden Gefahr optischer Langeweile zu entgehen, wurde das Foto noch an beiden Längsseiten leicht abgeschrägt.

Die Abbildung 39 gehört (ebenso wie Abb. 42; vgl. Kapitel 6) zu einer Serie von Anzeigen für *Uhu-Line,* die hier vorgestellt werden soll. Ihre Gestaltungstechnik führt schon zur nächsten Konjunktur, in das nächste Kapitel: die farbige, gemalte Illustration.

OBEN LINKS:
Abb. 37
Bolex
Flanieren wird mit *Bolex* erst schön.
Aus: *Freundin* 5/1954

OBEN RECHTS:
Abb. 38
Pitt-Müller-Werkstätten
Kurvenspiele auf höchstem formalem Niveau – der ›Schwanenhals‹ macht's möglich.
Aus: *Die Kunst und das schöne Heim* 9/1954

Ahaa
- auch UHU-Line
UHU-Line
DIE MODERNE WÄSCHESTEIFE
Schon
ein Teelöffel voll
wirkt Wunder
an Wäsche
und Kleidung
UHU-WERK H. u. M. FISCHER BÜHL/BADEN
LA 24

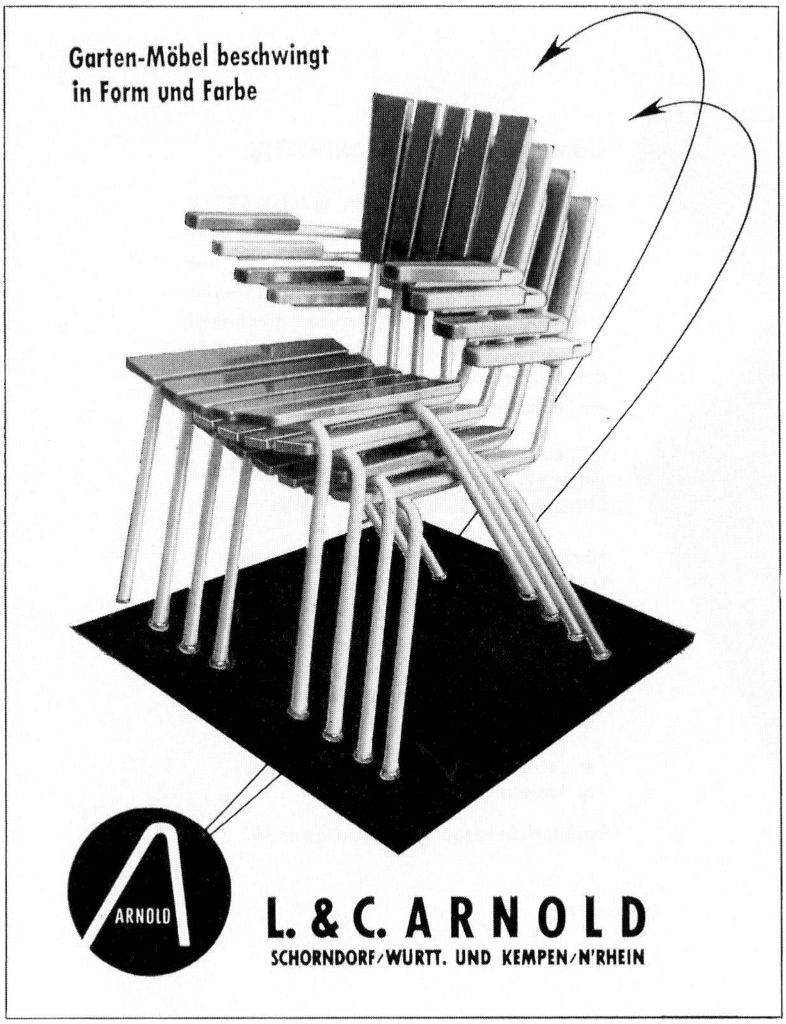

1955 ist die Hoch-Zeit der Nierenform eigentlich schon vorüber. Hier wird sie noch einmal, ein Zugeständnis an die herrschende Mode, in ihrer reinsten Form präsentiert. Daß der grafische Einsatz einer auf der (runden) Spitze stehenden Nierenform nicht unproblematisch ist, zeigen die zahlreichen, notwendigen Bemühungen, die kopflastige Form optisch zu stützen. Mit ihr würden auch die beiden Figuren kippen. Um das zu verhindern, bilden Tischkante und -platte eine nach oben waagerecht abgeschlossene Grundfläche, auf der nicht nur das kleine Mädchen aufrecht stehen kann; auch der nierenförmigen Illustration bietet sie optischen Halt. Diese Stabilisierung allein wäre jedoch nicht ausreichend: Deshalb wird zusätzlich noch die ganze Form, wie auch das Mädchen, von der erwachsenen Frau im Gleichgewicht gehalten. Ferner wird die linke Schräge der Nierenform durch eine ebenfalls übergroße Tube Wäschestärke optisch abgestützt, und schließlich erhöht ein parallel zur Tischkante arrangierter überdimensionaler Löffel die Tragkraft der Horizontalen.

Inhaltlich kreist die Anzeige um das Thema ›Probieren‹. Die Mutter hat *Uhu-Line* schon probiert – siehe die gesteifte Bekleidung. Das Kind probiert gerade auf seine Weise – die Mutter schaut lächelnd zu, nach dem Motto »Früh übt sich...« –, und darunter wird dem Zeitungsleser ein Teelöffel zum Probieren optisch und textlich angeboten: »Schon ein Teelöffel voll wirkt Wunder...«.

Daß man in der abgebildeten *Uhu*-Tube den gleichnamigen Alleskleber zu erkennen glaubt, ist ein Beleg für den zurückgegangenen Einsatz von Wäschesteife. Heute benutzt man Weichspüler. So ändern sich die Zeiten.

GEGENÜBER:
Abb. 39
Uhu-Line
Ohne jeden formalen Bezug zum beworbenen Produkt, muß die instabile ›Nierenform‹ optisch vielfach abgestützt werden.
Aus: *Freundin* 7/1955

OBEN LINKS:
Abb. 40
Arnold
Dynamisch ›ins Freie‹ gestellte Gartenmöbel, »beschwingt in Form und Farbe«.
Aus: *Die Kunst und das schöne Heim* 7/1955

OBEN RECHTS:
Abb. 41
Triumph
Schwebend leicht trotz Schwergewichts: die Rundung macht's möglich.
Aus: *Constanze* 5/1953

In der *Arnold*-Gartenmöbelanzeige (Abb. 40) von 1955 herrscht eine bemerkenswerte strukturelle Übereinstimmung zwischen beworbenem Produkt, Werbetext und formaler Anzeigengestaltung.

Bei den Werbeobjekten handelt es sich um Gartenstühle aus gebogenem Stahlrohr und Plastik in verschiedenen Farben. Sie sind ›modern‹ gestaltet und von geringem Gewicht, also mobil, leicht zu transportieren. Im Foto wird diese Beweglichkeit durch vier schwungvoll ineinander gestapelte Stühle demonstriert. Folgerichtig beschreibt auch der Werbetext »Garten-Möbel beschwingt in Form und Farbe«. Grundgedanke der Anzeigengestaltung war, die Leichtigkeit der Produkte zu demonstrieren. Die vier Gartenstühle stehen zwar aus optischen Gründen auf einer schwarzen, künstlich hinterlegten, trapezförmigen Grundfläche, wirken aber keineswegs fest in ihr verankert, sondern schweben vielmehr in der Luft. Die Stühle sind auf dem Papierhintergrund fototechnisch freigestellt, das heißt, ohne den ursprünglichen Fotohintergrund abgebildet. Sie stehen also ›im Freien‹ – wie Gartenmöbel meistens.

Zwei schwungvolle Kurvenlinien unterstreichen die leichte Mobilität der Stühle. Zum Bewegungsursprung, zum ›springenden Punkt‹ wird eine schwarze Kreisfläche links unten in der Anzeige. Sie enthält ein zum *A* für *Arnold* gebogenes Stahlrohr, das Firmenlogo.

Im letzten Beispiel zum Thema ›Schwungvolle Rundung‹ (Abb. 41) soll noch einmal die spezifische Eigenleistung der Kurvenlinie für die Werbegestaltung untersucht werden. Ausgewählt wurde dafür eine relativ einfach konzipierte schwarzweiße *Triumph*-Anzeige aus dem Jahr 1953, die von einer einzigen, ebenso einfachen Bewegungslinie ihre Dynamik erhält und in eine absichtlich instabile Komposition verwandelt wird.

Ein Werbetext bietet sie vor allem den Sekretärinnen an: »Perfekt und Norm in neuer Form«. Harte Worte, die den Büroalltag der fünfziger Jahre wieder auferstehen lassen. »[...] Prospekt steht auf Anforderung [...] zur Verfügung«: Kasernenton war damals in den Büros offensichtlich noch üblich.

Stellt man sich die Anzeige ohne die erwähnte Kurvenlinie vor, müßte ihre Beschreibung ungefähr so lauten: Auf einem abgerundeten, schwarzgrundigen Sechseck ist eine Schreibmaschine abgebildet. Sie ragt mit einer Ecke etwas über diese Grundfläche hinaus. Wie stark verändert nun die Kurve dieses Arrangement: Aus dem Sechseck wird durch die von der Rundung geschaffene Dreidimensionalität ein Tisch, eine Präsentationsfläche, die dem Betrachter entgegenragt. Man hat zwar den Eindruck, daß die Schreibmaschine auf dem Tisch ›etwas spitz‹ steht, aber gerade dieser Effekt führt zusammen mit der Bewegungslinie zum eigentlichen Sinn der Zeichnung: Leichtigkeit in der Handhabung. Wer das Gewicht von Fünfziger-Jahre-Schreibmaschinen kennt, weiß, daß dies ein wichtiges – ansonsten im Werbetext nicht erwähntes – Verkaufsargument war.

Die runde Bogenform wird in der weichen Schreibschrift der Worte »Perfekt«, »Norm«, »Form« aufgenommen und mildert so optisch ihren harten Klang. Selbst der etwas altmodische *Triumph*-Bogen – das Firmenzeichen stammt noch aus den zwanziger Jahren – findet stilistisch Anschluß und damit optische Daseinsberechtigung. Denn der moderne ›Ursprung‹ der Kurvenlinie sind die nüchtern gesetzten *Triumph Werke*.

6 Die zweite Konjunktur: die farbige Illustration

Von 1950 bis 1955 verfügten immer mehr Zeitschriftendruckereien über neue Maschinen, welche die Qualität von Reproduktionen im Schwarzweißbereich erheblich steigerten und dank weiterentwickelter Techniken den vierfarbigen Druck von Illustrationen erlaubten. Die Folge waren stark ansteigende Abbildungsanteile in vielen Zeitschriften, die jetzt die neue Bezeichnung ›Illustrierte‹ erhielten. Parallel dazu ermöglichten die mit dem wirtschaftlichen Aufschwung ihrerseits ansteigenden Werbebudgets eine aufwendigere Anzeigengestaltung.

Es wurden zunächst hauptsächlich *gemalte* Anzeigenillustrationen vierfarbig abgedruckt. Das lag sicher auch daran, daß der Umgang mit Farbfotografie im Bereich der Werbung noch nicht ausreichend erprobt war, während die gemalte Abbildung hier über eine lange Tradition verfügte. Die Entwicklung der Illustration in Zeitungsanzeigen hatte schon im 19. Jahrhundert begonnen. Kleine, meist realistische Zeichnungen sollten die Glaubwürdigkeit der Werbetexte in den Inseraten erhöhen, nach dem Motto: »Was abbildbar war, war wahr.«[6.1] In anspruchsvolleren Zeitschriften wurden schon vor der Jahrhundertwende auch ganzseitige illustrierte Anzeigen gedruckt. Deren Gestaltung richtete sich jedoch noch ganz nach dem seinerzeit alles beherrschenden Werbeträger Plakat. Mitte der zwanziger Jahre begann sich die Zeichnung in der Anzeige formal zu emanzipieren. Leichte, witzige Handzeichnungen von individuellem Duktus, wie noch 1950 in der *Osram*-Werbung (Abb. 9), konkurrierten mit Zeichnungen im Stil von Stichen oder Holzschnitten (vgl. Abb. 6, 11). Illustrationen, die in Farbe gedruckt wurden, waren bis vor dem Zweiten Weltkrieg in Angleichung an Kunstdrucke noch meist im Stil klassischer Stilleben gemalt – siehe *Osram* (Abb. 7). Häufig wurden bis circa 1954 farbige Vorlagen einfarbig gedruckt, die *Porolastic*-Anzeige (Abb. 43) etwa, die drei *Kaloderma*-Werbungen (Abb. 49–51) und die *Bac*-Anzeige (Abb. 46). Die um 1956 einsetzende allgemeine Konjunktur der farbigen Illustration kündigte sich etwa zwei Jahre vorher mit Anzeigen wie der für *Uhu-Line* an (Abb. 39). Sie ist noch altmodisch im Malstil, aber in der Darstellung schon deutlich vom Stilleben entfernt. Unter Einbeziehung weiterer Maltechniken – wie dem Aquarell bei *Ford* (Abb. 44, 45) und der Mischtechnik bei *Fewa* (Abb. 48) – erreichte sie ein beachtliches formales Niveau, einen letzten Höhepunkt vor dem Siegeszug von Foto und Fernsehen. In dieser Endphase traten Mischformen aus Gemaltem und Fotografiertem auf, die den allmählichen Übergang zum Foto verdeutlichen. Die nachfolgend erwähnten Beispiele dafür sind unter anderen thematischen Schwerpunkten in diesem Buch abgebildet.

Eine spielerisch elegante Ausstrahlung erhält die *Hudson*-Werbung (Abb. 3) durch die mit leichter Hand in das Foto hineingezeichneten Elemente. Sie geben der Anzeige Charme und Beschwingtheit, wie sie von einem Foto allein in dieser Form nicht hätten transportiert werden können.

Die Firma *Knorr* schaltete in den Jahren 1956 bis 1958 eine Werbekampagne für ihre Fertigsuppen, bei der sich der Übergang von der gemalten zur fotografierten Illustration fast unmerklich vollzog, so realistisch waren die letzten gemalten Anzeigen. Die Abbildung 4 von 1957 erschien denn auch ein Jahr später fast unverändert als Fotografie.

GEGENÜBER:
Abb. 42
Uhu-Line
Früh übt sich, wer das rechte Rollenverhalten beherrschen will.
Aus: *Freundin* 5/1956

Vor allem in der Schweiz entwickelten Grafiker wie Herbert Leupin (Abb. 47) und Donald Brun witzige collagenhafte Verbindungen von Foto und Gemaltem, die auch in der deutschen Werbung eingesetzt wurden. Die überstarke Nachkolorierung der Schwarzweißfotos verhilft den beiden *Diplona*-Anzeigen (Abb. 114, 115) zu einer sehr eigenwilligen Ausstrahlung. Die ursprünglich schwarzweiße *Muratti*-Anzeige (Abb. 126) gewinnt durch die Zusatzfarben Gelb und Rot ihre exquisite grafische Eleganz.

Daß dem Foto noch 1961 nicht völlig vertraut wurde, zeigt eine Bierwerbung (Abb. 104): In ihr ist das Foto noch einmal wiederholt – als Strichzeichnung. Mehr dazu in Kapitel 14.

Eine Produktgruppe wurde deutlich länger als alle anderen mit farbig gemalten Anzeigen beworben: die Zigaretten. *Astor* (Abb. 130) und *Lord* (Abb. 131) und auch *HB* (Abb. 132), in einer Mischform, behielten diese Werbeform bis in die siebziger Jahre bei (siehe auch Kapitel 18).

Eine gute gemalte Anzeige vermochte allen inhaltlichen Ansprüchen gerecht zu werden, die an Werbung gestellt wurden. Viele Aspekte, die heute Anzeigenkampagnen sehr teuer werden lassen, konnten – fast intuitiv – mit ihren Mitteln berücksichtigt werden: grundsätzliche Wirkungsweisen verschiedener Malstile, freie Wahl des geeigneten Personentyps, automatische Integration von Schrift, Logos und Emblemen in den Bildaufbau, Nutzung der psychologischen Wirkung von Farben, problemlose Verbindung mehrerer Abbildungsebenen und ähnliches mehr. Auf der Realitätsebene der Anzeige konnte alles Malbare als Wirklichkeit präsentiert werden.

Die *Uhu-Line*-Werbung (Abb. 42) gehört zur selben Serie wie die Abbildung 39. 1956 ist die große Zeit der ›Nierenform‹, die die Komposition des früheren Beispiels so dominiert hatte, vorbei. Altmeisterlich gemalt, steht ein Kinderpaar symmetrisch inmitten der von einem starken Helldunkelkontrast beherrschten rechteckigen Anzeigenfläche. Die Werbetexte sind in schmucklosen Lettern rechts oben linksbündig und unter dem Paar mittig angeordnet. Nur der Schrifttyp von *Uhu-Line* erinnert noch an vergangene grafische Vorlieben. Der Zusatz »Die moderne Wäschesteife« auf der Tube ist verschwunden. In der unteren Textzeile ist ein neues Schlagwort hinzugekommen: »wie ›ladenneu‹!« – was den Umstand ins Positive wendet, daß die Menschen noch 1956 nur sehr selten Geld für neue Kleidung ausgeben konnten.

Inhaltlich am interessantesten in dieser Anzeige ist das dargestellte Kinderpaar. Hier soll offensichtlich mit Blick auf die Zukunft das richtige Rollenverhalten zwischen den Geschlechtern vorgeführt werden. Dazu sind zwei in Weiß gekleidete (das heißt: unschuldige, also Nachkriegs-)Kinder dargestellt, hübsch, lächelnd und von gesunder Gesichtsfarbe. Die etwas tiefer angesetzten Knie des Mädchens geben dem Blick des Beschauers deutlich mehr Schenkel frei. Sie präsentiert *passiv* mit leicht gesenktem Kopf nicht nur das saubere Kleid, sondern auch sich selbst. Obwohl sie genauso groß wie der hinter ihr stehende Junge ist, blickt sie zu ihm auf. Der Knabe ist solchen Äußerlichkeiten offensichtlich abhold und demonstriert *aktiv* männliche Ernsthaftigkeit. Fachmännisch prüft er das Gewebe des Stoffes – allerdings an ihrer Kleidung, nicht an seiner. Denn sie wird für die Wäsche zuständig sein und er für die Beurteilung ihrer Arbeit.

Schon ein Teelöffel
Uhu-Line
wirkt Wunder
an der Wäsche
UHU-Line
Fordern Sie kostenlos eine Probetube Nr. 33 vom UHU-Werk, Bühl (Baden)
Schon beim ersten Versuch werden Sie Ihr blaues Wunder erleben, wie eine einzige Behandlung mit U H U - Line – der elastischen, gewebefreundlichen Dauersteife – Ihre Wäsche- und Kleidungsstücke verwandelt – wie „ladenneu"!

GEGENÜBER:
Abb. 43
Porolastic
Sparsame Mittel – große Wirkung: Von Könnerhand geschaffen, ist die gezeichnete Illustration ein optimales Werbemedium.
Aus: *Freundin* 5/1954

Die *Porolastic*-Anzeige (Abb. 43) inszeniert mit elegantem leichtem Strich einen Fünfziger-Jahre-Badeanzug. Sie stammt aus dem Jahr 1954 und wurde wahrscheinlich von dem französischen Grafikkünstler René Gruau entworfen.

Eine überschlanke Badenixe öffnet ihr Strandtuch, um den Blick auf ihren mit einem typischen zeitgenössischen Dekor bedruckten Badeanzug freizugeben, das verspielt abstrahierte Formen zum Thema Meer variiert. Die Strandschönheit strahlt trotz ihrer sparsamen Bekleidung großes Selbstbewußtsein aus. Sie ist geschminkt, trägt Schmuck und blickt schelmisch auf den Betrachter herab. Der Badeanzug ist zum Abendkleid geworden und der Strand zum Laufsteg einer privaten Modenschau.

Der feine, künstlerische Strich der Zeichnung erhöht die Eleganz des Badeanzugs und reduziert die Wirkung des etwas aufdringlichen Stoffmusters. Das Anzeigenformat, schmal und hoch, ist der idealisierten Figur angepaßt. Allgemein bemüht sich die Anzeigengestaltung, die Wirkung der Zeichnung so wenig wie möglich zu beeinträchtigen. Lediglich der fettgedruckte Namenszug *Porolastic* und eine kleine Textzeile sind so hinzugefügt, daß sie dem extremen Hochformat den notwendigen kompositorischen Halt geben. So illustriert diese Anzeige beispielhaft, daß nicht in Form von textlichen Werbeargumenten hinzugefügt zu werden braucht, was eine Zeichnung ganz von selbst zu vermitteln vermag.

In den beiden *Ford*-Anzeigen (Abb. 44, 45) aus den Jahren 1957 und 1959 sind die in Aquarellmanier gemalten Illustrationen weitgehend in den grafischen Aufbau integriert. Sie stehen zwar noch frei in einem weißen, passepartouthaften Rahmen, aber ihre Grundfarben bilden als Streifen die untere Begrenzung der jeweiligen Komposition. Da diese Streifen außerdem die gleiche Breite wie die Abbildungen haben, entsteht der Eindruck, als seien Anzeigen- und Abbildungsfläche eins und der weiße Textstreifen nur darübergelegt.

Die Illustrationen zeigen malerische Impressionen zu den Themen ›Sicherheit im Winter‹ und ›Bequemlichkeit im Herbst‹. In der Abbildung 44 fährt ein Auto über eine spiegelglatt gefrorene Straße. Mögliche Probleme der Fahrsicherheit werden offensichtlich dank der besonderen Qualität des Wagens spielend gemeistert. Der wird – zur Steigerung des angestrebten Effekts – von einer zufrieden lachenden, in warmem Rot gemalten Frau gesteuert, deren Fahrfreude durch die extreme Wetterlage keineswegs beeinträchtigt scheint. Dies gilt auch für den neben ihr sitzenden, deutlich älteren Ehe(?)-Mann, der zum Seitenfenster hinausschaut und die Natur genießt.

In der Abbildung 45 fahren fünf Personen im Auto durch eine bergige Herbstlandschaft. Der kurvige Anstieg scheint weder dem Wagen noch seinen Insassen Probleme zu bereiten – eine *Auf*fahrt mit *Schwung.* Frohgelaunt und unbesorgt genießen die im *Ford* versammelten Kölner – darauf läßt das Nummernschild schließen, und dort wurde das Fahrzeug gebaut – die freie Fahrt. Schönes Wetter und leere Straßen erlauben im Bild ein konfliktfreies Nebeneinander von Natur und Technik.

Beide Illustrationen sind in den der Jahreszeit gemäßen Farben ansprechend dekorativ gemalt. Die winterliche Fahrt ist in Blau- (Eis) und Grüntönen (Wagen) gehalten: da wird selbst naßkaltes Winterwetter zur stimmungsvollen Kulisse. Im Herbst herrschen Rot-Braun-Töne vor, der Wagen ist beige und glänzt in der Sonne.

W 06119
POROLASTIC
BEZUGSQUELLEN-NACHWEIS DURCH POROLASTIC-WERKE, REUTLINGEN 89

OBEN:
Abb. 44
Ford
In schöner Aquarelltechnik wird selbst eine winterliche Rutschpartie zur malerischen Idylle.
Aus: *Constanze* 6/1957

GEGENÜBER:
Abb. 45
Ford
Naturerlebnis und Autofahren (noch) in trauter Harmonie.
Aus: *Constanze* 3/1959

Beide Autos sind – in Mischtechnik – deutlich realistischer gemalt als die impressionistisch wirkenden Landschaften.

Es lassen sich hier zwei große Leidenschaften der Deutschen erkennen: romantische Naturimpression und sachliche Autotechnik. Die Natur ist deutsch, das Auto – noch – etwas amerikanisch. Wie befreit wirken die dargestellten Personen, ungebunden und reiselustig – ein Idealzustand, besonders nach dem verlorenen Krieg. Und als Symbol für die neue Euphorie dient das Auto. Seine Triebkraft im Wirtschaftswunder wird hier anschaulich.

Der Werbetext ist in Form und Inhalt der die Anzeige beherrschenden Illustration klar untergeordnet. *Ford,* das am größten abgebildete Wort, und der etwas kleinere Schriftzug »Die Welt vertraut ...« sind im unteren Farbstreifen plaziert. Genau neun Zeilen Fließtext – in beiden Anzeigen – plus Überschrift und Preisangabe bilden den Abbildungen formal angepaßte Blöcke. Durch die Naturbeschreibungen und den moderaten Ton der Verkaufsargumentation wird der nachvollziehbare Genuß der herbstlich-winterlichen Impressionen so wenig wie möglich gestört: »Unvergeßlich – diese Fahrt in den farbenfrohen Herbst«, da wird »Reisen [...] zur Freude«. Die Federung ist »sorgfältig abgestimmt«, die Polster sind weich und die Ausstattung geschmackvoll; der Motor ist leise und das Lenkrad, aus Sicherheitsgründen, schüsselförmig.

Die schwarzweiß gedruckte, wahrscheinlich aber farbig gemalte *Bac*-Anzeige (Abb. 46) von 1954 präsentiert eine romantische Neuauflage der ältesten Geschichte der Menschheit. Ein junges Mädchen und ein junger Mann erleben in einer paradiesischen Umgebung den Verlust ihrer Unschuld. Sie lächelt in den Baum hinauf und hat schon nach einem Ast gegriffen. Er blickt lachend aus ihrem Schoß hoch, hat

Bequemlichkeit - und das Reisen wird zur Freude

Unvergeßlich — diese Fahrt in den farbenfrohen Herbst . . . unvergeßlich im neuen TAUNUS 12 M. Ein echter Reisewagen mit genügend Platz: Da kann sich jeder bequem zurechtsetzen und die Landschaft genießen. Weiche Polster, geschmackvolle Ausstattung . . . und kein Gepäckstück stört im Innern. Dafür ist der Kofferraum da, der selbst mit dem Gepäck für vier Urlaubswochen spielend fertig wird. Der leise Motor macht kein Aufhebens davon, wie stark er ist. Aber: man spürt seine 38 PS — beim Start, beim Überholen, am Berg . . . Und eine Tankfüllung reicht meist weiter als man erwartet, denn der neue TAUNUS 12 M verbraucht nur 7,9 l/100 km (nach DIN 70030). Preis DM 5395.- ab Werk; mit 55-PS-Motor nur DM 110.- mehr, andere Sonderausstattungen laut Preisliste.

Taunus 12 M, ab Werk DM 5395.-

9 P11

Die Welt vertraut FORD

GEGENÜBER:
Abb. 46
Bac
Adam und Eva im Konsumzeitalter, geruchsarm dank Deostift.
Aus: *Freundin* 13/1954

Augen nur für sie. Noch sind beide unschuldig – in Weiß gekleidet –, aber wie schon bei Adam und Eva wird es *ihr* auch diesmal gelingen, *ihn* zu verführen, prophezeit die Anzeige. Und so fällt aus dem Baum denn auch das Hilfsmittel, der *Bac*-Stift.

Der Text erklärt, wie *Bac* wirkt: »... nur ein Strich – körperfrisch« – der »*Bac*-Stift rot« für das Mädchen und »*Bac*-Stift forte (herber im Duft)« für den jungen Mann. Körperfrische Frauen und herbe, harte Männer sind die anzustrebenden Rollen, die mit Hilfe des beworbenen Deodorants ausfüllbar sind. Hier werden gesellschaftliche Forderungen an den einzelnen zur Forderung nach Konsum. Wo vordergründig der Körpergeruch bekämpft werden soll, verspricht diese Anzeige indirekt über ihr Produkt die Befriedigung allgemeiner Normansprüche der Gesellschaft.

Sachliche Information wird dem Gegenstand gemäß angeboten, nüchtern, aber exklusiv – »mit dem bac[!]teric[!]iden Wirkstoff Bac 43«. Den gibt es natürlich nur »in Fachgeschäften«.

Auch die *Pelikan*-Anzeige (Abb. 47) aus dem Jahr 1954 variiert ein altes Thema auf neue Weise. Der Pelikan, Wappentier und Namensgeber des Schreibwarenherstellers, wird von Herbert Leupin in aktuellem Design vorgestellt. Der Schweizer Grafiker führt hier eine gestalterische Linie fort, die schon in den zwanziger Jahren mit Fritz Beeger, Ludwig Hohlwein, César Klein und El Lissitzky begonnen hatte. Leupin hatte in den fünfziger und sechziger Jahren mit seinen einfachen, oft witzigen Entwürfen viel Erfolg, allerdings mehr im Ausland und in dem als Werbeträger allmählich an Bedeutung verlierenden Medium Plakat. Anton Sailer schreibt über ihn: »Leupins Plakate sind von einer seltenen Frische, nicht zuletzt deshalb, weil ein raffiniert skizzenhafter Entwurf zur Ausführung kommt.«[6.2] Wie die vorliegende Anzeige beweist, sind die Entwürfe tatsächlich so klar und einfach, daß sie auch noch in der abgebildeten Größe von 11 mal 16 cm wirken. Die vereinfachte Form- und Farbensprache ermöglichte ein rasches Erfassen des Inhalts; die ›moderne‹ Gestaltung, der Witz und die starken Farben erzielten hohe Aufmerksamkeitswerte.

Gemalte Anzeigen und Plakate mit Witz waren in den fünfziger Jahren in ganz Europa beliebt. Die *Constanze* stellte diesen Trend 1954 unter der Überschrift »Wer lacht, der kauft« vor. »Das Ei des Kolumbus: das witzige Plakat«, heißt es da, aber auch: »Bei uns in Deutschland ist der Humor in der Werbung noch immer seltener als in manchen anderen Ländern«.[6.3]

Die vorliegende Anzeige ist nicht nur eine Kombination aus Foto und Malerei, sondern zugleich eine Verbindung von alt und neu. Alles Gemalte ist neu gestaltet; die Schriftart des Textes und die Schreibgeräte sind hingegen altmodisch, wie Zitate aus früheren *Pelikan*-Anzeigen behandelt. Leupin verzichtet in seiner Tierdarstellung völlig auf organische Formen, alles wird geometrisiert. Die Naturformen des Vogels werden zu Winkeln und Geraden, Kreissegmenten und Rechtecken. Im Gegensatz dazu ist das künstliche Produkt Schreibgerät ›naturalistisch‹, als Foto, mit all seinen organischen Schmuckschnörkeln präsentiert. Der ›neue‹ *Pelikan* – das im modernen Stil gegebene Tier repräsentiert die neue Zeit – benutzt natürlich das gleichnamige Schreibgerät und füllt damit seinen Kehlsack. Er hat auch, wie jeder gute Füller, Tinte im Bauch – Hinweis auf ein weiteres *Pelikan*-Produkt. Farblich lebt die Anzeige ebenfalls von Gegensätzen: Aggressives Pink und Gelb stehen gegen indifferentes Schwarz-Braun-Blau, und zusätzlich kontrastiert die flächige Zeichnung noch mit der Dreidimensionalität der beworbenen Geräte.

Frisch und duftend wie ein Sommermorgen
mit der neuen Pflege unter dem Arm . . .
. . . nur ein Strich – körperfrisch
Bac-Stift
duftend - desodorierend
mit dem bactericiden Wirkstoff Bac 43
Bac Stift
Bac-Stift rot DM 2,25
Bac-Stift forte (herber im Duft) DM 2,40 von Herren bevorzugt.
Nur in Fachgeschäften
OLIVIN WIESBADEN
Bac-Seife für körperliche Frische DM 1,50

Oben:
Abb. 47
Pelikan
Plakatives Spiel mit Alt und Neu – eine Spezialität der berühmten Schweizer Schule.
Aus: *Das Beste aus Reader's Digest* 12/1954

Gegenüber:
Abb. 48
Fewa
Sanfte Wäsche, sanfte Grafik: gezeichnete Werbung kann sich ihrem Produkt perfekt anpassen.
Aus: *Revue* 5/1959

Eine formal wie inhaltlich weit komplexer aufgebaute Farbanzeige ist die *Fewa*-Werbung (Abb. 48) von 1959. Sie setzt sich aus drei Hauptelementen zusammen. Rechts unten im Bild streckt sich eine *Fewa*-Packung in grafisch betonter Dreidimensionalität dem Betrachter entgegen. Die intime Mutter-Kind-Szene links dahinter beherrscht optisch fast die ganze Komposition. Rechts oben befindet sich noch ein Textblock, in dem eine einfache kleine Strichzeichnung wahrscheinlich ein weiteres Motiv aus der mehrteiligen Werbekampagne zitiert.

Die Farbillustration zeigt eine junge Mutter, die liebevoll und fürsorglich ein Baby im Arm hält. Beide sehen dem Betrachter direkt in die Augen. Ein warmer Hautton, braunrote Haare und rote Lippen stellen einen formalen Bezug zu den im Text rot gedruckten Worten »neues Gefühl« und »*Fewa*« und zu der auf der Packung rot abgebildeten Wäscherin her.

Um die affektive Wirkung dieser Szene zu beschreiben, reicht es, einige der im Text – größtenteils mehrfach – benutzten Begriffe aufzuzählen: weich, zart, hautgenehm, Gefühl, sanft, spüren, empfindlich; auf diese Weise wird eine emotionale Verbindung zwischen dem Schonwaschmittel und der mütterlichen Fürsorge hergestellt. So wie Babies gebadet werden, gehören auch »wertvolle Wollsachen ins *Fewa*-Bad«. »Falsche Behandlung« fürchtet jede Mutter für »die empfindliche Haut von Kindern«, nicht nur »wenn die Wäsche [...] hart und rauh geworden ist«.

Der empfohlene »Wangentest«, um festzustellen, »wie hautgenehm der Stoff ist«, und der »wissenschaftliche Beweis« zweier mikroskopischer Fotografien sollen allerdings beim Leser zusätzlich das Bedürfnis nach sachlicher Information befriedigen. So ist die *Fewa*-Werbung auch beispielhaft für eine wichtige Richtungsänderung in der Werbung: Mit wissenschaftlich abgesicherten Fakten soll es dem potentiellen Kunden ermöglicht werden, aufgrund rationaler Entscheidungen ein bestimmtes Produkt zu kaufen.

F 29/59
Ein neues Gefühl ist entdeckt
Nirgends kommt es mehr darauf an, Stoffe weich und zart zu erhalten, als bei Kinderkleidung. Die empfindliche Haut von Kindern reagiert besonders, wenn die Wäsche durch falsche Behandlung hart und rauh geworden ist.
Deshalb: alle feinen Stoffe und natürlich auch die wertvollen Wollsachen ins FEWA-Bad. Denn FEWA erhält den empfindlichen Geweben ihre natürliche Struktur und schafft ein wohliges Hautgefühl.
Machen Sie den Wangentest
Halten Sie einmal ein mit FEWA gewaschenes Stück aus „PERLON", Nylon oder Dralon an Ihre Wange. Sie werden spüren, wie hautgenehm der Stoff ist.
Das Mikroskop bringt den wissenschaftlichen Beweis
Unsachgemäßes Waschen rauht die Gewebe auf und verklebt sie. Sie werden hart und unansehnlich.
FEWA wäscht neutral. Es reinigt die Gewebe gründlich, ohne die Faser zu verändern.
Fewa
die sanfte Wäsche
Fewa
Fewa macht Wäsche hautgenehm

KALODERMA
SEIFE
»*Unübertroffene* REINHEIT *und* GÜTE«

7 Werbung und Kunst

Seit Bestehen der Werbung existiert zwischen ihr und der Kunst eine wechselseitige Beziehung. Bis in die zwanziger Jahre war das künstlerisch gestaltete Plakat ein häufig genutztes, anspruchsvolles Werbemedium. Henry van de Velde malte mit der gleichen Selbstverständlichkeit Jugendstilplakate für die Kölner Lebensmittelfirma *Tropon* wie Franz von Stuck für eine Münchener Hygieneausstellung. Vor allem in Frankreich hatte das Werbeplakat durch die Arbeit von Malern wie Henri de Toulouse-Lautrec einen hohen künstlerischen Rang erreicht.

Auch als neue Entwicklungen in der Hochkunst ›künstlerisch‹ gestaltete Wirtschaftswerbung immer mehr ausgrenzten, gab es doch weiterhin viele Künstler, die damit Geld verdienten. So malten zum Beispiel René Magritte Anzeigen für Kakao, Alberto Giacometti Tourismusplakate für seinen Heimatkanton Graubünden und Graham Sutherland Werbeplakate für die Londoner U-Bahn[7.1], selbst Henry Moore zeichnete Anzeigen für einen amerikanischen Pappkartonhersteller.[7.2] Es soll hier nicht diskutiert werden, ob es sich bei diesen Entwürfen um Kunst handelt. Die erkennbare Handschrift und das gestalterische Niveau der Anzeigen sind ausschlaggebend für die These, daß in diesen Fällen mindestens Werbung von künstlerischem Rang entstanden ist. Der Kunstmarkt sieht das jedenfalls so und trieb eins der obengenannten, in einer hohen Auflage gedruckten Van-de-Velde-Plakate bei einer Auktion im Oktober 1988 auf fast 80 000 DM hoch.[7.3]

GEGENÜBER:
Abb. 49
Kaloderma
Ein prekäres »Bild des idealen Menschen, voll Harmonie und Schönheit«.
Aus: *Constanze-Modeheft* 1951

OBEN LINKS:
Abb. 50
Kaloderma
Dringend erforderliche Angleichung an den veränderten Zeitgeschmack.
Aus: *Freundin* 22/1951

OBEN RECHTS:
Abb. 51
Kaloderma
Schon ein Blick zurück?
Aus: *Film und Frau* 22/1951

GEGENÜBER:
Abb. 52
Besmer
Geometrische Abstraktion in den Fünfzigern: Hochkunst oder Auslegeware?
Aus: *Die Kunst* 10/1955

Nach dem Krieg wurde die theoretische Kluft zwischen künstlerischer und kommerziell eingesetzter Kreativität immer tiefer, bis der Amerikaner Andy Warhol, der in dieser Entwicklung einen Realitätsverlust der Kunst erkannte, die Werbung zur Kunst erklärte. Das ermöglichte ihm – wieder –, Werbung zu machen, für diejenigen jedenfalls, die ihm dafür 50 000 Dollar bezahlten.

Heute hat das Medium Druckwerbung an Bedeutung verloren. Konzeptionell haben sich die Gewichtungen auf Kosten der ›künstlerischen‹ Gestaltung und zugunsten der Werbepsychologie verschoben. Die Werbung benutzt alles, was ihr einen bestimmten Aufmerksamkeitsgrad verschafft, also auch die Kunst, aber eben nur als Mittel zum Zweck. Umgekehrt ist es übrigens manchmal ähnlich.

In der Nachkriegszeit vor der Pop Art gab es in Westdeutschland noch zahlreiche Berührungspunkte zwischen Kunst und Werbung, obwohl die Antagonie zwischen den beiden Polen wohl nie so radikal war wie gerade in den fünfziger Jahren. Denn auch der letzte Versuch, eine direkte Verbindung zwischen Künstlern und Industrie zu schaffen, mußte mit der Schließung des *Bauhaus* als gescheitert angesehen werden.

Grundsätzlich läßt sich feststellen, daß die Anzeigengestaltung häufig auf traditionelle Kompositionsmodelle der Kunst zurückgreift. Symmetrie, Harmonie und Perspektive im Aufbau zum Beispiel der *Ford*- und der *Kaufhof*-Werbung (Abb. 5, 6) sind nicht ohne die entsprechenden Muster der Kunstgeschichte denkbar. Zu der *Uhu-Line*- und der *Fewa*-Anzeige (Abb. 39, 48) ließen sich zahlreiche Parallelen in Marienbildern des Mittelalters aufzeigen.[7.4] Die *Osram*-Werbung (Abb. 7) benutzt das traditionelle Abbildungsschema des Stillebens, und die *Knorr*-Anzeige (Abb. 4) erinnert nicht nur im Dekor der Suppenschüssel an holländische Genremalerei. In der *Hudson*-Werbung (Abb. 3) ist nicht zufällig die kleine Skulptur einer Sitzenden abgebildet; dadurch werden auch beim Fotomodell Assoziationen an eine klassische Figur geweckt. In den *Ford*-Anzeigen (Abb. 44, 45) erhöht die impressionistische Aquarelltechnik den subjektiven Reiz des idealisierten Natureindrucks, und surrealistische Tendenzen lassen sich außer bei *Nino-Flex* (Abb. 53) auch in den *BP*- und *Westminster*-Anzeigen (Abb. 2, Backcover; Abb. 13) erkennen.

Drei Beispiele sollen die Verbindungen von Kunst und Werbung in den fünfziger Jahren detaillierter aufzeigen: erstens ein ›Rückgriff auf die Antike‹ in der *Kaloderma*-Anzeige (Abb. 49); zweitens die Verwendung eines zeitgenössischen künstlerischen Formvokabulars in der *Besmer*-Werbung (Abb. 52) und drittens die getreuliche Adaption eines Kunststils, des Surrealismus, durch *Nino-Flex* (Abb. 53).

Schon am 12. September 1933 erließen die Nationalsozialisten ein ›Gesetz über Wirtschaftswerbung‹, in dem »das gesamte öffentliche und private Werbungs- und Reklamewesen der Aufsicht des Reichs« unterstellt wurde.[7.5] Von diesem Augenblick an übernahm das ›Ministerium für Volksaufklärung und Propaganda‹ offiziell die Kontrolle über jede Art von Öffentlichkeitsarbeit. Wie die Kunst wurde auch die Werbung ›gleichgeschaltet‹ und auf die Schaffung eines neuen Menschenbildes verpflichtet. Formale Vorbilder für jede Art von Propaganda fanden die Nationalsozialisten in der Kunst der Antike: »Und was die Formensprache selbst betrifft, so handelt es sich [...] um die Gestaltung jener zeitlosen Kräfte, die grundsätzlich anders, als es die Antike getan hat, nicht dargestellt werden können.«[7.6]

BESMER TEPPICHFABRIK G.m.b.H., HAMELN

BELIEFERUNG DURCH DEN FACHHANDEL

Die Illustration der *Kaloderma*-Anzeige (Abb. 49) von 1951 wirkt in ihrer Gestaltung solchen Prinzipien verwandt, wenn auch durch die geschminkten Lippen und das leicht maliziöse Lächeln vom reinen Ideal der deutschen Faschisten abgewichen wird. Ansonsten sind derartige Affinitäten zur Nazi-Ikonografie in der deutschen Nachkriegswerbung selten. Das idealisierte Frauenporträt mit ruhig geradeaus gerichtetem Blick versinnbildlicht den Werbeslogan »Reinheit und Güte«. Die blonden Haare hätten die junge Frau seinerzeit als Arierin ausgewiesen, während das um ihre Schultern gelegte Tuch an eine römische Toga erinnert. Der streng symmetrische Anzeigenaufbau und der klassische Schrifttyp bekräftigen ein formales Pathos in der Abbildung, wie es vierzig Jahre später bei *Armani* und anderen durchaus wieder in Mode kommen sollte.

Verstärkt wird durch die geringe Textmenge auch die Bedeutung der Abbildung: Als Personifizierung der besagten »Reinheit und Güte« erinnert die junge Frau in Haltung und Ausdruck an eine antike Plastik. Die Griechen gestalteten ein »Bild des idealen Menschen, voll Harmonie und Schönheit, aus einer inneren Haltung und Kraft heraus«. So beschreibt das Große Duden-Lexikon den Ausdruck von Skulpturen der griechischen ›Klassik‹.[7.7]

Der Einsatz von nur sechs Wörtern in der ganzseitigen Werbung erhöht die Bedeutung jedes einzelnen Wortes. Ohne den Markennamen bleiben noch zwei Begriffe: »Unübertroffene Reinheit und Güte« – in der neuen Rollenzuweisung an die Frau scheint sich auf problematische Weise das Ausleseprinzip der Nationalsozialisten zu spiegeln.

Daß und *wie* die Firma *Kaloderma* ihre Werbung und den abgebildeten Frauentyp noch 1951 zweimal modifizierte (Abb. 50, 51), könnte als Hinweis darauf verstanden werden, daß ihr selbst die stilistische Nähe zur damals jüngsten Vergangenheit nicht ganz geheuer war. Das Format wurde kleiner und entsprach nun auch nicht mehr dem klassischen Goldenen Schnitt. Die Abbildung verlor ihren Rahmen, wurde durch zwei vergrößerte Textflächen eingefaßt und so in ihrer strengen archaischen Wirkung beschnitten. Neue, auf Effektivität des beworbenen Produkts, nicht auf ein obskures Frauenideal bezogene Argumente ergänzten den Anzeigentext. Modische Schrifttypen und ein leicht veränderter Malstil lockerten das Arrangement auf. Der präsentierte Frauentyp entsprach nun dem aktuellen Zeitgeschmack. Während Kopfhaltung und Blickrichtung in Abbildung 50 noch fast unverändert übernommen wurden, haben sich Frisur und Haarfarbe geändert. Luxuriöse Accessoires wie Schmuck und Lederhandschuhe stellen hedonistische Interessen wieder in den Vordergrund. Die Dame in der Abbildung 51 wagt sogar schon einen Blick zurück. Rüschen, Locken und blütenförmige Ohrclips sollen wohl vom Ernst der vergangenen Jahre ablenken.

Um 1955, so liest man bei Albrecht Bangert in ›Resopal à la Klee‹, stand »die abstrakte Kunst als Musterlieferant des Nachkriegsalltags bereit«. Sollte es der Kunst gelungen sein, hier mit Hilfe der Werbung in die Wohnzimmer vorzudringen? Denn, so heißt es weiter, die »Produktionsprogramme der frühen fünfziger Jahre legen daher die Vermutung nahe, daß, noch ehe durch Museumsausstellungen Paul Klee, Wassily Kandinsky und Alexander Calder populär wurden, sich bereits ihr Einzug in die Wohnwelt vollzogen hatte«.[7.8]

OBEN:
Abb. 53
Nino-Flex
Nino-Flex und die Kunst II: Salvador Dali läßt grüßen.
Aus: *Constanze* 12/1955

Tatsächlich lieferten Künstler wie Willi Baumeister und Emil Schumacher direkt Stoff- und Tapetenmuster an die Industrie.[7.9] Wie die *Besmer*-Werbung (Abb. 52) von 1955 zeigt, präsentierten sich auch Teppiche im Stil der neuen Zeit, und zwar nicht als künstlerisch gestaltete Exklusivitäten, sondern als »Auslegeware«. Die Anzeige bietet aktuelle Muster der Hochkunst wie in einem Katalog an; die Formen bleiben gleich, und die Farben sind austauschbar. Folgerichtig tauchen solche Schemata auch in zahlreichen anderen Fällen, zum Beispiel in der *Geha*-Werbung (Abb. 35), als dekorativer Hintergrund auf.

Ein anderer Stil, der die kunstgewerbliche Formenwelt der fünfziger Jahre bereicherte, war der Surrealismus. »Surrealistisch langgezogene Schwanenhälse« und einen »irrationalen Stellenwert« des Nierentischs »wegen seines unmoralischen Flirts mit dem Surrealismus« entdeckt Albrecht Bangert.[7.10] Auch Alain Weill glaubt, daß »die führenden Köpfe« unter den Plakatgestaltern die fünfziger Jahre nutzten, »um eine Zeitlang mit dem Surrealismus zu flirten«.[7.11]

Tatsächlich erinnert die *Nino-Flex*-Anzeige (Abb. 53) von 1955 stark an die surrealistische Bilderwelt Salvador Dalis. (Dali hat viele Jahre später ein Cover für das französische Modemagazin *Vogue* entworfen, dessen linke Hälfte fast identisch mit der linken Hälfte dieser Werbung ist.[7.12])

OBEN LINKS:
Abb. 54
»Einmal eine Garbo sein . . .!«
Constanze-Cover 4/1949

OBEN RECHTS:
Abb. 55
Kriminalassistentin Marianne K.
Constanze 4/1955

Verschiedene nicht selbstverständlich zusammengehörige Elemente werden in der Illustration kombiniert: eine elegante Dame beim zirkusreifen Ritt auf einer Kugel; Zeit und Raum in den dahineilenden Transportmitteln Schiff und Bahn; Natur in einem Baum mit Licht und Schatten. Bewußte und unbewußte Wünsche werden formal verknappt dargestellt. Fotorealität und abstrakte Raumlinien verschmelzen auf der gemeinsamen Abbildungsebene.

Zwischen Illustration und Text hingegen besteht eine absolute Trennung. Und weil der Text formal extrem zurückhaltend gestaltet wurde, liegt die Vermutung nahe, daß die Anzeigengestalter sich hier besonders auf die Wirkung der Abbildung als eines bewußten Kunstzitats verließen. Immerhin ist auch der Text in eine Kunstform gebracht, er präsentiert sich literarisch, als dreistrophiges Gedicht.

8 Titelbilder

Für den Verkauf von Werbeträgern wie Zeitschriften ist das Titelbild von entscheidender Bedeutung. Es wirbt als repräsentativ gestaltete äußere Hülle beim potentiellen Käufer für den Inhalt und ist so mitverantwortlich für den Absatz und die Verbreitung der abgedruckten Werbung. Es fungiert regelrecht als Visitenkarte beim Verkauf von Anzeigen, der sogenannten Anzeigenakquisition. So unterliegt das Titelbild als Argumentationsgrundlage von Anzeigenverkäufern der besonders kritischen Beurteilung durch Verkaufsleiter *und* Inserenten. Da deren Interesse vor allem der optischen Präsentation von Zeitschriften gilt, wird auf die grafische Gestal-

tung von Titelbildern besondere Sorgfalt verwandt. Folglich lassen sich neue Trends auf dem Zeitschriftenmarkt am schnellsten von den Covern ablesen. Das gilt für formale Angleichungen an geschmackliche Veränderungen genauso wie für einen inhaltlichen Konzeptionswandel.

Es sollen hier Entwicklungen im Bereich der Covergestaltung am Beispiel zweier Frauenzeitschriften vorgeführt werden. Absichtlich wurden zwei ähnliche, miteinander konkurrierende Werbeträger ausgewählt, um die Basis für verallgemeinernde Aussagen zu erweitern: die in den fünfziger Jahren führende *Constanze* und eine Rivalin, *Ihre Freundin.* Die Titelbeispiele stammen aus den Jahren 1949, 1953, 1955, 1957, 1960, 1961, 1962 und 1965.

Constanze war bis in die sechziger Jahre hinein unerreichte Marktführerin in ihrer Branche. »An *Constanze* kam keine Frauenzeitschrift vorbei. Alle orientierten sich, ob positiv oder negativ, an ihrem Konzept. Die meisten versuchten, es zumindest teilweise nachzuahmen.«[8.1] Schon kurz nach Erscheinen im März 1948 hatte ihre Auflage die 300 000 überschritten. Durch den Vertrieb in Lesezirkeln gelang es ihr, die Zahl der Leser pro Exemplar auf fünfzehn zu steigern. So erreichte sie 1957 über 8,5 Millionen Leser, bei einem Männeranteil von 41,8%.[8.2] *Constanze* gehörte damit seit 1949 zu den drei Zeitschriften mit dem größten Publikum in Westdeutschland und war deshalb einer der attraktivsten Werbeträger für die Industrie.

Das Konkurrenzblatt *Ihre Freundin,* ebenfalls 1948 gegründet, brachte es 1957 auf eine verkaufte Auflage von 257 000 Exemplaren. Mit einem deutlicheren Schwerpunkt auf Stars und Filmen sprach *Ihre Freundin* ein jüngeres Publikum an. »Im Tonfall bemühte sie sich um eine ähnlich persönliche, feuilletonistische Ansprache der Leserinnen wie *Constanze.*«[8.3]

OBEN LINKS:
Abb. 56
Audrey Hepburn auf einem der schönsten Fünfziger-Jahre-Porträtfotos – und die Covergestaltung scheint das zu respektieren.
Constanze-Cover 6/1957

OBEN RECHTS:
Abb. 57
Zumindest in der Fantasie des Illustrators darf *sie ihm* ganz zart ›eins aufs Dach geben‹.
Constanze-Cover 8/1960

Der Covergestaltung waren zu Beginn der fünfziger Jahre von der Technik noch enge Grenzen gesetzt. Vierfarben-Druckmaschinen wurden erst ab etwa 1953 die Norm; Dias konnten meist nicht verarbeitet werden; es wurde von Hand koloriert. Der Kupfertiefdruck in brauner Farbe bot bis 1950 wenig grafischen Spielraum.[8.4]

So ist der frühe *Constanze*-Titel (Abb. 54) beispielhaft für das Erscheinungsbild fast aller Zeitschriften bis 1952. Als Zusatzfarbe verwendeten auch die meisten anderen auf dem Cover Rot. Das manchmal anstelle von Braun gedruckte Blau – auch für den Buchstabensatz – war ebenfalls auf die beschränkten technischen Optionen zurückzuführen. Die ersten Farbendruckmaschinen konnten nicht gleichzeitig Schwarz drucken.[8.5] Die Zusatzfarbe wurde häufig das ganze Heft hindurch zum farblichen Unterlegen von Textblöcken genutzt. Das galt bis weit in die sechziger Jahre hinein als ein Zeichen fortschrittlichen Layouts.

Entsprach eine Frauenzeitschrift einmal nicht diesem formalen Präsentationsmuster, *Film und Frau* (Abb. 62) zum Beispiel, so geschah dies bewußt, aus inhaltlichen Erwägungen. Glamour, Modeeleganz, Kultur und Unterhaltung waren die Themen, die bei *Film und Frau* im Vordergrund standen. »*Film und Frau* schuf eine Scheinwelt. In keiner anderen Zeitschrift läßt sich das von ihr propagierte Frauenbild so deutlich an den Bildern von Frauen erkennen. Die Aufnahmen führender (Mode-)Fotografen zeigten in Posen erstarrte, wie dekorative Statuen oder repräsentative Bildnisse wirkende Filmstars und Mannequins. Sie waren makellos schön, trugen luxuriöse, die weiblichen Formen betonende Kleider und nahmen bis in die Fingerspitzen gespreizte Haltungen ein.«[8.6] Das Foto der jungen Brigitte Bardot ist ein gutes Beispiel dafür. Zusätzlich verstärken noch das großzügige Layout des Titels – nur ein Foto mit einem Wappen und eine Schriftzeile darunter – und die verwendeten Farben Gold und Braun den leicht elitären Anspruch von *Film und Frau,* der sie 1957/58 ihren Zenit überschreiten und schließlich vom Markt verschwinden ließ.

Alle acht Cover (Abb. 54–61) verbindet die Wahl des abgebildeten Objekts; es ist, von 1949 bis 1965, stets eine junge Frau. Kein Zufall, da es sich um Frauenzeitschriften handelt, aber überhaupt wurden in den fünfziger Jahren Männer oder Dinge grundsätzlich nur selten als Blickfang benutzt. Die jungen Frauen sind im Porträtfoto, je berühmter, desto künstlerischer, dargestellt. Greta Garbo gewinnt einen Teil ihrer Starwirkung aus der klassischen Fotopose. Alle Cover haben den Zeitschriftennamen oben in den Titel eingebaut; ähnlich ist auch seine jeweilige Schriftart, eine klassische, ›Times‹-ähnliche Type, die zur Vergrößerung der Versalhöhe kompreß gesetzt ist. Schließlich sind alle Beispiele noch von der gleichen Farbe beherrscht, vom Rot, der Farbe der Wärme und Emotion. Dieses Rot benutzten auch viele andere Zeitschriften, von *Brigitte* bis *Praline,* auf dem Umschlag, um Leserinnen anzusprechen. Noch heute existiert es in der linken oberen Ecke mancher Illustriertentitel, unter anderem bei *Für Sie* und *Stern* (dort war die unterlegte Farbe anfangs übrigens Gelb).

In der Entwicklung der Covergestaltung fallen weitere formale Gemeinsamkeiten auf. Sowohl die *Constanze* von 1949 und 1955 als auch *Ihre Freundin* von 1953 komponieren das Titelbild aus drei oder vier Rechtecken. Das hatte auch reprotechnische Gründe, denn die Möglichkeiten, mehrere Vierfarbsätze ineinander zu kopieren, waren begrenzt.

Es war bis in die Mitte der fünfziger Jahre durchaus üblich, nur den Zeitschriftennamen auf dem ganzseitigen Foto einer mehr oder weniger bekannten Schönheit unterzubringen, ohne jeden weiteren Hinweis auf den Heftinhalt. Vor allem die aus dem *Blatt der Hausfrau* hervorgegangene *Brigitte* präsentierte ihre Titel auf diese Weise als reine Kunstfotos. Mußten aber zusätzliche Texte untergebracht werden, so ließen die traditionellen Gestaltungskriterien nur wenige nebeneinandergesetzte Elemente zu. Kompositorische Gesichtspunkte erlaubten nur kleine Schrifttypen für die auf den Inhalt verweisenden Texte, und die Wirkung des Fotos wurde nur sehr selten durch einkopierte Schriften gestört. Die Zweifarbigkeit hinzugenommen, ergibt sich so der Eindruck einer einfacheren Gestaltung, deren strenge formale Strukturierung und geringe Zeichenmenge eine harmonischere Gesamtkonzeption ermöglichten – was der technischen Unvollkommenheit der Druckmaschinen ebensosehr zuzuschreiben sein mag wie der bewußten Entscheidung der Grafiker. Diese Cover ließen sich ›ungestörter‹ lesen, sie sind noch mehr ›in Ordnung‹ als heute, sie sehen ›schöner‹ aus. Das mag einer der Gründe für die nostalgischen Gefühle sein, die sie wecken.

Die auf den abgebildeten Umschlägen erscheinenden Texte verbindet inhaltlich vor allem ihre Realitätsferne. Wenige Jahre nach Kriegsende, im Februar 1949, wendet sich die *Constanze* bereits den klassischen Illustriertenthemen zu und weiß, was im Moment das wichtigste Thema ist: der »Fasching«. Allerdings scheint man sich der Zwiespältigkeit der Situation bewußt zu sein. »Eine Seite Faschingsspaß« muß genügen – heute wäre das ganze Heft voll davon. Aber auch andere wichtige Sujets werden ›zeitgemäß‹ angesprochen: Ernährung (»Sie sehen: die besten Pariser Köche!«), Aussehen (»Einmal eine Garbo sein ...!«), Geld (»Wenn Sie 100 000 Mark fänden ...«) und Frauenprobleme (»Bonn: Vier Frauen stritten um einen Satz!«).

1953 macht *Ihre Freundin* die Ehe zur Titelstory. Aber nicht Beziehungsprobleme werden diskutiert, sondern »Künstlerehen« vorgestellt, noch dazu »glückliche«. Durch die geschickte Auswahl des Vorzeigeobjekts, der amerikanischen Filmschauspielerin Liz Taylor – inzwischen siebenmal geschieden –, wird der Abstand zur Wirklichkeit noch einmal kräftig vergrößert.

1955 lächelt Marianne Koch vom Titel der *Constanze* – ohne namentlich genannt zu sein –, zur Illustration des Covertextes »Neuer spannender Erlebnisbericht: Kriminalassistentin Hartmann«. 1957 bildet die amerikanische Schauspielerin Audrey Hepburn einen schönen Hintergrund für das angekündigte »*Touropa-Scharnow*-Preisausschreiben«. 40 000 Mark bedeuten die Lösung aller Probleme, jedenfalls, wenn diese mit »herrlichen Ferienreisen« zu bewältigen sind. »Was Liebe überwindet«, »50 Goldstücke zu gewinnen!« und »Für jede Frau die richtige Farbe« kündigt *Constanze* 1960 an. Die Liebe, das Geld und das Aussehen: dafür sollen die Frauen interessiert werden. Auf der Titelillustration darf eine Frau allerdings schon mal einem als (Ehe-?)Mann bemalten Ei mit einem Löffel vorsichtig ›eins aufs Dach geben‹. Die angesprochenen ›Probleme‹ bleiben aber bis 1965 die gleichen: »Was soll ich schenken?«, »Ich werde Dich immer lieben«, »Herbst-und Wintermoden«, Frisuren, Grillen, Möbel, Kleider. Fast alles wurde angeboten, solange es nichts mit Politik oder Emanzipation zu tun hatte.

Inhaltliche Bezüge zwischen Coverillustration und -text findet man zu Beginn der fünfziger Jahre häufiger als im folgenden Jahrzehnt. Auf den Titeln von *Constanze* (1949) und *Freundin* (1953) wird vom Text eine solche Verbindung zur Abbildung

OBEN LINKS:
Abb. 58
Elizabeth Taylor, damals noch geeignetes Beispiel zum Thema »Glückliche Künstlerehen«.
Ihre Freundin-Cover 24/1953

OBEN RECHTS:
Abb. 59
Eine *Freundin* hilft der anderen – beim Shopping.
Freundin-Cover 25/1961

hergestellt: »Einmal eine Garbo sein ...!« und »Glückliche Künstlerehen«. Auch das recht einfache Coverfoto der *Freundin* von 1961 wird noch durch den Textbezug aufgewertet: »Was soll ich schenken?« Man darf das durchaus als Ausdruck des Versuchs sehen, eine Gesamtkonzeption zu schaffen, in der alle Teile in einer harmonischen Beziehung zueinander stehen sollten.

Danach aber werden derartige Analogien seltener. Das lag auch daran, daß die auf den Umschlägen unterzubringenden Textmengen bis in die sechziger Jahre stark anstiegen und die grafische Gestaltung sich stetig verkomplizierte. Das *Freundin*-Cover von 1965 zeigt, wie stark sie nun von der Informationspflicht des Titelbildes geprägt ist. Kundenwerbung durch ausführliche Informationen zum Heftinhalt wurde immer wichtiger, und sie bietet das Cover neben dem italienischen Filmstar Sophia Loren und der roten *Freundin*-Titelzeile in Hülle und Fülle: »In diesem Heft: Frisuren schnell und selbst gemacht – Grillen im Freien – Möbel für Balkon und Garten – 15 Farbseiten: Flotte Kleider für kleine Feste – Bambi-Siegerin Sophia Loren – Die Zeitschrift mit Herz – mit Film-Revue«; außerdem Preise, Daten, Ausgabenummer und interne Kennzahl. Sieben verschiedene Schrifttypen sind in neun verschiedenen Größen schwarz, rot und negativ weiß über, unter und in dem Foto untergebracht. Der durchbrochene Rahmen und das einkopierte gerissene Herz verstärken den Eindruck sich formal bekämpfender Einzelelemente.

Der immer härtere Konkurrenzkampf auf dem Zeitschriftenmarkt erforderte wohl diese Profilierung durch wuchernde Zeichenmengen. Trotz des sogenannten Wirtschaftswunders ging die Zahl der Frauen- und Modezeitschriften von 38 im Jahr 1950 auf 26 im Jahr 1960 zurück. Die Zahl der von der IVW[8.7] erfaßten Zeitschriftentitel stieg im gleichen Zeitraum von 524 auf 641, deren Auflage von rund 28 auf etwa 53 Millionen Exemplare.[8.8]

OBEN LINKS:
Abb. 60
Auf dem Weg zur internationalen Mode.
Freundin-Cover 18/1962

OBEN RECHTS:
Abb. 61
Sprunghaft hat sich die Zeichenmenge vergrößert, die um die Aufmerksamkeit der Leser wirbt.
Freundin-Cover 11/1965

9 Sympathieträger werben

Eine im Laufe der fünfziger Jahre immer häufiger genutzte Methode, Werbung zu betreiben, war der Einsatz von Sympathieträgern. Wie schon im Kapitel 4 gezeigt, hatte vor allem die Seife *Lux* diese in den USA schon seit den zwanziger Jahren übliche Werbeform in Deutschland eingeführt. Während es kein anderer Hersteller derselben Branche wagte, bekannte Persönlichkeiten in seiner Werbung einzusetzen, geschah dies sehr wohl bei zahlreichen anderen Produktgruppen. Das führte in der zweiten Hälfte der fünfziger Jahre zu einer derartigen Massierung von Sympathieträgern in der Werbung, daß man die Fünfziger zum Jahrzehnt der Konsumleitbilder erklären könnte. Es ist durchaus vorstellbar, daß der Verlust aller ideellen Werte im Zweiten Weltkrieg dieser Werbestrategie Vorschub leistete, die so ein Sinnvakuum auszufüllen versuchte.

In vielen Fällen wurden die Berühmtheiten sorgfältig der Zielgruppe und dem Produkt entsprechend ausgewählt. Für Mopeds warben die Jugendidole Conny Froboess und Peter Kraus, übrigens sowohl für *Monza* wie für die Konkurrenz *Gritzner.* Den Hausfrauen empfahlen der Fernsehcharmeur Peter Frankenfeld das richtige Bohnerwachs und der ›normannische Kleiderschrank‹ Curd Jürgens das schönste Silberbesteck. Das Ansehen des wasserlöslichen *Nescafé* sollte der gepflegte Filmschönling Friedrich Schönfelder aufbessern helfen, und harten Männern empfahl Max Schmeling den richtigen Rasierapparat von *Philips.* Für *Kern*-Hemden setzte sich Vicco Torriani ein, Karlheinz Böhm und Heinz Rühmann für das Krawattentragen allgemein. Das grantelnde Faktotum Hans Moser und die Küchenmamsell vom Dienst Annie Rosar lobten öffentlich den *Bauknecht*-Mixer.

Regelmäßig *Martini* tranken nach eigenen Angaben die noch relativ jungen SchauspielerInnen Wolfgang Neuss, Willy Millowitsch, Marianne Koch, Helmut Zacharias, Peter van Eyck, Adrian Hoven, Helmut Schmidt, Hans Söhnker, Wolfgang Preiss und gewiß noch viele andere. Die etwas älteren Filmidole umgaben sich dagegen mit gediegeneren Konsumgütern, mit *Rosenthal*-Porzellan etwa – um hier nur zu nennen: Theo Lingen, Jan Kipura, Martha Eggert, Hilde Krahl, Rudolf Platte, Marina Ried, Wolfgang Liebeneiner und Lil Dagover. Zur weiblichen Selbstdarstellung gehörten in den fünfziger Jahren besonders die von den Amerikanern eingeführten *Nylon*strümpfe, die in Deutschland als *Perlon*strümpfe produziert und angeboten wurden. Die Firma *Ergee* setzte unter dem Slogan »Der Star unter den *Perlon*-Strümpfen« Stars ein, zum Beispiel die sechzehnjährige Romy Schneider, Hannerl Matz, Hildegard Knef, Hannelore Schroth, Elma Karlowa, Hilde Krahl, Anneliese Kaplan, Cécile Aubry. Magda Schneider, Wolf Albach-Retty und Manfred von Brauchitsch rauchten die Zigarette *Texas,* und Sophia Loren fotografierte mit einer Kamera von *Braun.*

Ein besonders intensiv nutzbares Betätigungsfeld bot den Sympathieträgern die Kosmetikwerbung. Vor allem ausländische Konzerne warben hier mit internationalen Stars, *Max Factor* gleich mit vier amerikanischen Filmschauspielerinnen in einer Anzeige. *Ponds* konnte sogar die englische First Lady Mrs. Winston Churchill als offizielle Fürsprecherin in Anzeigen gewinnen. Mit deren Mann warb übrigens die Kleinstkamera *Minox,* und die griechische Königin Friederike lobte die schönen Formen des Kaffeeservices *Fabula* der Porzellanmanufaktur *Fürstenberg.* Die Seife *Lux* setzte, wie gezeigt, auf deutsche Schauspielerinnen, die Kölner Kosmetikfirma *Riz* auf deren internationale Konkurrenz: Esther Williams, Liz Taylor, Ingrid Bergman (Abb. 64), Grace Kelly, Ava Gardner, Zsa Zsa Gabor, Ann Baxter und andere. Die roten Lippen von Sonja Ziemann waren durch *Cutex*-Kosmetik verschönt, und Nadja Tiller schätzte *Kaloderma.*

Mit Sympathieträgern konnte auch auf komplexere Art, über die bloße Präsenz hinaus, geworben werden. Der Kabarettist Werner Finck beispielsweise mußte eine Probe seines Könnens liefern, um die Eignung als Werbeträger nachzuweisen (Abb. 140). Vor allem auf den Umschlägen von Frauenzeitschriften warben Filmschauspielerinnen für deren Inhalt und damit auch für die abgedruckten Anzeigen. Wie in der Abbildung 54 wurde manchmal auch gleich der richtige Identifikationsansatz mitgeliefert: »Einmal eine Garbo sein ...!« Auch Politiker sind in diesem Zusammenhang eine interessante Spezies – siehe dazu Kapitel 19.

Besonders aufschlußreich ist die Untersuchung von Werbungen mit Stars, die zum Erscheinungszeitpunkt noch nicht bekannt waren. Ohne zuvor etabliertes Image müssen die noch Unbekannten ihre gesamte Persönlichkeit einbringen, um die größtmögliche Wirkung zu erzielen. Zeigt sich etwa bereits hier wahres Talent?

Günther Schramm durfte seinen – später fernsehbestätigten – Durchschnittscharme schon 1956 in Werbefotos zum Wohl der Zigarette *Laurens Gelb* einsetzen. Noch völlig unbekannt, wurde er natürlich auch nicht namentlich erwähnt. Pierre Brice verdiente schon 1957 als namenloser, aber gutaussehender französischer Dressman in der deutschen Werbung Geld. Neben – noch – ›unbekannt‹ gab es auch das genaue Gegenteil: ›ungenannt‹. 1961 war Karlheinz Böhm schon allein durch seine Rolle in ›Sissi‹ ein deutscher Star. Er mußte also in der Hemdenwerbung (Abb. 65) nicht mehr vorgestellt werden.

Etwas komplizierter verhält es sich mit der Abbildung 62. Brigitte Bardot wurde am 28. September 1934 geboren. Als 1953 die vorliegende *Film-und-Frau*-Ausgabe erschien, hatte sie bereits vier Filme gedreht. Erste fotografische Aufnahmen von ihr waren seit 1949 im Umlauf.[9.1] Wahrscheinlich ist das hier verwendete Foto vor 1952 entstanden; nicht ohne Grund wird sie im Heft als »Kind« bezeichnet, ein früher Hinweis auf ihr späteres ›Kindfrau‹-Image.

Film und Frau erwähnte ihren Namen nicht, was die Vermutung nahelegt, daß sie damals in Deutschland noch nicht bekannt war. Ihre Ausstrahlung als »Mädchen aus Paris« rechtfertigt jedoch den Einsatz als Covergirl vollkommen. Trotz der hier noch altmodischen Aufmachung im typischen Stil der *Film und Frau* sollte Brigitte Bardot für einen Zeitenwechsel stehen, der anhand anderer Beispiele bereits beschrieben wurde (Abb. 21, 22). Das Cover will das noch nicht wahrhaben: »Königskinder« und »Ballberichte«, Gold und Braun, Wappen und Schnörkel lassen vergangene Zeiten noch einmal auferstehen. Hofberichterstattung ist das Leitmotiv. Hermelin und Diadem, Schmuck und ellbogenlange Lederhandschuhe erhöhen aber nur den Kontrast zur Jugend der Bardot, deren Image als Star sich so ganz anders entwickeln würde. Der im Innenteil abgedruckte erläuternde Text (Abb. 63) weiß es schon besser: »Sie ist keine Comtesse und keine Marquise«. Was jetzt zählt, ist »der Schmelz ihrer Augen« und »das Leuchten der hellen Kinderstirn«. Brigitte Bardot ist das Idol der neuen Zeit, und deshalb »schauen Sie sich nach ihr um«. Denn, »kommen Sie nach Paris«, so gilt die Neugier möglicherweise eher dem hier unbewußt(?) vorgestellten neuen Brennpunkt des öffentlichen Interesses: der europäischen Modehauptstadt, die Models und Filmstars, nicht Komtessen, hervorbringen wird.

Einen sehr einfachen und deshalb häufig auftretenden Anzeigentyp stellt die *Riz*-Werbung (Abb. 64) von 1953 dar. Drei Elemente werden miteinander kombiniert: ein Foto mit dem groß gedruckten Namen des Stars, eine grafisch vereinfachte Darstellung des beworbenen Produkts und ein relativ großer Werbetextblock.

Die gedankliche Verbindung von Schönheit und Kosmetikgebrauch stellt sich automatisch ein. Es ist möglicherweise ein Zufall, aber der verlorene Blick von Frau Bergman auf die Kosmetikdose und das *Riz*-Zeichen erhöht zweifelsohne den angestrebten Effekt. Auch die Assoziation zum Spiegel auf einem Nachttisch mit Kosmetik bietet sich im Arrangement von Star, Make-up-Dose und kreisrundem Werbefeld an.

Der Text ist recht umfangreich und führt das Standardrepertoire von Werbeargumenten der frühen Fünfziger auf: Von den deftigsten Übertreibungen wie »wunderwirkend« und »Millionen Frauen« über die üblichen Gemeinplätze wie »das einzige Make-up, das alle Vorzüge moderner Kosmetik in sich vereint« bis hin zur sachlichen Information (»Vitamingehalt«) ist alles vorhanden. Lediglich der Eingangssatz fällt aus dem Rahmen: »Ingrid Bergman weiß, daß es die Pflicht jeder Frau ist, anziehend und gepflegt zu erscheinen.« Eine Frechheit jeder Frau gegenüber, aber ein besonders derber Verweis für Frau Bergman. Sie hatte es nämlich 1950 gewagt, von dem italienischen Regisseur Roberto Rossellini ein Kind zu bekommen, obwohl sie noch mit einem Schweden verheiratet war. Ihre Verurteilung durch die ›öffentliche Meinung‹ in den USA führte dazu, daß sie viele Jahre lang keine Filmangebote mehr aus Hollywood erhielt.[9.2]

Film und Frau

KÖNIGSKINDER VON HEUTE *
BALLBERICHTE AUS NEW YORK, BERLIN UND MÜNCHEN

HEFT 4/V · 60 PF.
IN OESTERREICH S 4.50
IN DER SCHWEIZ Fr —.70

Die *Eterna*-Anzeige (Abb. 65) von 1961 bildet eine geeignete Ergänzung zum Frauenbild des vorigen Beispiels. Nicht nur im Foto, sondern auch im Text wird die inzwischen wieder gefestigte Männergesellschaft im Nachkriegsdeutschland dargestellt.

Die Abbildung zeigt Karlheinz Böhm vor einer Gruppe von Männern, die, wie der Text suggeriert, alle »*Eterna* tragen«. Nach dem Motto »Unter Männern kann man sich das schon mal erlauben« – und sicher auch, damit man einen klareren Eindruck von dem beworbenen Hemd bekommt – präsentiert er sich ganz zwanglos ohne Jackett. Diese Vertraulichkeit erweitert den Kreis der Herrenrunde und dehnt ihn auf die Leserschaft aus. Durch seine Rolle als König Ludwig in den drei *Sissi*-Filmen ist Böhm zum deutschen Star geworden – so braucht sein Name im Text nicht genannt zu werden, er wird sowieso erkannt. Und man stellt fest, daß er auch privat ein ganzer Kerl ist. Er trinkt Weinbrand, trägt Krawatte, Goldkettchen und – natürlich – ein *Eterna*-Hemd.

Schon der erste Satz führt in die Gepflogenheiten dieser Männergesellschaft ein: »Das absolut bügelfreie *Perlon*-Hemd, das sich Junggesellen und geplagte Ehefrauen wünschen!« Ehemänner brauchen sich also offenbar diese Arbeitserleichterung für ihre Frauen nicht zu wünschen.

Der Text stellt im folgenden wortreich drei Hemden vor und sucht dabei sichtlich, mit Fachtermini die Männerkundschaft zu beeindrucken: »*Eterna* san«, »perlon porös«, »nicht gewebt, sondern *gewirkt!*«, »Millionen Mikro-Poren«, »Perlon Pikee«, »*Eterna* variabel«, »3 Kragenstellungen« und »*Eterna* kings forest im Weltstil des IFC« – eine Aufzählung verblüffender, wo nicht regelrecht exotisch anmutender Spezialausdrücke.

Die Menge des Textes und das in einen Handlungszusammenhang gestellte Foto legen die Vermutung nahe, daß sich hier die Konkurrenz des Fernsehens niederschlägt. Vergleicht man mit dieser Anzeige ein neun Jahre älteres *Eterna*-Beispiel (Abb. 84) von 1952, bekommt man einen Eindruck von den mittlerweile gestiegenen Anforderungen an die Druckwerbung. Die Abbildung 84 funktioniert noch wie ein braves Schaufensterangebot: eine mehr oder weniger subtile Strategie, sich gegen Konkurrenten zu profilieren oder künstlichen Bedarf zu erzeugen, erübrigte sich in einer Zeit akuten Mangels.

Auch die *Quikoton*-Werbung (Abb. 66) von 1965 trägt schwer an der Konkurrenzsituation zum Fernsehen, bietet aber eine insgesamt ansprechende Lösung.

Eine Vater-Sohn-Beziehung bildet im Foto den formalen Hintergrund für das abgedruckte Gespräch. Der Schauspieler Paul Hubschmid – auch er mit Goldkettchen – und sein Sohn ›stellen‹ sich zum Zweierfoto. Indem zwei Generationen abgebildet werden, sind zugleich zwei Generationen von Kunden angesprochen. Auch in diesem Beispiel ist die innerbildliche Kommunikation der beiden geschickt offen gestaltet, der Betrachter miteinbezogen. Der junge Hubschmid schaut auf seinen Vater herab, der blickt auf jemanden direkt neben dem Betrachter, und der wiederum sieht die beiden *Quikoton*-Träger.

Ein klarer symmetrischer Anzeigenaufbau ordnet die relativ große Text- und Zeichenmenge. Foto und Schriftblöcke sind formal aufeinander abgestimmt. Durch den starken Schwarzweißkontrast entsteht eine formale Kontinuität zwischen Text und Körpern, indem die abgebildeten Personen den Schriftblock in der Breite des

GEGENÜBER:
Abb. 62
In Deutschland noch unbekannt, gleichwohl schon Objekt der Begierde: die junge Brigitte Bardot. *Film und Frau*-Cover 4/1953

OBEN:
Abb. 63
»Wer das Mädchen ist? Wir wissen es nicht, doch kommen Sie nach Paris, vielleicht schauen Sie sich nach ihr um?«
Coverlegende in der *Film und Frau* 4/1953

OBEN:
Abb. 64
Ingrid Bergman für *Riz*
Jede Frau weiß um ihre Pflichten – auch Frau Bergman ...
Aus: *Film und Frau* 3/1953

Markennamens nach oben weiterführen. Gleichmäßig verteilt in Inhalt und Form sind auch die Werbeargumente: »Vorteile für Männer« und »Vorteile für Frauen«. Aus heutiger Sicht fällt auf, daß sich das hochwertige Hemd aus dem Naturstoff Baumwolle mit einem neuen, technischen Namen *Quikoton* und dem Zusatz *Popeline* gegen die in den sechziger Jahren herrschende Mode der *Nyltest-*, *Nylon-* und *Perlon*-Hemden zur Wehr setzen mußte.

Marianne Koch war eine der meistbeschäftigten deutschen Schauspielerinnen der fünfziger Jahre. Aus eigener Kraft nach dem Krieg zu Ruhm und Ehren gekommen, spielte sie in zahllosen Filmen realitätsersetzende Identifikationsfiguren. Sie hatte nie eine Schauspielschule besucht, aber »eine sehr natürliche Ausstrahlung, auch in ihrer Sprache, gab ihr eine sehr glaubhafte Präsenz«.[9.3] Durch einen Bundesfilmpreis für ihre Rolle in *Des Teufels General* wurde sie 1955 in Deutschland zum Star.

Oben:
Abb. 65
Karlheinz Böhm für *Eterna*
Seiner männlichen Vorbildrolle wird Karlheinz B. mit Goldkettchen, Weinbrand, Krawatte und dem richtigen Oberhemd gerecht.
Aus: *Revue* 39/1961

Unter den Sympathieträgern ihrer Zeit nimmt sie eine herausragende Position ein, nicht nur qualitativ, sondern auch quantitativ. Niemand wurde so häufig in der Werbung eingesetzt wie sie. Allein für *Lux[or]* warb sie von 1953 an bis in die siebziger Jahre in zahlreichen, immer wieder dem veränderten Zeitgeschmack angepaßten Anzeigen (Abb. 24, 68–70). Daneben schmückten sich unter anderem noch *Film und Frau, Martini, Gillette, Jacobs*-Kaffee (Abb. 71–74), Porzellan, Inneneinrichtungen und Gardinen mit ihr.

Der Film *Zwei blaue Augen* (Abb. 67) von 1955 thematisiert die in der Werbung so erfolgreich eingesetzten ausdrucksvollen Augen der jungen Marianne Koch, indem er sie eine blinde Telefonistin spielen läßt. Folgerichtig kommt auf der Ebene des Filmplakats der gleiche erprobte Mechanismus wie in den Anzeigen zur Anwendung. In Text und Bild wird mit *dem* für ein Produkt geworben, was Frau Koch auszeichnet – mit ihrer Ausstrahlung.

OBEN:
Abb. 66
Paul Hubschmid mit Sohn für *Quikoton*
»Wie der Vater, so der Sohn« – Wunschtraum leidgeprüfter Eltern in den rebellischen Sechzigern.
Aus: *Constanze* 11/1965

GEGENÜBER:
Abb. 67
Zwei blaue Augen, 1955 *(Real-Film)*
Die eindrucksvollsten Augen Deutschlands in den fünfziger Jahren werden thematisiert: Frau Koch spielt eine Blinde.

Nachfolgend sollen vier Anzeigen aus den Jahren 1954, 1957, 1959 und 1963 untersucht werden, in denen Marianne Koch für die Seife *Lux[or]* wirbt (Abb. 24, 68–70). Auffälligstes Merkmal in der gestalterischen Entwicklung der Werbungen ist der immer größer in immer geringerer Entfernung abgebildete Kopf von Frau Koch: so wird die Begegnung mit dem Star zunehmend intimer. Formal geraten die Kompositionen einfacher und klarer, auch durch die Reduzierung von schmückendem Beiwerk. Die Schreibschrift verschwindet im Laufe der Zeit, ebenso die »Filmstars«: 1954 sind es noch »9 von 10 Hollywood-Stars« in einer Extrazeile, 1957 dann »Filmstars in aller Welt«, die 1959 nur noch kleingedruckt im Fließtext erwähnt werden; 1963 sind sie dann ganz verschwunden. Wo 1954 und 1957 noch die »*Lux[or]*-Schönheit« betont wird, steht 1959: »*Lux* mit dem neuen exquisiten Parfum«. 1963 ist das Wort »Schönheit« ganz verschwunden, der neue Schwerpunkt ist » ›Das neue Parfum meiner *Lux*‹ «. »Wertvoll« will *Lux* jetzt sein und »etwas ganz Besonderes«. Aus einem Schattenriß von 1959 ist 1963 ein im Foto groß abgebildeter Flakon geworden. Natürlich präsentiert sich die Anzeige von 1963 im gleichen formalen Muster wie viele Werbungen zu jener Zeit (siehe Kapitel 15).

Eine genaue Betrachtung verdient sicher auch noch die Entwicklung der Seifenverpackung. Aus dem bestickten Seifenbehälter mit genauer Bezeichnung »*Luxor* Toiletteseife« wird ein (nur mehr abgebildetes) Seifendeckchen mit Stickresten und schließlich ein weißgoldener Strahlenkreis mit Sternen.

ZWEI BLAUE AUGEN
MARIANNE KOCH
CLAUS HOLM
Ein Film von
GUSTAV UCICKY
Musik: Michael Jary
KURT MEISEL · HELEN VITA · CAMILLA SPIRA
RICHARD ROMANOWSKY · CHARLES REGNIER
MARGARETE HAAGEN · JOSEF DAHMEN
ALBERT FLORATH · ERNST V. KLIPSTEIN
RICHARD MÜNCH CARL VOSCHERAU
Drehbuch: Kurt E. Walter

OBEN LINKS:
Abb. 68
Marianne Koch für *Lux*
Marianne Koch unterschreibt auch das neue *Lux*-Konzept.
Aus: *Freundin* 16/1957

OBEN MITTE:
Abb. 69
Marianne Koch für *Lux*
Eine Hand wäscht die andere: Marianne Koch ziert *Lux, Lux* wirbt für die *Frau im besten Mannesalter.*
Aus: *Kristall* 21/1959

OBEN RECHTS:
Abb. 70
Marianne Koch für *Lux*
Immer dichter rückt die Kamera an Frau Koch heran, immer weniger Retusche wird eingesetzt, immer intimer wird so die Begegnung mit dem Star.
Aus: *Freundin* 41/1963

Auf vier Anzeigen für dasselbe Produkt mit demselben Sympathieträger folgen hier vier weitere, aus den Jahren 1955, 1959, 1962 und 1964, mit ebendemselben Sympathieträger für verschiedene andere Produkte (Abb. 71–74).

Im ersten Beispiel (Abb. 71) von 1955 posiert die 23jährige Marianne Koch als Gastgeberin für eine Spezialausgabe der Zeitschrift *Film und Frau*, ›Wir haben Gäste‹. Sie hat als Dame des Hauses offensichtlich soeben Blumen geschenkt bekommen, die allerdings schon ausgepackt und voll erblüht sind. Durch die sinnlich-laszive Wirkung der fleischigen, naturwilden Blütenblätter und die Art, wie Frau Koch den Blumenstrauß hält, gewinnt das Coverfoto eine zusätzliche Dimension: Der Star bietet sich selbst an – und hält die Blumen fast wie zum Schutz vor den Blicken der Leser. (Vielleicht rührt die leichte Verlegenheit in ihrem Lächeln auch daher.) Jedenfalls ist der praktische Nutzen der angebotenen *Film-und-Frau*-Spezialausgabe nur unscharf im Hintergrund zu erkennen; herausgestellt ist vielmehr die Hausherrin als perfekter Teil der Dekoration, und solch eine Hausherrin war gewiß nicht nur als Gastgeberin begehrt.

Auch *Martini* trank Frau Koch – bei der Arbeit, wie die Anzeige (Abb. 72) von 1959 glauben machen will, allerdings um sich zu entspannen. Die *Martini*-Flasche ist zur Vergrößerung etwas in den Vordergrund geschoben, damit sie neben der »liebenswerten und charmanten« Marianne Koch ausreichend Aufmerksamkeit erregt. »Bei der kritischen Betrachtung der Muster eines ihrer letzten Filme« ist fürwahr ein Gläschen angebracht, denkt man an das Niveau der meisten Fünfziger-Jahre-Streifen.

In seinem einfachen Aufbau erinnert das Beispiel an die *Riz*-Reklame (Abb. 64). Die wenigen Veränderungen illustrieren die bereits beschriebene Trendwende. Das Foto wird größer und inhaltsträchtiger; aus dem künstlerischen Porträtfoto ist ein scheinbar zufälliger Schnappschuß geworden, der möglichst noch einen Handlungszusammenhang miteinbezieht: Schritt für Schritt wird der Zeitschriftenleser dichter an das Idol herangeführt.

Das führt in der *Gillette*-Werbung (Abb. 73) von 1962 bis in die private Weihnachtsfeier von Frau Koch. Ein in Schreibschrift geschriebener, also privater »Tip von Marianne Koch« richtet sich vor allem an Frauen. Wer so sein will wie sie: reich, berühmt, beliebt und gutaussehend, der fängt am besten mit dem »richtigen Geschenk für Männer« an. Überzeugungsarbeit mit technischen Argumenten wird

erst gar nicht versucht – »Apparat mit dem Einstellring« muß genügen. Formal ist diese Anzeige charakteristisch für den Sechziger-Jahre-Trend: großes Foto oben, beworbenes Produkt rechts und Werbetext links darunter (vgl. Abb. 133–136).

1964 bestehen die meisten Anzeigen, wie das Beispiel *Jacobs* (Abb. 74), nur noch aus zwei Teilen. Das große Foto bietet zwei Einblicke in die Privatsphäre von Frau Koch: demonstratives Kaffeetrinken und Arbeit an einem privaten Fotoalbum. Stilmöbel, Teppich und klassisches Kaffeeservice verraten modeunabhängigen Geschmack und Reichtum. Der Kaffeegenuß wiederum wird zur Ursache von Ruhe und Behaglichkeit erklärt. Im Text wird deutlich, daß sich auch diese Werbung primär an Frauen richtet. Die Argumente zielen vor allem auf die Gefühlswelt der Leserschaft: »einfach herrlich«, »in die weite Welt hinaus«, »köstlich duftend«, »zauberhafte Stimmung«.

In den sechziger Jahren ging die Zahl der mit Sympathieträgern werbenden Anzeigen zunächst etwas zurück. Die elektronischen Medien konnten das – wie scheinbar alles – besser und übernahmen einen großen Teil der Werbeaufträge. Einzig der Hersteller von *Lux,* einer der Pioniere dieses Schemas, blieb bei seiner Linie und lanciert auch heute noch – neben der Fernsehwerbung – Anzeigen mit Senta Berger und anderen Filmschauspielerinnen. Auch Frau Koch macht noch Werbung, im Fernsehen für Gardinen, obwohl sie sich schon lange aus dem Filmgeschäft zurückgezogen hat und als Ärztin arbeitet. Es spricht für die ungebrochene Wirksamkeit dieser Werbeform, daß sich die Kölner Firma *Mühlens* 1989 mit der Verpflichtung des Tennisstars Gabriela Sabatini als Sympathieträgerin für ein einziges *4711*-Produkt finanziell sanierte.[9.4]

OBEN LINKS:
Abb. 71
Marianne Koch für *Film und Frau*
Die attraktive Gastgeberin als Teil der Dekoration.
Aus: *Film und Frau* 5/1955

OBEN RECHTS:
Abb. 72
Marianne Koch für *Martini*
»[...] bei der kritischen Betrachtung der Muster eines ihrer letzten Filme« – da war ein Schluck *Martini* vielleicht hilfreich?
Aus: *Stern* 48/1959

OBEN LINKS:
Abb. 73
Marianne Koch für *Gillette*
Bis in ihre private Weihnachtsfeier dringen die Werbeleute vor: Marianne Koch verschenkt den »Apparat mit dem Einstellring«.
Aus: *Revue* 48/1962

OBEN RECHTS:
Abb. 74
Marianne Koch für *Jacobs*
Trotz allen Charmes und aller Verbindlichkeit im Ton eine Anzeige, die die in den sechziger Jahren aufkommende formale Härte aufweist.
Aus: *Westermanns Monatshefte* 3/1964

GEGENÜBER:
Abb. 75
Glücksritter, 1956 *(Real-Film)*
Ein gut gestaltetes Plakat kann eine ganze Filmhandlung andeuten: *Glücksritter,* von Boris Streimann gemalt.

Die Werbung geht heute zuweilen noch einen Schritt weiter. Suchte man seinerzeit das Sympathiepotential eines Idols auf ein Produkt zu übertragen – durchaus eine frühe Form von ›Markentransfer‹ –, so ist man heute bemüht, das künstlich geschaffene exklusive Image von ›Lifestyle‹-Marken wie *Davidoff* oder *Chanel* anderen Produkten zu verleihen. Die Werbung wirbt mit den eigenen Erfolgen – mit sich selbst.

10 Das Werbeplakat

Das Plakat gilt als das älteste bekannte Werbemedium. Schon im alten Rom gab es Anschläge zur Ankündigung von Gladiatorenkämpfen und Wahlaufrufe. Im Mittelalter wurde es gedruckt, vor allem von Buchdruckern, die der Eigenwerbung dienende, holzschnittverzierte Handzettel herstellten. Sein eigenständiges künstlerisches Leben begann um 1867 mit dem Druck des ersten Farbplakats in Frankreich. Da sich ungefähr gleichzeitig die bildende Kunst, besonders die Malerei, immer unabhängiger von Vorgaben der Auftraggeber entwickelte, bot sich hier die Chance für eine selbständige angewandte Kunst. So herrschte um die Jahrhundertwende vor allem in Frankreich ein hohes künstlerisches Niveau in der Plakatgestaltung; als bekanntester Vertreter sei hier Henri de Toulouse-Lautrec genannt. Seit circa 1930 verliert das Plakat unter anderem durch die weiterentwickelten Drucktechniken im Zeitschriftenbereich als Werbeträger an Bedeutung. Die elektronischen Medien verkleinerten seinen Wirkungsbereich zusätzlich.

WALTER KOPPEL ZEIGT EINE GYULA TREBITSCH-PRODUKTION DER REAL-FILM:
EUROPA
GLÜCKSRITTER
EINE GESCHICHTE VON HEUTE
HEIDEMARIE HATHEYER
PAUL HUBSCHMID · BARBARA RÜTTING
HANS NIELSEN · EVA KOTTHAUS
PAUL KLINGER
REGIE: ARTHUR MARIA RABENALT
KAMERA: ALBERT BENITZ · MUSIK: BERT GRUND · PRODUKTIONSLEITUNG: HELMUT UNGERLAND
EIN ARTHUR MARIA RABENALT-FILM
NACH EINER FILMNOVELLE VON WALTHER V. HOLLANDER BEARBEITET VON MICHAEL MANSFELD
DREHBUCH: KURT E. WALTER

Ganz unabhängig von den Gründen, die bis in die zwanziger Jahre zum Aufstieg des Plakats als wichtigstem Werbemedium geführt hatten, gibt es einige grundsätzliche Unterschiede zur Zeitungsanzeige, die ihm bis heute sein Überleben sichern.

Plakate sind größer und können mehr Inhalte transportieren als Anzeigen, das beweist heute noch das Filmplakat. Sie werben zwar nur, wo sie geklebt werden, also lokal begrenzt, dort aber sehr intensiv. Sie können unabhängig von den kommerziell vertriebenen Druckmedien und ihren Bedingungen eingesetzt werden. Sie sind preiswert und schnell herzustellen, im einfachsten Fall handgemalt oder -geschrieben. Sie sind leicht zu handhaben und jedem zugänglich. Praktisch jeder kann mit Plakaten, wie und wo er es für sinnvoll hält, werben, wofür er will.

Direkt nach dem Zweiten Weltkrieg waren diese Vorteile von so großer Bedeutung, daß die Plakate ein letztes Mal eine bedeutende Rolle in der öffentlichen Kommunikation spielten. Die Amerikaner mußten sich mangels anderer Möglichkeiten im zerstörten Deutschland genauso dieses Mediums bedienen wie die verschiedenen politischen Gruppierungen. Schon vor der Kapitulation kündigten die USA so die Kriegsverbrecherprozesse an[10.1], und mancher lernte sein erstes Englisch mit dem Satz »To whom it may concern«.[10.2] Aber danach war »die große Zeit der politischen Plakate vorbei. Zwar werden heute mehr Plakate angeschlagen als je zuvor, aber sie haben nicht mehr die Funktion der primären Ansprache an die Öffentlichkeit.«[10.3]

Mit der bald einsetzenden wirtschaftlichen Erholung nach der Währungsreform erlebte das Plakat noch einmal eine Konjunktur als Werbeträger. Als gegenwartsverschönernder Farbtupfer in den sich langsam erholenden Großstädten lenkte es von den Problemen der Nachkriegszeit ab und demonstrierte Hoffnung.

Hier sollen zwei spezielle Arten von Werbeplakaten untersucht werden, deren Bedeutung in der besonderen Situation nach dem verlorenen Krieg begründet liegt: das Filmplakat und das Messeplakat. Sie sind auch insofern interessant, als ihre Gestaltung noch ganz der ursprünglichen gestalterischen Dimension des Plakats entspricht: sie sind also nicht, im Gegensatz zu vielen anderen Wirtschaftswerbungsplakaten jener Zeit, ›aufgeblasene Zeitungsanzeigen‹.

Das Filmplakat

Böse Zungen behaupten, die letzte große Zeit des deutschen Films seien die fünfziger Jahre gewesen. Ohne Zweifel hatte er damals – für die Filmwirtschaft wie für das Publikum – noch eine größere Bedeutung als heute. Das Fernsehen machte ihm noch keine Konkurrenz, und seine Trost- und Versöhnungsgeschichten milderten die Kriegsfolgen. »Das deutsche Nachkriegskino war besser als sein Ruf, es hatte seine Daseinsberechtigung«, meint auch der deutsche Filmschauspieler Hansjörg Felmy.[10.4] Es existierte »bis in die Mitte der fünfziger Jahre hinein ein äußerst filmfreudiges Publikum, das in seinem Bedürfnis nach Unterhaltung und Erbauung einerseits und aufgrund des geringen Warenangebots andererseits, zumindest bis zur Währungsreform wenig Gelegenheit hatte, Geld für andere Dinge als Theater und Kino auszugeben«.[10.5]

Trotzdem ist die vorherrschende Meinung, bei einem Großteil der deutschen Nachkriegsfilme habe es sich um sentimentalen Kitsch gehandelt, nicht unberechtigt. Fragwürdig bleibt jedoch die automatische Mitverurteilung der für diesen Kitsch werbenden Plakate. Ein Plakat ist nicht immer nur dann gelungen, wenn der Film, für den es wirbt, künstlerisch hochwertig ist.

Zunächst scheint es gerechtfertigt, zu untersuchen, ob die Filmplakate der fünfziger Jahre ihre eigentliche Aufgabe adäquat erfüllten. Sie sollten für eine bestimmte Art von Filmen werben und hatten also der Anforderung zu genügen, in ihrer äußeren Gestalt den Gehalt eines Films zu reproduzieren, auch seinen eventuellen Kitschgehalt. Ob ein ›kitschiges‹ Plakat formal erfolgreich ist, hängt jedenfalls nicht von der heutigen Einschätzung seines Inhalts ab. Kitsch »bestimmt sich nicht aus den inneren Merkmalen des betreffenden Werks, sondern allein aus der Einstellung des danach verlangenden Menschen«.[10.6] So stellt sich die Vermutung ein, daß es heute vor allem um eine Verurteilung der damaligen Einstellung geht. »Ein kritisches Etikett war: sentimentaler Kitsch. Scharfe Qualitätsurteile können auch der eigenen Distanzierung dienen.«[10.7]

Zu Zeiten von *Rambo* und *Terminator* muten die damaligen Versuche, Nachkriegssehnsüchte wie die nach Heimat, Liebe, Humor, Zuversicht, Fröhlichkeit zu erfüllen, sympathisch harmlos an. Obwohl diese primär inhaltlichen, teilweise aber auch formalen Vorgaben mögliche künstlerische Qualität in der Gestaltung zumindest behinderten, boten doch viele Plakate formal überzeugende Lösungen. Die Abbildungen 75 bis 77 sind Belege dafür.

Erst als anspruchsvollere Filme nach einem gehobenen Image verlangten, wurden neue Wege in der Plakatgestaltung gesucht. Hier ist vor allem die *Kasseler Schule* zu nennen, die mit ihrer Arbeit für die Verleihfirmen *Atlas* und *Neue Filmkunst* den Anschluß an die europäische Entwicklung sicherte. Die abgebildeten Beispiele (Abb. 78, 79) stellen zwei herausragende Vertreter dieser Schule, Hans Hillmann und Karl Oskar Blase, vor.

Das Plakat für den Film *Glücksritter* (Abb. 75) wurde 1956 von dem Grafiker Boris Streimann gemalt, der bereits in den zwanziger Jahren für die *Ufa* gearbeitet hatte. Mit sicherem Gespür für plakative Effekte schuf er in elegantem, realistischem Stil Illustrationen, die die ganze Filmhandlung enthalten konnten. Betrachtet man das vorliegende Plakat, ohne den Film gesehen zu haben, so kann man ihm ungefähr Folgendes entnehmen: Zwischen einem Mann und zwei Frauen spielt sich eine Dreiecksgeschichte ab. Der Mann hat sich von der älteren – vielleicht die Ehefrau? – schon deutlich entfernt, um sich der gutaussehenden jüngeren zuzuwenden. Irgend etwas hält ihn jedoch zurück. Da sich die Affäre offenbar in wohlhabenden Kreisen ereignet, stellen sich beim Betrachter sogleich Vermutungen über die Art seines Verhältnisses zur älteren Frau ein: Ist er vielleicht erst durch sie zu Wohlstand gekommen? Über den drei Hauptpersonen, im Halbdunkel verborgen, sieht man vier wohlsituierte ältere Herren, die sicher schon im Krieg tragende Rollen spielten. Was den jungen Hauptdarsteller mit diesem Kreis von Dunkelmännern verbindet, demonstriert der Filmtitel in dramatisch zerrissenen Buchstaben: *Glücksritter*tum. Auch der Komplementärkontrast zwischen Gelb und Violett signalisiert die Qualität der äußerst angespannten Beziehung.

Ungefähr so lief die Geschichte in dem Film auch ab. Die Zeitschrift *Libelle* stellte ihn 1957 in Text und Bild vor, als handele es sich um eine Dokumentation. Kein Wort in der Überschrift deutete auf die Fiktionsform Film hin, erst durch die in Klammern

OBEN LINKS:
Abb. 76
Der blaue Strohhut, 1950 *(Bavaria)*
Malerische Impression zu einem duftigen Hütchen, das »von einem Kopf auf den anderen [flattert] und [. . .] allerlei Verwirrung [stiftet]«.

OBEN RECHTS:
Abb. 77
Das Meer ruft, 1952 *(Florstedt)*
Heinrich George trotzt in Ernst Litters Plakat den Stürmen des Lebens – Fiktion oder Wirklichkeit?

genannten Schauspielernamen wird sie deutlich. »Was bringt die Zukunft«, fragte der Text, wenn »Konjunkturritter [. . .] ihre Grundsätze vergessen«? Das war ein durchaus aktueller Realitätsbezug.

Die Katholische Filmkritik bewertete das Werk damals so: »Am Beispiel eines konjunkturbeflissenen Verlegers soll der Niedergang der Nachkriegsideale in Westdeutschland gebrandmarkt werden. Als kritischer Zeitspiegel ist der Film jedoch viel zu unscharf und bleibt deshalb ohne die beabsichtigte Wirkung. Die eingeflochtene Liebesgeschichte nötigt zu Vorbehalten.«[10.8]

Wirtschaftlicher Aufschwung und zwischenmenschliche Beziehungen waren neben der Erhaltung des Friedens die primären Interessen der Nachkriegszeit. Sie werden im Film und im Plakat angesprochen. Ob der Film tatsächlich spannend war, geschweige denn gut, ist hier von untergeordneter Bedeutung; das Plakat ist es jedenfalls und macht damit effektive Werbung für packende Unterhaltung.

Auf dem als Abbildung 76 gezeigten Filmplakat sieht man eine prächtig gekleidete junge Frau, die – vielleicht vor einem Spiegel? – einen Hut anzuprobieren scheint, den *blauen Strohhut* des Filmtitels. Ein Strohhut ist ein besonders leichter Hut, es könnte also sein, daß es sich nicht um eine besonders ernste, vielmehr um eine ›leichte‹ Geschichte handelt. Die besondere Betonung der Farbe Blau – in Wort und Bild – weckt Assoziationen zur ›blauen Stunde‹ und ihrer Bedeutung.

Das Plakat bedient sich des formalen Musters einer Anzeige: Die Illustration könnte auch für einen Hutsalon werben. Da es sich jedoch um ein Filmplakat handelt, wird der Eindruck vermittelt, es gehe in dem Film um den Kauf eines Hutes. Um 1950, als *Der blaue Strohhut* ins Kino kam, war das eine durchaus besondere Situation. Viele Männer waren noch nicht aus dem Krieg heimgekehrt, und die Frauen konnten Äußerlichkeiten wie Hüten nur wenig Aufmerksamkeit schenken. Wenn

OBEN LINKS:
Abb. 78
Der Weg der zum Himmel führt, 1969 *(Neue Filmkunst)*
Plakatkünstler der ›Kasseler Schule‹ wie Hans Hillmann wollten nicht »im Bild nur wiederholen, was der Titel des Films ohnehin sagt«.

OBEN RECHTS:
Abb. 79
Orfeu Negro, 1964 *(Atlas)*
Eine Kombination aus sinnlichem Erlebnis und sprachlicher Information läßt Karl Oskar Blases Plakat zu einem ebenbürtigen Partner und gelungenen Werbeträger des Films werden.

aber eine Frau einen neuen Hut im Sinn hatte, mochte da nicht mehr dahinterstecken?

Auch in dieser Werbung sind also wieder die wichtigsten privaten Wünsche der frühen fünfziger Jahre thematisiert, Geld und Liebe. Nur leistet diesmal die Fantasie der potentiellen Kinogänger einen Großteil der Arbeit. Indem es dem Plakat gelingt, hier nur per Andeutung Gedankenabläufe in Gang zu bringen und Wünsche zu mobilisieren, anstatt die Objekte der Begierde detailreich abzubilden, vollbringt es Beachtliches. Auch die Identifikationsmöglichkeit, die durch die Darstellung der vage und allgemein gehaltenen Situation des Hutkaufs angeboten wird, entspricht den Anforderungen an die Werbefunktion eines Plakats. Es nutzt geschickt die hundertfach erprobte Verführungskunst der Werbeanzeige: Welche Frau wollte nicht mit einem neuen Hut so schön sein, wie die junge Margot Hielscher hier gemalt war, und eine mit dem Strohhut untrennbar verbundene unbeschwerte Stimmung erleben. Die versprach dann zumindest der Kinobesuch.

Dem katholischen Filmdienst hat das alles natürlich nicht gefallen: »Ein duftiges Hütchen flattert von einem schönen Kopf auf den anderen und stiftet allerlei Verwirrung. In erotischen Dingen anstößig, weil zu plump.«[10.9]

»Heinrich George trotzt den Stürmen des Lebens.« So ließe sich der erste Eindruck dieses Wiederaufführungsplakats (Abb. 77) von 1953 zusammenfassen – *Das Meer ruft* war 1933 gedreht worden.

George, kurz nach Kriegsende gestorben, hatte als einer der herausragenden Theaterschauspieler in Deutschland gegolten, ehe er sich von den Nationalsozialisten in eindeutigen Propagandafilmen einsetzen ließ. Die physische Präsenz, seine schiere Masse verlieh ihm die Ausstrahlung unbeugsamer Stärke. Es ist diese Persönlichkeit – sein Name ist fast so groß abgedruckt wie der Filmtitel –, auf die auch das Plakat setzt. Nur ein gewaltiger Sturm konnte einen solchen Mann derart in Bedrängnis bringen. Die sich vielleicht auch schon 1953 aufdrängende Parallele zu Georges Engagement und Scheitern im Dritten Reich schaffte die ideale Voraussetzung für eine starke Werbewirkung des Plakats. Der Grafiker Ernst Litter tat gut daran, es bei der optischen Andeutung der ›Schicksalhaftigkeit‹ in Filmhandlung und Lebenslauf Georges zu belassen. Er verlieh dem Plakat durch diese von der besonderen Nachkriegssituation ermöglichte Verbindung – bewußt oder unbewußt – einen aktuellen politischen Bezug, der sich durch bloß ›filmgemäße‹ Plakatgestaltung nicht eingestellt hätte.[10.10]

Auch die Kritik des katholischen Filmdienstes scheint die ›Vergangenheitsbewältigung‹ als wichtigsten Aspekt des Streifens besonders herauszustellen: »Ein Ostseefischer und Lotse, dem schweres Leid zugefügt wurde, überwindet den Wunsch nach Rache und findet den Weg zur Vergebung. Überragendes Spiel von Heinrich George.«[10.11]

Gegen Ende der fünfziger Jahre nahm die Zahl der in Deutschland angebotenen, vor allem aus dem Ausland stammenden, künstlerisch wertvollen Filme ständig zu. Ein kleines Verleihunternehmen in Göttingen, Walter Kirchners *Neue Filmkunst*, versuchte sich auch optisch mit neuen Filmplakaten vom restlichen Kinoangebot abzusetzen. In Hans Leistikow, dem Leiter der Klasse für Freie und Angewandte Graphik an der Hochschule für Bildende Künste in Kassel, fand sich ein interessierter und kompetenter Partner. Er veranlaßte die Studenten seiner Klasse, neue, zeitgemäße Plakatentwürfe zu gestalten und in internen Wettbewerben jeweils ein zur Ausführung kommendes Plakat zu küren. Aus dieser *Kasseler Schule* gingen so erfolgreiche Grafikkünstler hervor wie Hans Hillmann (*Der Weg der zum Himmel führt*, Abb. 78), Karl Oskar Blase (*Orfeu Negro*, Abb. 79), Dorothea und Fritz Fischer-Nosbisch, Isolde Baumgart, Heinz Edelmann und Klaus Staeck.[10.12]

Eine »filmgerechte« Plakatgestaltung war auch das Ziel der jungen Kasseler Grafiker. Dabei wollten sie aber gerade nicht »im Bild nur wiederholen, was der Titel des Films ohnehin sagt.«[10.13] Hans Hillmann beschreibt in einem Beitrag zu dem Buch ›Ein Plakat ist eine Fläche die ins Auge springt‹ die Entstehung eines in dieser Art neu konzipierten Plakats (Abb. 78): » ›Der Weg der zum Himmel führt‹ ist ein Film, in dem eine Gruppe von Menschen gezeigt wird, die mit einem Bus durch Mexico reisen. [...] Zu meinen vorbereitenden Arbeiten gehörte das Schreiben einer Inhaltsangabe. [...] Danach [...] Listen und Skizzen von Objekten, die in dem Film eine Rolle spielen. [...] Als nächster Schritt folgte eine Reihe von Skizzen mit Montagen solcher ›Objekte‹. [...] Bis mir auffiel, die Form des sich nach hinten verjüngenden Wegs gleichzeitig als Stamm der Palme zu sehen. [...] In einer darauffolgenden, längeren Arbeitsphase wurde die Form noch modifiziert und den graphischen, farbigen und typographischen Erfordernissen des Plakats angepaßt.«[10.14]

So gelang ein schönes plakatives Spiel mit reduzierten Formen, die zahlreiche dem Film adäquate Assoziationen zulassen: Raum, Weite, Weg, Fahren, Zeit, Natur, Leben und Sonne. Frei nach Plato wird ein Schatten für eine Frau genommen. Der farblich überhöhte Kontrast von Naturgrün und Sandgelb schafft den Eindruck einer eventuell durch übergroße Hitze als irreal empfundenen Landschaft. So setzt sich Stück für Stück ein Gesamteindruck zusammen, der der eingangs erwähnten Inhaltsbeschreibung entspricht.

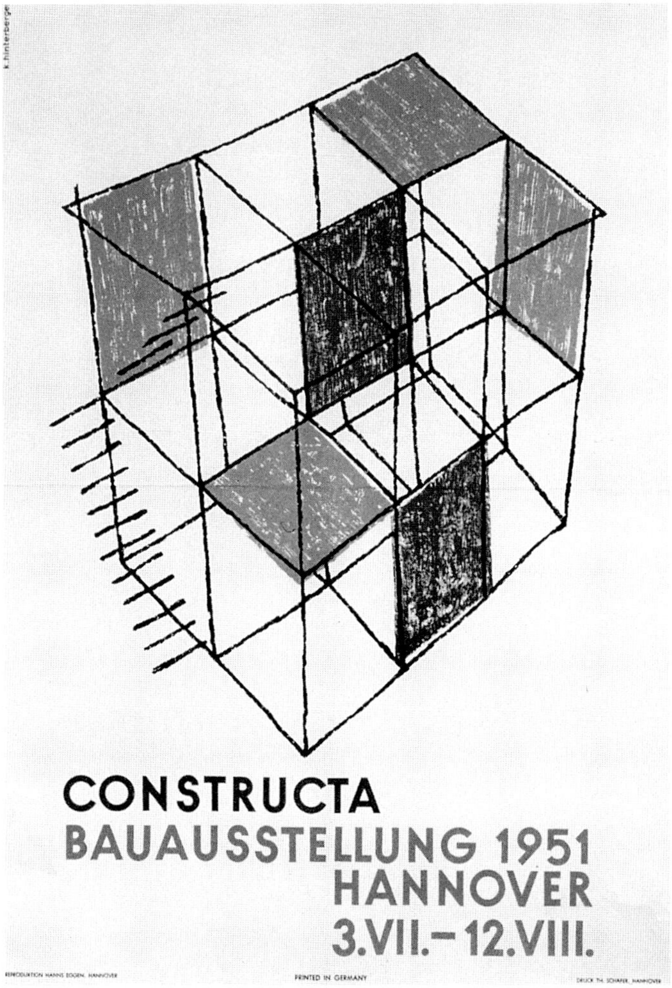

Auffällig ist, daß im Plakat der Name ›Bunuel‹, der als die kompositorische Basis des Bildaufbaus fungiert, viel größer abgebildet ist als der Filmtitel. Neben den weiblichen Formen in Silhouette und Palme ist es also vor allem der spanische Regisseur, der ›ziehen‹ soll: es wird hier offensichtlich besonders um ein vorgebildetes Kinopublikum geworben.

OBEN:
Abb. 80
Constructa, 1951
»Alles Konstruierte oder kunstvoll Erbaute« als theoretisches Gerüst schwebender Leichtigkeit.

Karl Oskar Blase schuf das *Orfeu-Negro*-Plakat (Abb. 79) für die *Atlas Film* zur Wiederaufführung im Jahr 1964. Auch seine Konzeption verläßt sich auf die Reduzierung auf starke Farben und einfache Formen. Das Plakat wird beherrscht von fröhlicher südamerikanischer Buntheit. Die Silhouette zweier tanzender Schwarzer und die abgebildete Gitarre sind zugleich realistischer Hintergrund und Verstärkung dieser grafischen Ausgelassenheit. Die Buchstabentypen wurden durch Schablonen gespritzt, also formal auf das Funktionalste reduziert, gleichzeitig durch farbige Nachkolorierung zu malerischen Elementen gestaltet. Der ganze Filmtitel wirkt wie ein farbiges Muster. Bewußt ist keine konkrete Szenerie abgebildet, sondern eine Reihe von typischen Einzelelementen, die für sich oder in ihrer Kombination bestimmte Assoziationen wecken: Gitarre, Tänzer, Fahnen, ein Tamburin, Farbmuster und gespritzte Buchstaben. Im Text werden die sich einstellenden optischen Eindrücke gelenkt und ergänzt: »Ein Rausch von Farben und Musik« und »von urwüchsiger Besessenheit [...] im überschäumenden Karneval des heutigen Rio de Janeiro«.

Die Kombination aus sinnlichem Erlebnis und sprachlicher Information, die das Plakat im Namen des Films bietet, läßt es hier in beispielhafter Weise zu seinem ebenbürtigen Partner und damit zu einem gelungenen Werbeträger werden.

OBEN LINKS:
Abb. 81
Hannover-Messe, 1952
Den Eindruck erdumspannender Internationalität sucht die naturalistisch abgebildete Weltkugel zu vermitteln – 1952 noch der intensivste Wunschtraum des westdeutschen Handels.

OBEN RECHTS:
Abb. 82
Hannover-Messe, 1955
1955 muß der Globus natürlich mit einer ›Nierenform‹ hinterlegt werden.

GEGENÜBER:
Abb. 83
Hannover-Messe, 1962
1962 ›ist man wieder wer‹, kann auf kleinteilige Beweismittel verzichten und sich auch grafisch großzügig geben.

Das Messeplakat

Die Anforderungen an Messeplakate waren ganz andere als die an Filmplakate, aber auch sie erlebten in der Nachkriegszeit eine Konjunktur. Messeplakate waren zukunftsorientierte Visualisierungen des Wiederaufbaus und der wirtschaftlichen Erholung. Sie mußten ›neu‹ erscheinen und wurden deshalb schon früh ›modern‹ gestaltet. Folgerichtig fanden ehemalige *Bauhaus*-Schüler wie Werner Zimmermann hier Auftraggeber. Die Bedeutung der Messeplakate in Deutschland um 1950 demonstriert eindrucksvoll das Schweizer ›International Poster Annual 1950‹. Über 400 Plakate aus der ganzen Welt, mit Beispielen aus allen Anwendungsgebieten, wie Film, Reise, Wirtschaftswerbung, Kultur und Politik, wurden in diesem Jahrbuch vorgestellt. Auch Plakate aus Westdeutschland waren abgebildet: 19 Exemplare, ausnahmslos Plakate zu Wirtschaftsausstellungen.

Die üblichen Werbemethoden waren bei der Gestaltung von Messeplakaten nicht anwendbar. Die Plakate durften nicht zu humoristisch und auch nicht marktschreierisch wirken. Es war eben nicht ihr vorrangiges Ziel, Überzeugungsarbeit zu leisten oder zum Handeln (= Konsumieren) anzuregen. Sie versuchten eher, das angestrebte Ziel – die wirtschaftliche Erholung – als schon erreicht hinzustellen, und diese Behauptung sollte im Gedächtnis der Betrachter gespeichert werden. *Lebendiges Viersen* hieß also 1951 eine niederrheinische Wirtschaftsmesse; *Was wir bringen* lautete 1949 in München der Titel einer Wirtschaftsleistungsschau, die in Schwäbisch Gmünd drei Jahre später *Kunst und Fleiß* und in Mönchengladbach einfach *Jubila* hieß. »International« waren sowieso die meisten der Wirtschaftsausstellungen, zumindest aber »eine Messe für die ganze Welt« oder »mit internationaler Beteiligung«.

HANNOVER
MESSE
29. APRIL – 8. MAI 1962

Auffällig sind die häufigen Anspielungen auf erdumspannende Internationalität auch in den Abbildungen. Weltkugeln demonstrieren die Wiedereingliederung Westdeutschlands in die Weltgemeinschaft. Frieden und wirtschaftlicher Wohlstand waren die wichtigen Anliegen, die in diesen Plakaten transportiert wurden, und so sind sie am ehesten ideologisch zu verstehen: Die freie Marktwirtschaft beherrschte die westliche Welt, und die BRD wollte an dieser Herrschaft wieder beteiligt werden.

Constructa nannte sich eine Bauausstellung (Abb. 80), die 1951 in Hannover stattfand (später trug auch eine Waschmaschine diesen Namen); *Abstracta* hieß zwei Jahre vor der ersten *documenta* (1955) eine Folienkollektion im Produktionsprogramm der *Göppinger Plastics*, eines Produzenten bedruckter Folien. Offensichtlich sollte hier durch den Einsatz von Fremdwörtern der Eindruck neuer, zukunftsorientierter Messeprodukte und -initiativen geweckt werden, ähnlich dem heute üblichen Gebrauch englischer oder amerikanischer Begriffe (vgl. auch Kapitel 19). Ein Rückgriff auf ältere Ausstellungstraditionen hingegen war scheinbar weder möglich noch erwünscht.

»Alles Konstruierte oder kunstvoll Erbaute« könnte die Übersetzung des lateinischen »Constructa« lauten. »Zurück zum theoretischen Gerüst«: nach diesem Motto reduziert auch die Illustration von Kurt Hinterberger die Idee des Konstruierens auf eine fast abstrakte Strichzeichnung. Es entsteht so ein transparentes, stark perspektivisches dreidimensionales Raumgebilde von schwebender Leichtigkeit. Die angedeutete Raumplanung wird durch einfachste rote und blaue Farbfelder wandflächenähnlich vervollständigt. Indem das so entstandene Sechseck wie tänzelnd auf seiner nach unten ragenden Ecke steht, verliert es optisch jede Schwere, man könnte sagen: alles Bodenständige. Nach den Jahren des Nationalsozialismus sicher ein – wahrscheinlich unbewußt – angestrebter Effekt. Eine neue, leichte Zukunft, durchschaubar für alle, sollte erbaut werden, ohne den Ballast klassizistischer Schnörkel.

Die großen Messegesellschaften in Hannover, Frankfurt und Leipzig ließen fast jedes Jahr neue Plakate für ihre Wirtschaftsausstellungen entwerfen, die sich Schritt für Schritt in enger formaler Beziehung zu ihren Vorgängern entwickelten. An drei Beispielen für die *Hannover Messe* aus den Jahren 1952, 1955 und 1962 (Abb. 81–83) soll eine solche Entwicklung aufgezeigt werden.

Betrachtet man die drei Plakate nacheinander, so ist zunächst die stetige Reduktion auf formale Grundelemente am auffälligsten. Das flächengroß naturalistisch gemalte Plakat von 1952 gerät mit zunehmender Vereinfachung der dargestellten Formen zur reinen Zeichendarstellung. Das Messelogo, der Hermeskopf, 1952 und 1955 noch mit der Jahreszahl kombiniert, rückt immer mehr in den Mittelpunkt und wird schließlich zentraler und einziger Bildinhalt. Die Zahl der gestalterischen Elemente reduziert sich von sieben auf drei, und die Helldunkelrasterungen mit Tiefenwirkung verschwinden zugunsten klarer Farben und größerer Kontraste.

Die Weltkugel, 1952 mit Licht und Schatten plastisch gemalt, wird 1955 vereinfacht und bildet 1962 nur noch einen Kreis um den Hermeskopf. 1955 taucht hinter dem Globus eine Fläche auf, die in ihrer Form an eine geometrisierte Niere erinnert: die Vorliebe für die Rundung macht auch vor dem Messeplakat nicht halt. An die ›schrägen‹ frühen Fünfziger gemahnt auch noch etwas die ›dynamische‹ Stellung des Wortes »Hannover«. In zwei Schritten wird die extreme Raumillusion der realistischen Abbildung zunächst, mit dem Eindringen einzelner grafischer Elemente, abgeschwächt, um dann von reiner, plakativer Zweidimensionalität vollends ersetzt zu werden. 1962 ist die Veranstaltung so bekannt, daß der Begriff *Hannover Messe* zur Identifizierung ausreicht, wo vorher die verschiedenen Ausstellungstypen erklärt werden mußten. Nun bedarf es auch keines schmückenden Beiwerks und keiner effekthaschenden Erdkugel mehr, um Eindruck zu machen. Der Ruf der deutschen Wirtschaft ist schon ausreichend gefestigt; man »ist wieder wer«, kann auf ›kleinkarierte‹ Beweismittel verzichten und sich auch grafisch großzügig zeigen.

Schon gegen Ende der fünfziger Jahre begann der Abstieg des Plakats als Werbemedium. Gegenüber den massenhaft vertriebenen Druckmedien war sein Handling zu schwierig, seine Wirkung zu wenig berechenbar. Schließlich übernahmen noch Fernsehen und Radio einen beträchtlichen Teil der Werbebudgets. Lediglich auf der von Herrn Litfaß 1855 erfundenen und nach ihm benannten Säule führt es weiterhin ein Schattendasein, aus dem aber immerhin Anfang der Sechziger das Großflächenplakat hervorging. Auch das Filmplakat hat seine Daseinsberechtigung noch nicht ganz verloren. Künstlerisch gestaltet oder nicht, ist es in der Lage, Filminhalte zu transportieren, die durch formale Reduzierungen verlorengehen würden.

Als die Wirtschaftswerbung nicht mehr vorrangig auf Plakatwänden stattfand, begann sich das Plakatimage zu ändern. Seine besonderen Qualitäten führten zu einer Renaissance als ›alternative‹ Werbefläche. Die ›Außerparlamentarische Opposition‹ nutzte sie in der 68er-Studentenrevolte, wo das Plakat vor allem in Paris noch einmal eine wichtige Rolle spielte. Heute dient das ›alternative‹ Plakat besonders auch den ›wild‹ plakatierenden Musikveranstaltern; weitere Überlebensformen sind das allzuoft zum Selbstzweck verkümmerte Kunstplakat, das Poster und, nach wie vor, das politische Wahlplakat.

11 Vom selbstgenähten Chic zur internationalen Mode

Bekleidungsanzeigen sind ein für die Werbung des hier untersuchten Zeitraums besonders interessantes Thema, denn in ihnen spiegelte sich nach dem Krieg sehr anschaulich der Wandel von der existentiellen Notwendigkeit der Kleidung in der Mangelwirtschaft zur künstlichen Erzeugung von Bedürfnissen im ›Wirtschaftswunder‹. Im folgenden soll versucht werden, diesem Wandel nachzugehen, in der Werbung und in den sie transportierenden Werbeträgern. Da hier vor allem Frauen angesprochen wurden, ist es notwendig, zunächst deren soziale Situation im fraglichen Zeitraum genauer darzustellen.

Die Frauen waren in der ›Stunde Null‹ in einer Lage, in der sie kaum an Dinge wie Mode denken konnten. »Der Kampf ums Überleben (Stichwörter: Obdachlosen- und Flüchtlingseinweisungen, Kriegsverletzungen, Krankheiten, Hunger, Hamsterfahrten, Schlange stehen) und der Wiederaufbau, dem das Abtragen riesiger Schuttberge voranging (Stichwort: Trümmerfrauen), ließen den meisten Frauen weder Zeit noch Kraft, [...] auch nur über ihre Rolle nachzudenken.«[11.1] Viele Frauen entdeckten ohne ihre Männer, wie stark sie sein konnten, weil sie es sein mußten.

Während auf der einen Seite Tendenzen zur Stärkung ihrer Mitverantwortung vor allem in den kulturpolitischen Zeitschriften bis 1947 zu beobachten sind, sahen viele Frauen die private Verwirklichung des Begriffs ›Frieden‹ in der Wiederherstellung der heilen Familienwelt. »Die erzwungene Verhärtung ihres Lebensstils steigerte ihr Bedürfnis, sich endlich wieder weich und weiblich geben zu dürfen.«[11.2] Folgt man dieser Darstellung, so sehnten sich viele nach einem männlichen Familienvorstand und -ernährer und nach ihrer Rolle als Hausfrau und Mutter, und die Medien wie die Werbung schickten sich an, diese Bedürfnisse, die sie selbst mit geweckt hatten, zu befriedigen.

Bis 1948 waren in allen vier Besatzungszonen nur Zeitschriften zugelassen, die der *reeducation* – der Umerziehung der Deutschen zur Demokratie – dienten. Die meisten dieser Periodika stellten hohe Ansprüche an ihre Leser, und selbst in den wenigen Frauenblättern waren die vorrangigen Themen Gleichberechtigung und Mitverantwortung der Frauen in der Politik. Schon 1947 traten hier jedoch Ermüdungserscheinungen bei den Lesern auf. »Eine Umfrage bei 3000 Besuchern einer Presseausstellung in Düsseldorf (Herbst 1947) ergab, daß mehr als drei Viertel der Befragten unpolitische Unterhaltungszeitschriften vermißten.«[11.3]

Diese Lücke wurde 1948 und dann vor allem 1949 nach der Währungsreform mit der Vergabe einer ganzen Reihe von Lizenzen durch die Besatzungsmächte geschlossen. *Constanze, Film und Frau, Die Stimme der Frau* und *Ihre Freundin* deckten seit 1948, *Wir Hausfrauen, Das Blatt der Hausfrau* – die spätere *Brigitte* – und andere seit 1949 mit unterschiedlichen Konzepten diesen Bedarf. Die Versuche, politisches Bewußtsein zu schaffen, verschwanden zugunsten ›feuilletonistischer‹ Unterhaltung. Beratung in praktischen Lebensbereichen ersetzte die Diskussion aktueller Probleme. Küche, Heim, Herd und natürlich auch die Mode waren die den Frauen – wieder – zugeordneten Interessensgebiete; emanzipatorische Ansätze wurden den neuen alten Rollenzuweisungen geopfert (siehe dazu auch Kapitel 13).

Natürlich hatten alle Frauenzeitschriften große Modeteile, in denen sie versuchten, mit den begrenzten Mitteln der Nachkriegszeit den Leserinnen optische Selbstdarstellung zu ermöglichen. Es gab zahlreiche Sonderbroschüren, die nach der Devise »Aus alt mach neu« Ratschläge zum Umarbeiten und Kombinieren vorhandener Stoffe gaben. Hier diktierte die Materialknappheit die modischen Entwicklungen. Aus Uniformen, Tischtüchern, Vorhängen und Sofadecken wurden Anzüge und Kleider. (*Berlins Modenblatt* berichtete 1948 erstmals über den in Paris von Christian Dior kreierten *New Look* und erntete Proteststürme wegen des großen Stoffverbrauchs.[11.4]) Die meisten Zeitschriften hatten große Strickabteilungen und viele auch regelmäßige Schnittmusterbeilagen oder boten solche zumindest zur Bestellung für die vorgestellten Kleider an. In den Moderubriken wurden häufig entsprechende Stoffe und Stoffmuster besprochen. Noch 1953 betonte die »Wochenschrift der Frau« *Libelle* unter der Überschrift »Die Muster von morgen« die Vorzüge preiswerter neuer Stoffmuster: für den Stoffproduzenten, wenn das Stoffdessin nicht ankam (»Die Quittung ist stets finanzieller Natur: der Stoff ›geht‹ nicht, der Fabrikant bleibt auf seinem Stoffballen sitzen oder muß ihn weit unter dem Herstellungspreis abstoßen.«), und für die potentiellen Käufer (»Vor allem soll versucht werden, auch billige Stoffe so zu bedrucken, daß sie wie wertvolle und sehr teure Stoffe wirken. Entsprechend bedruckter Kretonne zum Beispiel ist kaum mehr von Seide zu unterscheiden«). Sogar der Entwurf selbst scheint unter finanziellem Druck entstanden zu sein: »Mit zwei, höchstens drei Farben, die scharf abgegrenzt nebeneinandergesetzt werden, will man noch hübschere Wirkungen erzielen als mit vier bis sechs Farben.« Denn das käme dann allen Frauen – und deren Ehemännern – zugute. »Damit könnte sich – und das ist nicht unwesentlich – auf dem Textilmarkt eine weitere Verbilligung anbahnen.«[11.5]

In der ersten Hälfte der fünfziger Jahre machte man mit »Improvisiert ist letzter Chic« aus der Not eine Tugend. Nach dem »Aus 2 mach 1« der Nachkriegsjahre galt nun: »Aus 1 mach 12.« Es war die große Zeit der Kombinationstips (»Mit wenigen Mitteln – viele hübsche Lösungen«) – weil sie preiswert und abwechslungsreich waren. Vor allem preiswert war also der *Constanze*-Modetip von 1950, ein Kleid für 30,19 Mark; und die Beschränkung wurde sogleich in einen Vorzug umgedeutet (»Das *Constanze*-Kleid ist zeitlos, unauffällig und elegant«). Die – technisch bedingte – Präsentationsweise der Schnitte in den Zeitschriften ließ sich auch zu ihrem Vorteil einsetzen. Selbst biederste Mode konnte in Zeichnungen durch einen eleganten Strich optisch aufgewertet werden, und schöne, schlanke Modelle lenkten von mangelnder Raffinesse des eigentlich beworbenen Kleidungsstücks ab (vgl. Abb. 43).

Von 1953 an begann die Pariser Haute Couture auch in Westdeutschland Fuß zu fassen. Nachdem Diors *New Look* einmal akzeptiert worden war, wurde die jetzt von ihm vorgenommene Kürzung der Röcke zunächst heftig bekämpft: »Hunderttausende Frauen in aller Welt haben wohl in diesen Wochen spitze Schreie der Empörung ausgestoßen: der Pariser Modekönig Christian Dior hat nämlich versucht, die Mode der kurzen Röcke wieder einzuführen.«[11.6] Doch auch seine Tulpenlinie und danach die H-Linie und alle weiteren Linien wurden zu Vorbildern für zahllose Schnittmustervorschläge. Nach dem ›Sack‹ – auch der noch als Schnitt im *Stern,* zum Selberschneidern für 30 Mark – kam 1958 die Welle des Sechziger-Jahre-*New Look* aus London, vor allem in Form von Mary Quants Minirock. Als »Top-Mode für die Masse« zunächst nicht beachtet, gab sie jedoch bald den Anstoß zu einer großen Gegenbewegung.[11.7]

In der Bekleidungswerbung lassen sich viele dieser Entwicklungen nachvollziehen. Erhaltung und Eigenproduktion von Kleidung spielen, wie schon gesehen, in den Anzeigen von *Uhu-Line* (Abb. 39, 42), *Osram* (Abb. 9) und *Fewa* (Abb. 48) eine wichtige Rolle. »Haltbar« sind die *Hudson*-Strümpfe (Abb. 3), und die in Abbildung 96 angebotenen Strickjacken in *Dralon*-Qualität sind vor allem »praktisch [...] mühelos zu waschen [...] filzen niemals und schmecken den Motten nicht«.

Bis 1952 beschränkte sich das Werbevokabular der Mode hauptsächlich auf einfache Begriffe wie »gut«, »schön« und »qualitätvoll« – wenn überhaupt auf Äußerlichkeiten eingegangen wurde. *Dornbusch*-Hemden wurden 1952 noch funktional »*Dornbusch*-Herrenwäsche« genannt. Ein Konkurrent gab sich den Namen *Eterna,* was wohl ewige Haltbarkeit beschwören sollte (Abb. 65, 84). Für die Hemdenfirma *Nikoline* war der Preis das wichtigste, also optisch am größten präsentierte Argument. Auch der Damenmantelhersteller *Arconda* warb 1953 mit der »besonderen Preiswürdigkeit« seiner Produkte. »Auf den Stoff kommt es an ...«, wußte *Nino-Trux* in der entsprechenden Anzeige für Blusen, Hemden und Schlafanzüge. Noch 1953 wird in einer Anzeige für »Kleidung aus echt *Nino-Flex*« gleichzeitig das »Spezial-Imprägnierungsmittel *Nino-Flex*« beworben. Einfach »selbst waschen und im-

prägnieren«, und siehe da: »Tatsächlich – der Mantel ist wieder wie neu!« Seine äußere Form hingegen (Abb. 53) wird noch 1955 mit keinem Wort angepriesen. Allein funktionale Gründe nennt der Werbetext, um zum Kauf zu bewegen.

Vor allem *Diolen* profilierte sich mit Begriffen wie »praktisch, unempfindlich« und »strapazierfähig«. Selbst »die Bügelfalten in der Hose« waren »stoffecht und permanent«, also »auch ohne Bügeln immer chic«. Bald konkurrierte auf dem Markt eine große Anzahl pflegeleichter Kunstfasern: *Perlon, Dralon* und *Trevira.* Den Herren bescherte das bügelfreie Hemd zusätzliche Vorteile. Wen der Slogan »Nimm ein *Dornbusch* 1.2.3 und das Bügeln ist vorbei!« nicht überzeugte, der reagierte vielleicht auf den englischen Ausdruck »non iron«. Ihren Zenit erreichte diese Entwicklung Anfang der sechziger Jahre schließlich mit dem Siegeszug der *Nyltest*-Hemden. Auch wenn all diese Anzeigen »einen gewissen Chic« zu lancieren versuchten, so war das, was dabei herauskam, doch immer noch – umstandsbedingt – vor allem haltbar und »ordentlich«.

Erst in der zweiten Hälfte der fünfziger Jahre sollten differenzierte Geschmacksbegriffe in den Anzeigen auftauchen. »Für die Damen« begann die individuelle Profilierung mit den *Nylon*- und *Perlon*-Strümpfen. *Ergee*-Produkte formten das Bein »besonders schlank«; die von *Arwa* versprachen unter dem Motto »Ein Strumpf geht um die Welt« »ein klassisch elegantes Bein«; der *Tilly*-Strumpf seinerseits bot farblich »eine bezaubernde Auswahl neuer Schattierungen«. Schlüpfer von *Juventa* hießen jetzt *KoKett* und sollten wohl auch der Trägerin zu ebensolcher Wirkung verhelfen. Die *dralon*-Anzeige (Abb. 96) versuchte es 1959 neben zahlreichen anderen Argumenten ganz zaghaft mit »echter Eleganz«. Mäntel, die noch wenige Jahre vorher als »tip-top« gelobt worden waren, entwickelten plötzlich »Pariser Chic« oder wurden, völlig gebrauchsunabhängig, zu »Top-Modellen«.

GEGENÜBER:
Abb. 84
Eterna
Wie ein Blick ins Schaufenster: 1952 war die wieder erreichte freie Verfügbarkeit des Konsumartikels noch Hauptanliegen einer Anzeige.
Aus: *Das Beste aus Reader's Digest* 12/1952

OBEN:
Abb. 85
Rosenthal
1953 in der Massenkleidung noch unerreichbar, hier aber schon mal als modisches Accessoire zum beworbenen Produkt vorgeführt: mondäne Eleganz.
Aus: *Freundin* 26/1953

GEGENÜBER:
Abb. 86
Herrenoberbekleidungsindustrie
Endlich wieder eine echte Aufgabe für die Werbung: die künstliche Schaffung von Bedürfnissen. Aber die führt zunächst zu einem formalen Desaster.
Aus: *Praline* 17/1959

Gegen Ende der fünfziger Jahre begann dann die große Zeit der Gemeinschaftsanzeigen. Neben der Schuhindustrie (Abb. 143) oder einzelnen Zweigen der Getränkebranche wie Kaffee und Bier (Abb. 104) versuchten vor allem die Oberbekleidungshersteller auf diese Weise den Trend zum Fertigprodukt zu lenken. »... natürlich *fertig* gekauft« und »... öfter mal was Neues« war nun die Devise (Abb. 86) – was sogleich ein Problem aufwarf: »Wie kann man einen Mann dazu bewegen?« (Abb. 102). Neue Bedürfnisse mußten geweckt und ein neues Vokabular für ihre Artikulation entwickelt werden. Ähnlich wie beim Seifengebrauch (Kapitel 4) gelang auch im Bereich der Mode eine bestimmte Rollenzuweisung an die Frauen, die der deutschen Oberbekleidungsindustrie, die heute die umsatzstärkste der Welt ist, einen dauerhaften Absatzmarkt sicherte. »Stil«, »Mode« und »Eleganz« waren die wichtigsten neuen Begriffe, die zur individuellen Profilierung im aufkommenden Wohlstand ausgegeben wurden. Mit ihnen erreichte Westdeutschland auch in der Mode wieder internationalen Anschluß – was bedeutete, daß es von nun an, wie fast alle anderen Länder, mehr oder weniger dem Diktat aus Paris folgte.

Vier Abbildungen sollen Entwicklungsstadien der Mode in den Anzeigen noch einmal verdeutlichen.

1952 wirbt *Eterna* mit einer sehr traditionell gestalteten Anzeige (Abb. 84) für ihre Herrenhemden. Sie besteht hauptsächlich in der Präsentation dreier fast gleicher Hemden und des Firmennamens, der zusätzlich auf jedem Hemd zweimal wiederholt ist. Die dunkle Anzeigenfläche wird eingerahmt von einer schmalen, an den Ecken abgerundeten Linie, die die ›zeitgemäße‹ Darbietung der Produkte, wie in einem Schaufenster, verdeutlicht. Der Bezug zu den nach der Währungsreform plötzlich wieder gefüllten Schaufenstern belegt das Hauptanliegen dieser Werbung: die wieder erreichte freie Verfügbarkeit von Hemden zu dokumentieren. Die drei unterscheiden sich nur durch die leicht verschieden geschnittenen Kragen voneinander, selbst die Stoffmuster sind die gleichen. Sie sind in sehr ähnlicher Form und Größe arrangiert, und folgerichtig beschreibt sie auch der Werbetext als »eines so schön wie das andere«.

»Schön« und »gut« und verfügbar in einer, wie der Markenname glauben machen will, unvergänglichen Qualität: das bedeutete 1952 die Erfüllung fast aller Ansprüche, die an ein Hemd gestellt wurden. Für alle, die ein derart gefülltes Schaufenster in ihrer Umgebung nicht entdecken konnten, enthält die Anzeige einen »Bezugsquellen-Nachweis«; als Adresse reichten damals noch Firmenname und -standort.

Die Anzeige bietet mit einfachsten gestalterischen Mitteln die Befriedigung existentieller Bedürfnisse nach Bekleidung an, einer Bekleidung, deren vollständige Uniformität lediglich durch die unterschiedliche Hemdkragenform verhindert wird – was die These stützen würde, daß die Wünsche in der deutschen Nachkriegszeit immer noch eher kollektiver Art waren.

Einen ganz anderen Typ ›zeitgemäßer‹ Modeanzeige markiert die *Rosenthal*-Werbung (Abb. 85). Was an Eleganz 1953 in der Bekleidungswerbung noch nicht möglich war, präsentiert sie hier indirekt als modisches Accessoire. Ein Porzellan-Service, gestaltet von Amerikas »Entwerfer Nr. 1«, Raymond Loewy, wird im Kontext eines Modefotos vorgestellt, das stark an den Stil des Fotografen Richard Avedon

„sie“ so chic, und wie geht „er“?

Szene **1**

Man sieht es auf den ersten Blick: zu einer elegant und modern gekleideten Frau gehört auch ein modern angezogener Mann.
Die Damen haben es leichter, sich nett anzuziehen? ... Nein, auch für Sie, meine Herren, ist öfter mal ein neuer Anzug, öfter mal ein neuer Mantel heute wirklich kein Problem mehr.

... natürlich **fertig** gekauft

aussuchen - anziehen - sich wohlfühlen

GEGENÜBER:
Abb. 87
Trevira
Fundiertes Handwerk: »Die Trevira-Leute haben es jedoch geschafft. Sie haben für ihre Faser einen festen ›Rahmen‹ gefunden, dessen Kraft und Wiedererkennbarkeit ausreichen, die vielen und wechselnden Moden dauernd zu fassen und zu binden.«
Aus: *Für Sie* 20/1963

erinnert. Die weichen Rundungen des Porzellans werden durch die weiblichen Formen einer eleganten jungen Frau zu einem stilvollen Ambiente ergänzt.

Eine aufwendige Anzeigengestaltung unabhängig von der Illustration findet hier nicht statt; der Wirkung des Fotos setzt der Text nichts entgegen. In bescheidenen kleinen Lettern unter dem Foto angeordnet, stellt er inhaltlich eine Verbindung zur deutschen Nachkriegswirklichkeit her: »Aus dem Geist unserer Zeit« – also aus Amerika – kommt das »in seinem Schwarz-Weiß-Kontrast besonders aparte Dekor ›Domino‹.«

Mit der nüchternen Abbildung serieller Grundprodukte hat die *Rosenthal*-Anzeige nichts mehr gemein. Das modische Design des Kaffeeservices, die ›en vogue‹ gekleidete Frau im Hintergrund – mit extravagantem Hut und teurer Halskette – lenken die Wünsche der Zeitungsleser in eine ganz neue Richtung: individuelle Profilierung durch Angleichung an internationale Modetrends – hier aus Amerika. Solange das auf dem Gebiet der Bekleidung noch nicht möglich war, bot sich wenigstens das abgebildete Porzellan zur Selbstdarstellung an.

Einen wichtigen Schritt in Richtung Konsolidierung künstlich geschaffener Bedürfnisse macht die Anzeige der Herrenoberbekleidungsindustrie (Abb. 86) aus dem Jahr 1959. Konzeptionell steht sie genau auf der Schwelle zur heutigen Konsumgesellschaft. Die Grundbedürfnisse nach Bekleidung sind augenscheinlich befriedigt: Sie ist reichlich vorhanden – fast schon zu reichlich. Die ›Damenwelt‹ konnte offenbar schon wieder zum Kauf modischer Kleidung überredet werden, was ihr die Anzeige großzügig bescheinigt: » ›sie‹ so chic«, »eine elegant und modern gekleidete Frau«. Das Problem sind die Männer: »und wie geht ›er‹?« Es rächt sich nun, daß die Gesellschaft bislang nur den Frauen ein ›anziehendes‹ Äußeres vorschrieb. Auch die Männer sollen jetzt zur Produktionssteigerung modische, zeitgeschmackabhängig wechselnde Bekleidung tragen. Aktiv werden müssen aber – natürlich – wieder die Frauen, denn: »zu einer elegant und modern gekleideten Frau gehört auch ein modern angezogener Mann«.

Aber die Anzeige soll noch viel mehr leisten. Die Männer dürfen sich, wie bis in die späten Fünfziger üblich, keinesfalls mehr etwas Neues schneidern lassen – womöglich gar von ihren Gattinnen (ein weiterer Grund, sich mit dieser Werbung an die Frauen zu wenden). Die Wirtschaft ist inzwischen so in Schwung gekommen, daß Fertigprodukte auch an Männer abgesetzt werden müssen. Da das aber so deutlich nicht gesagt werden kann, schiebt man ihnen einfach den Schwarzen Peter zu: »Nein, auch für Sie, meine Herren, ist öfter mal ein neuer Anzug, öfter mal ein neuer Mantel heute wirklich kein Problem mehr.« Im gemeinsamen Interesse, diese grundsätzliche Forderung nach Verhaltensänderung durchzusetzen, hat sich hier eine ganze Industrie, die Produzenten der Herrenoberbekleidung, für eine Gemeinschaftskampagne zusammengetan.

Ob so vieler inhaltlicher Vorgaben geriet die Werbung zum formalen Desaster. Das auffälligste gestalterische Element ist eine fette gestrichelte Linie, die die Anzeigenfläche in zwei Hälften teilt. Ein kleines Strichmännchen und ein Hinweis auf einen größeren Zusammenhang, »Szene 1«, sind ohne formalen oder inhaltlichen Bezug hinzugefügt. Zwar wurde versucht, durch den Einsatz nur einer einzigen Schrifttype die grafische Unruhe in Grenzen zu halten, aber sieben verschiedene Schriftgrößen und eine unausgewogene Gesamtkomposition lassen die Anzeige

man trägt WINTER TREVIRA

Silhouette '63

Fließend und weich — so präsentiert sich die Silhouette des stilvollen Complets für Herbst und Winter 1963. Das Material für diese Kombination — WINTER-TREVIRA mit 45 % Schurwolle und schwarz-weiß Pepita aus TREVIRA Cardé mit 45 % Schurwolle. WINTER-TREVIRA — das sind speziell für die kühle Jahreszeit geeignete warme, weiche und wollige Stoffe mit den bekannten Eigenschaften: bügelfaltenbeständig, leicht zu pflegen, formbeständig und immer elegant. Informieren Sie sich durch die Schaufenster. **Man trägt WINTER-TREVIRA mit Schurwolle.**

TREVIRA HOECHST

1863 HUNDERT JAHRE HOECHST 1963

Auskünfte durch den TREVIRA-Dienst BT 1086 der Farbwerke Hoechst AG, Frankfurt (M)-Hoechst

optisch auseinanderfallen – was natürlich nicht bedeutet, daß sie ein Mißerfolg gewesen wäre.

1963 hat sich die Modewerbung stilistisch schon sehr weit entwickelt, wie das Beispiel *Trevira* (Abb. 87) beweist. »Fließend und weich« ist die Linie des »stilvollen Complets«, die für ein reizvolles, kontrastreiches Spiel mit dem geometrischen Rahmen genutzt wird. Eine stilistisch sichere Gesamtgestaltung führt zusammen mit dem geschickt freigestellten Foto unter dem Motto »Silhouette '63« zu einer ansprechenden, typischen ›Grafiker-Anzeige‹.

Der Text besteht aus Logo, Headline und Textblock und transportiert eine dezente Mischung aus Information, Suggestion und Versprechen. Er muß offenbar nicht mehr die Schwierigkeiten überwinden, die aus der Abbildung 86 noch so deutlich herauszulesen waren.

Das ›Jahrbuch der deutschen Werbung '64‹ stellt diese Kampagne der Münchener Agentur Dorland unter dem Titel »Konsequenz ist wirtschaftlicher« in Text und Bild vor. In der Beschreibung wird hingewiesen auf die Schwierigkeiten, »die Seelenstärke« aufzubringen, »jahrelang einen bestimmten stilistischen Kurs zu fahren und zu halten«. »Die Trevira-Leute haben es jedoch geschafft. Sie haben für ihre Faser einen festen ›Rahmen‹ gefunden, dessen Kraft und Wiedererkennbarkeit ausreichen, die vielen und wechselnden Moden dauernd zu fassen und zu binden: Sie sind sich nicht selbst von der Fahne gegangen.«[11.8] Modische Bekleidung ist zum festen Umsatzfaktor geworden, und die Werbung – vor allem ihre grafische Gestaltung – ist in einer Anzeige wie dieser der Wiedererkennbarkeit des Produkts und also der Umsatzentwicklung untergeordnet.

12 Die dritte Konjunktur: eine neue Eleganz

Mit dem aufkommenden Wohlstand entwickelte sich gegen Ende der fünfziger Jahre eine Vorliebe für »Eleganz«, die den meist etwas biederen »Chic« ablösen sollte. »Nur Pessimisten sehen zu, daß sie ›irgendwie unterkommen‹«, war die Devise der ersten *Schöner Wohnen*-Ausgabe im Jahr 1959.[12.1] Die Regale in den Kaufhäusern waren reich gefüllt, und die meisten Menschen besaßen wieder das Lebensnotwendige. Nun wollten sie ein wenig Luxus genießen und »mit Stil« leben. Da für einen echten Stil Anknüpfungspunkte an eine Tradition fehlten, entwickelte sich auf breiter Basis ein allgemeiner Trend zur schnell vergänglichen »Eleganz«. Inzwischen etablierte Modezeitschriften erlebten ihre Hoch-Zeit, neue entstanden: *Er, Madame, Elegante Welt, Der Herr, Chic, Schöner Wohnen* und andere.

Im Feld der Gestaltung bedeutete das eine letzte Konjunktur der Rundung in gestreckter, ›disziplinierter‹ Form. Nach der ›vulgären‹ Nierenform geometrisierten nun ›Stylisten‹ die Kreisbewegung zur eleganten, leichten Kurvenlinie.

Vor allem die Autodesigner, die mit der Betonung der »Eleganz« schon etwas früher begonnen hatten, produzierten »Schönheit aus dem Windkanal« mit der »aerodynamisch richtigen Karosserie«. Die zur *streamline* gestreckte Rundung war in den USA schon länger Formprinzip für zahllose Gebrauchsgegenstände und wurde nun in Europa von den Designern durch »Eleganz« veredelt. Frei nach dem im *Bauhaus* herrschenden Grundsatz glaubten viele Formgeber, daß »Schönheit und Technik harmonieren« in der »hervorragend geglückten Synthese von harmonischer Schönheit und vollendeter Zweckmäßigkeit« (so die gebetsmühlenhafte *Opel*-Werbung). Insbesondere die »First Lady unter den Automobilen«, *Borgwards Isabella,* »repräsentierte in stilvoller Eleganz den kultivierten Geschmack ihres Besitzers« – wenigstens laut Werbetext.

Für den gehobenen Geschmack und die wieder gefüllten Geldbeutel pries von 1958 an die *Lufthansa* ihren »Senator-Luxusdienst« auf den Flügen nach New York in eleganten ganzseitigen Anzeigen. Die »Lounge« bildete »den gesellschaftlichen Mittelpunkt an Bord«, und bei einem »ausgezeichneten Cocktail oder den erlesenen Leckerbissen des Bordkochs« wurde »zwanglos geplaudert«. Der Erfolg dieser Imagekampagne bescherte in den frühen sechziger Jahren auch den Nichtfliegern mit dem *Lufthansa Cocktail* das Gefühl, »vergnügt über dem Alltag zu schweben«.

Auch im kleinen wurde der graue Alltag mit ein bißchen Luxus verschönt. »Wir alle lieben Luxus«, behauptete eine Anzeige für die Alkohol-Zahncreme *Luxus* (mit 35 % Alkohol!). »Kennen Sie den kleinen Trick, sich mit kleinen Mitteln ein Hochgefühl an Lebenslust zu schaffen? Sich auch im Alltäglichen mal was besonderes leisten, einen Luxus, eine – nicht zu teuere – liebenswerte Extravaganz, zum Beispiel: gleich morgens nach dem Schwupp aus dem Bett – die Alkohol-Zahncreme *Duro-Luxus*«. Luxuriös war auch die von 1959 bis 1963 beliebteste Frisur, die *Farah-Diba-Frisur*[12.2] (ein hochtoupierter Haarknoten), und die »eleganten *Perlon*-Strümpfe« von *Kunert* hießen für einige Jahre *Soraja.*

In der Architektur sorgten der Verzicht auf jegliche Ornamentik und die Verwendung funktionaler Materialien wie Eisen, Glas und Beton für eine neue großzügige und klare Ästhetik. Da, wo Rundungen auftauchten, entstanden elegante, schwungvolle Raumlinien, heute noch sichtbar im Kölner *Kaufhof*-Parkhaus oder im aufwendigen Treppenhaus des Kölner Gürzenich. Die in der Innenarchitektur üblichen Materialien waren helles Holz, einfarbige Teppichböden und Würmchenputz. Die Oberflächen waren entweder kunststoffbeschichtet oder erstrahlten als eloxiertes Aluminium. So brachte *Resopal* »strahlende Eleganz« selbst in die Küche, die schon vom »Glanz durch Edelstahl« erfüllt war. »Edle Form zu höchster Eleganz gesteigert«, lobte *Arzberg* sein *Kaffeeservice 2025.* Sogar Teppiche, die von *Herford,* wurden »elegant, modern und dezent«.

Acht Beispiele aus der Werbung sollen nun zeigen, daß diese allgegenwärtige »Eleganz« auch die Anzeigengestaltung beeinflußte.

Zwei sehr nüchterne, ›technische‹ Anzeigen, die in ihrer Wirkung aber schon ganz auf die neue »Eleganz« setzen, hat *Opel* 1954 und 1955 entwerfen lassen (Abb. 88, 89). Beide bestehen aus drei Elementen – aus dem realistisch dargestellten Auto, verschiedenen abbildhaften Hinweisen auf technische Zeichnungen und einer relativ großen Menge Werbetext. Alle drei betonen den Informationscharakter der Anzeigen: Den präzise ausgeführten Illustrationen entsprechen die detaillierten technischen Beschreibungen. Das Auto wird nicht als Gebrauchsgegenstand des täglichen Lebens, sondern als technisch hochentwickelte Maschine vorgestellt. In den Abbildungen wie in den Texten überwiegen die theoretischen Aspekte gegenüber den praktischen.

OBEN:
Abb. 88
Opel
Die ersten, die auf die neue Eleganz setzten, wußten: »Schönheit und Technik harmonieren.«
Aus: *Innen-Dekoration* 6/1954

Trotzdem verweisen beide Anzeigen auch nachdrücklich auf die optische Form des Wagens. In der Analogie von Illustration und Werbetext wird der *Bauhaus*-Grundsatz »Form folgt Funktion« umgemünzt zu »Schönheit und Technik harmonieren« und zum Slogan »Wenn Eleganz allein entscheidend wäre ...« überhöht. Diesem Ansatz folgen auch die zusätzlichen Gestaltungselemente. Stechzirkel und Kurvenlineal – Indizien einer anhaltenden Vorliebe für die Rundung in der Formgebung –, Millimeterpapier und Konstruktionszeichnungen sind Hinweise auf die Bedeutung der Autodesigner. Selbst die als Dekorations- und »Schönheits«-Assoziationselement unverzichtbare junge Frau ist wie in einer technischen Zeichnung präsentiert. Für das Leitmotiv der Überschrift wird hier ein weiterer Nachweis geführt: Schöne Frauen und *Opel* passen zusammen.

In übertriebener Weise suchen beide Werbetexte die Verbindung zwischen eleganter Form und ausgereifter Technik herzustellen. »Stylisten« werden vorgestellt, deren Aufgabe es ist, »die Forderungen der Ästhetik mit den Notwendigkeiten der Technik auf einen Nenner [zu] bringen«. Für alle, die's noch nicht verstanden haben, erklärt es der nächste Satz ein weiteres Mal, etwas umformuliert: Es wird »Schönheit gegen technische Zweckmäßigkeit abgewogen«. Schließlich wird auch die Überschrift abermals wiederholt: »Schönheit und Technik harmonieren«.

OBEN:
Abb. 89
Opel
»Wenn Eleganz allein entscheidend wäre ...«, wäre dieser Opel sicher heute noch ein Verkaufsschlager.
Aus: *Die Kunst* 10/1955

Die zweite Anzeige zieht in einem Satz alle Register: »In einer hervorragend geglückten Synthese von harmonischer Schönheit und vollendeter Zweckmäßigkeit ist mit dem neuen *Kapitän* der Idealwagen von morgen schon heute Wirklichkeit geworden.« So wird an »dieser glanzvollen *Opel*-Schöpfung« vor allem der Repräsentationscharakter und nicht der alltägliche Gebrauch herausgestellt, was in dem Slogan »*Opel* der Zuverlässige« nur angedeutet wird.

Da der *Opel Kapitän* trotz der Beteuerung, er sei aus »dem *Opel*-Studio, dem großen europäischen Entwurfs-Atelier«, recht amerikanisch aussieht, versucht der Text, sich an der US-Mutterfirma zu profilieren, sich aber gleichzeitig auch von ihr abzusetzen. Der angebotene Wagen bietet zwar »Fahrkomfort, wie man ihn bisher nur bei den großen ›Amerikanern‹ kannte«, seine »Sparsamkeit dagegen ist echt europäisch«.

Die durchaus gelungene Eleganz in der Linienführung der beiden Limousinen darf als Beleg für die in den fünfziger Jahren noch vorherrschende Anerkennung der künstlerischen ›Formgeber‹ im Kraftfahrzeugbau gelten. Und den Anzeigen gelingt es, die Behauptung »Schönheit und Technik harmonieren« glaubhaft darzustellen.

GEGENÜBER:
Abb. 90
Opel
Der *Rekord*-Fahrer macht gegen die Konkurrenz das Rennen und läßt die Dame nicht im Regen stehen.
Aus: *Chic* 40/1959

1959 ist die Eleganz der *Opel*-Automobile so selbstverständlich geworden – inzwischen sind fast alle Autos »elegant« –, daß in der Werbung (Abb. 90) darauf kein Bezug mehr genommen zu werden braucht.

Formal entspricht die Anzeige dem Sechziger-Jahre-Muster (siehe Kapitel 15), und inhaltlich versucht das Foto schon wie im Werbefernsehen, der neuen Konkurrenz, eine ganze Geschichte zu erzählen:

Eine elegante junge Dame gerät unversehens in einen Regenschauer. Trotz des Schutzes durch Schirm und Mantel hält sie Ausschau nach einer Verbesserung ihrer Situation. Die eleganten weißen Lederhandschuhe lassen nicht erkennen, ob sie einen Ring trägt, der sie als Ehefrau oder Verlobte ausweisen würde. Das Foto bringt sie jedenfalls mit zwei Männern in Kontakt, die sich mit unterschiedlichem Erfolg um sie bemühen. Der eine, gezwungen, sich mit Hut und hochgeschlagenem Mantelkragen vor dem Regen zu schützen, grüßt, findet aber keine Beachtung. Der andere, stolzer Besitzer eines *Opel Rekord,* kann Trockenheit und Chauffeurdienste bieten und macht so das Rennen.

Für Frauen war es offenbar wegen der wenigen heiratsfähigen Männer nach dem Krieg in den fünfziger Jahren sehr wichtig, darauf zu achten, daß sie »nicht im Regen stehengelassen wurden«, nicht alleine blieben. Da bedeutete es schon doppeltes Glück, wenn der erreichte Märchenprinz auch noch einen eleganten Wagen »wie geschaffen für die Dame des Hauses« sein eigen nennen konnte.

Was ein Mann mit Auto einer Frau sonst noch alles zu bieten hatte, vermittelt der Werbetext geschickt zwischen den Zeilen: »Behaglichkeit«, »Stabilität« bei »Regen, Sturm oder Sonnenschein«. Die »Sicherheit« wirkte auf sie »beruhigend«, »komfortabel und bequem«, sie war »geborgen«. Und dann war da ja noch der gutaussehende Wagen, »in dem man [!] gut aussieht«.

Während der Text nur en passant die optische Eleganz des Autos erwähnt, zeigt das Foto in einer raffinierten formalen Korrespondenz um so deutlicher den herrschenden Zeitgeschmack an. Weißwandreifen und weißes Autodach flirten mit eleganten weißen Lederhandschuhen; Chromstoßstangen und -zierleisten harmonieren mit dem Schirmstock; das Streifenmuster des Kühlergrills wiederholt sich im Stoffmuster des Schirms; die rote Farbe des Wagens findet ein optisches Pendant in einer feinen grafischen Linie, die Textblock und Foto verbindet. Bei soviel Harmonie und Eleganz ist es selbstverständlich, daß der *Rekord* ein »Modell« genannt wird.

Fortschrittlich an dieser Werbung war die optische Präsentation des Autos ›im Gebrauch‹. Nicht mehr die Technik, die Konstruktion, die Theorie waren wichtig, sondern das Gefühl, das sich beim Fahren einstellte. Im Gegensatz zur in den Abbildungen 88 und 89 verfolgten Strategie entstand so eine Anzeige, die primär auf Emotionen des Lesers zielte. Der Werbetext bezieht sich folgerichtig ausschließlich auf den Einsatz des *Rekord* im täglichen Verkehr. »Kursstabilität bei Seitenwind, beruhigend gute Straßenhaftung« und: »Leicht und mühelos fährt man ihn«. Tatsächlich wirkt auch die ganze Anzeige »beruhigend« – keine PS-Protzerei, kein Geschwindigkeitsfimmel, überhaupt kein Hinweis auf erfolgreich aggressiven Einsatz im Straßenverkehr. Die elegante Form des Wagens ermöglichte männlich-individuelle Profilierung auf einem ganz anderen Gebiet, beim Kontakt zum anderen Geschlecht – so die Anzeige. Und dieser Kontakt spielte sich dann auf dem hohen formalen Niveau eines *Opel Rekord* ab.

Regen, Sturm oder Sonnenschein – geborgen im REKORD bei jedem Wetter. Kursstabilität bei Seitenwind, beruhigend gute Straßenhaftung – für Sicherheit ist vorgesorgt. Genauso für die Behaglichkeit. Komfortabel und bequem ist dieser Wagen. Leicht und mühelos fährt man ihn. Ein Wagen, wie geschaffen für die Dame des Hauses … ein Wagen, der gut aussieht und – in dem man gut aussieht.

REKORD DM **6385.-** a.W.

Informieren Sie sich über die Modelle mit automatischer Kupplung

OPEL

der Zuverlässige

ADAM OPEL AG · RÜSSELSHEIM A. M. · OPEL-Dienst im In- und Ausland

OBEN:
Abb. 91
Ford
Verspielte künstlerische Eleganz im Türquerschnitt, aber der Ton wird härter: *Ford*-Fahrer waren »so stolz« auf seine Motorkraft.
Aus: *Der Spiegel* 51/1959

GEGENÜBER:
Abb. 92
Eppens
Bageritz' eleganter Strich unterstützt Raymond Loewys eigenwillige *Form 2000* mit einem stilvollen Ambiente.
Lesezirkel-Umschlag, 1959

Eine ziemlich ausgefallene Anzeige (Abb. 91) lancierte *Ford* im Jahr 1959: Ihr formal bestimmendes Element ist der Querschnitt der auf dunklem Grund freigestellten Fahrertür. Viel größer abgebildet als das eigentlich zu bewerbende Produkt, entfaltet er seine elegante Linienführung in fast abstrakten Formen. Die Gestaltung des *Ford Taunus 17 M* zeugt schon von der auch im Autodesign immer stärkeren Vorliebe für die sachliche Gerade. Nur der Türquerschnitt bietet noch einmal Linien, die mehr dem Formwillen des Gestalters als einer geometrischen Kurvenformel entsprungen sind. Die abgerundeten Formen von Türgriff und Rückspiegel sind allerdings schon auf grafische Grundschemata reduziert. Trotzdem hat das Auto noch Weißwandreifen und ein weißes Dach: an diesen Merkmalen von Eleganz kam um 1959 auch der rasante *Ford Taunus 17 M* nicht vorbei.

Der Text rechtfertigt die Abbildung des Türquerschnitts mit dem Hinweis auf »Sicherheit«: »Schutz einer Doppelwandkarosserie« und »Sternriegelverschluß«. Überhaupt wird hier in recht aggressivem Ton versucht, den *Ford*-Slogan »Die Welt vertraut *Ford*« mit Beweisen »für *Ford*-Sicherheit« zu untermauern. Die Teilung schon des ersten Adjektivs in die Bestandteile »Schlag« und »kräftiger« bereitet auf den übrigen Text vor, wo die Verkaufsargumente der »Stärke« eine deutliche Sprache sprechen. »Rasante Beschleunigungskraft« macht »alle *17 M*-Fahrer so stolz«, denn »Überholzeiten schrumpfen auf Sekunden zusammen«. Nüchternes Zahlenmaterial zu PS, Drehmoment, Kaufpreis, Haftpflicht- und Steuerkosten komplettieren den Eindruck einer Anzeige für Männer.

Die aggressive Zackenlinie der Zierleiste und das in eine fantastische Zukunft anonymen Massenverkehrs weisende Nummernschild ›XY-Z-172‹ lassen ahnen, daß allzubald das Miteinander im Straßenverkehr nicht mehr so verbindlich sein würde, wie es in der Vergangenheit gewesen war.

Rosenthal
Eppens & Co.
PORZELLAN - KRISTALL - SILBERWAREN
Köln, Schildergasse 72-74 · Fernruf 211307

GEGENÜBER:
Abb. 93
Borgward
Die vielleicht schönste Limousine deutscher Provenienz beschwört die Vergangenheit – weil ihr die Zukunft nicht gehört?
Aus: *Chic* 4/1959

Typische Fünfziger-Jahre-Eleganz hat die Gestaltung der *Rosenthal*-Anzeige (Abb. 92) des Kölner Porzellanhauses *Eppens* aus dem Jahr 1959 geprägt.

Das abgebildete Kaffeeservice *Form 2000* war 1953 von dem amerikanischen Designer Raymond Loewy für *Rosenthal* entworfen worden. Dem Kölner Grafiker Bageritz gelingt es – auch heute noch –, mit seinem delikaten Strich einen Einstieg in die nicht ganz leicht zugängliche Eleganz dieses Services zu ermöglichen. Bewußt wiederholt der Zeichner formale Details des Porzellans in anderen Elementen der Anzeige. So erscheinen die Zweige des Dekors in der Vase, die Rundungen des Tassengriffs finden sich in den Rundungen des Tischchens wieder, und die gespreizten Finger der jungen Frau scheinen den Griff des Kaffeekannendeckels nachzuformen. Mit dem optischen Verweis auf eine stilvolle Vergangenheit wird die ›modernistische‹ Formgebung des Porzellans und der daneben abgebildeten Vase deutlich abgemildert. In der an sich schon leicht altmodischen Kohlezeichnung bilden ein Rokokotischchen und der Zwanziger-Jahre-Schrifttyp in *Eppens & Co.* ein bewußt die stilvolle Vergangenheit beschwörendes Ambiente. Eine tiefdekolletierte, fast mondäne junge Frau ist unverzichtbares Dekorationsobjekt und verschönerndes ästhetisches Pendant. (Natürlich bietet sie – stehend – den Kaffee an.) Das *Rosenthal*-Service muß schon deutlich vergrößert dargestellt werden, um neben ihr bestehen zu können.

Der Name *Borgward* war in den fünfziger Jahren Synonym für eleganten Automobilbau. Die Anzeige von 1959 (Abb. 93) präsentiert den schönsten *Borgward* und wahrscheinlich eines der elegantesten Autos deutscher Provenienz überhaupt, die *Isabella de Luxe.*

Schon damals scheint freilich bekannt gewesen zu sein, daß es mit der Qualität der *Borgward*-Automobile nicht so weit her war. Die Werbung bemüht sich auch gar nicht, dem mit technikimmanenten Argumenten entgegenzutreten, sondern verläßt sich ganz auf das Prestige des Produkts und die Wirkung der schönen äußeren Form. Der kurze Werbetext faßt alle für das Image des *Borgward* bedeutsamen Begriffe – Luxus, Eleganz, Kultur, Geschmack, Repräsentation, Stil und Besitz – atemberaubend komprimiert in einem Satz zusammen: »*Borgward Isabella de Luxe* repräsentiert in stilvoller Eleganz den kultivierten Geschmack ihres Besitzers«.

Gleich zweimal ist der beworbene Wagen abgebildet. Die obere Illustration zeigt den theoretischen Idealeinsatz und die untere den (für die Autofirma lebensnotwendigen) praktischen Alltag. Der ideale Einsatz, das bedeutete Repräsentation auf höchstem gesellschaftlichem Niveau. Aus einer zur klassischen Ruhmeshalle überhöhten Kulturstätte strömen gutgekleidete Menschen in offensichtlich funktionierenden Zweierbeziehungen schön paarweise auf die wartenden Luxuslimousinen zu. Durch die verstärkte Perspektive sind die überlang gemalten Autos zusätzlich in den Vordergrund geschoben. Außerdem ist die Illustration an drei Seiten schräg beschnitten, so daß der Hintergrund nach hinten wegzukippen scheint und die Tiefe eine optische Sogwirkung ausübt.

Das formale Pathos, mit dem *Borgward* hier seine Autos aufzuwerten versuchte, lädt ein zu Interpretationen auf einer allgemeineren symbolischen Ebene:

Der im Inneren des die deutsche Vergangenheit sinnbildlich darstellenden Gebäudes sichtbare helle Schein wirkt wie ein lichterloh brennendes Feuer. Die Menschen müssen das Gebäude verlassen und begeben sich in die Dunkelheit.

BORGWARD

Isabella
de Luxe

repräsentiert in stilvoller Eleganz
den kultivierten Geschmack
ihres Besitzers

OBEN:
Abb. 94
Edelstahl rostfrei
»Edelstahl« und »Glanz« ergibt ›Edelglanz‹, und der führt – richtig geformt – fast zwangsläufig zur neuen Eleganz.
Aus: *Der Spiegel* 51/1959

GEGENÜBER:
Abb. 95
Auto Union
So elegant wie kaum ein anderer war »der Wagen für bewußte Fahrer«, und trotzdem hatte er auf dem Markt keine Chance.
Aus: *Freundin* 9/1959

Dort warten die die Technik symbolisierenden Automobile und beweisen mit dem schon eingeschalteten Licht ihre Fähigkeit, in der Dunkelheit die Suche nach dem richtigen Weg zu erleichtern. Sie laden ein zum Einsteigen, zur Fahrt in eine schönere technische Zukunft.

Die kleine Abbildung unten in der Anzeige demonstriert die Alltagstauglichkeit der *Isabella* mit dem Hinweis auf die männliche Promiskuität: ein Mann mit drei Frauen, zwei echte und die *Isabella de Luxe*. Für welche wird sich der Mann wohl entscheiden?

»Glanz für die Welt von morgen« verspricht die *Edelstahl rostfrei*-Anzeige (Abb. 94) von 1959. Abgebildet sind fünf »eindrucksvoll elegante, formschöne« Türbeschläge aus Edelstahl.

Der wie ein abstraktes Objekt wirkende, groß abgebildete Türgriff ist als solcher ohne den Werbetext kaum zu identifizieren. Die leichten Biegungen seiner äußeren Form vollführen ein künstlerisches Linienspiel zwischen Gerader und Rundung. Die Kombination des Türgriffs mit einem freigestellten Kreissegment als Hintergrund betont die abstrakte Wirkung der eleganten Form. Erst im Zusammenhang mit dem Text wird klar, daß diese schematische Geometrie als formales Zitat des Atomiums, Wahrzeichen der Brüsseler Weltausstellung, gemeint ist: so stellt die Abbildung eine suggestive Verbindung zwischen der futuristischen Stahl-Aluminium-Konstruktion aus Brüssel und den aus Edelstahl gefertigten Türgriffen her. Sie gewähren ihrerseits den Eingang in die »Welt von morgen«, und dieser Eingang präsentierte sich 1959 in hocheleganter Form. Trotz des in der Überschrift verheißenen Ausblicks in eine glanzvolle Zukunft verleihen die fünf Fotografien der Anzeige einen schon fast dokumentarischen Charakter, als sei die »Welt von morgen« – »schon heute« – bereits gebaut.

Schönheit aus dem Windkanal

Rallye Bad Neuenahr 1958: Goldenes Band für den Auto Union 1000! Wiesbaden Rallye 1958: Goldenes Band für den Auto Union 1000! Zwei Siege, die für viele andere stehen. Zwei Triumphe der Auto Union-Technik. Hier wurde der Beweis erbracht: Was technisch richtig ist, ist auch ästhetisch schön. Wieso die äußere Form teil hat an der Leistung eines Wagens, ist technisch — oder besser physikalisch — leicht erklärt: Der Windwiderstand wächst im Quadrat zur Geschwindigkeit. Das heißt: von 40 auf 120 km/h verneunfacht sich die Kraft, die der Fortbewegung des Wagens entgegensteht.

Daraus erklärt sich der Wert einer aerodynamisch richtigen Karosserie. Ihr geringer Luftwiderstand macht bodenunempfindlich und trägt entscheidend zur hohen Reisegeschwindigkeit bei.
Die schöne Karosserie des Auto Union 1000 ist mehr als nur äußerer Komfort. Sie ist ein technischer Vorzug wie Frontantrieb und Dreizylindermotor. Sie ist ein Teil des „sicheren Temperamentes", das Ihnen dieser Wagen bietet.
Platz genug für 5 Personen. Überall zeigt sich die Liebe zum Detail. Kein Wagen dieser Klasse bietet Ihnen serienmäßig mehr.

Die Wartungskosten sind niedrig: statt bisher alle 5000 km nur noch alle 7500 km eine Inspektion! Überzeugen Sie sich selbst davon, was Ihnen dieser Wagen bietet. Fragen Sie den nächsten Auto Union-Händler — er erklärt Ihnen gerne die technischen Details. Machen Sie eine Probefahrt! Fahrgefühl kann man nicht schildern. Setzen Sie sich bitte ans Steuer und entdecken Sie die Vorzüge dieses Wagens selbst. Ein Vorführwagen steht für Sie bereit.

Auto Union-Wagen gibt es ab DM 5750,- ab Werk.

AUTO UNION 1000 der Wagen für bewußte Fahrer!

Coupé DM 6950 a. W. einschließlich: Zweifarben-Lackierung; Weißwandreifen; vollverchromte Radzierblenden; abschließbarer Tankverschluß; Kühler-Jalousie; Viergang-Getriebe; Blinkhupe; Kipp-Abblendspiegel; Sicherheits-Lenkschloß; gepolsterte Sonnenblenden mit Make-up-Spiegel; elektrische Zeituhr.

Die Gestaltung verläßt sich ganz auf die Wirkung der formschönen Türgriffe und auf den in den Fotografien erstrahlenden Glanz des polierten Edelstahls. »Edel«-Stahl und »Glanz« ergibt »Edelglanz« – und das ist fast schon »Eleganz«. Auf dieses Zusammenspiel setzt auch das an einen Ritterschild erinnernde Logo von *Edelstahl rostfrei:* Auf »Edel« folgt das »Glanz«-Licht als I-Punkt.

Auch der Text nimmt Bezug zur Weltausstellung von 1958. Beim oberflächlichen Lesen entsteht der Eindruck, als ob die abgebildeten Türgriffe in Brüssel tatsächlich im Einsatz gewesen seien: »Die eindrucksvoll eleganten, formschönen Beschläge des repräsentativen Hauptportals waren aus ›*rostfrei*‹.« So setzt die Anzeige geschickt den Einsatz von »formschönem« Edelstahl mit dem fortschrittlichen Bau der Zukunft gleich. Sie selbst wurde nach den Maßstäben ihrer Zeit so ›avantgardistisch‹ gestaltet, daß sie heute noch in sehr ähnlicher Form zu finden ist.

Die klassischen Rundungen eines *Auto Union 1000* versucht die Anzeige (Abb. 95) von 1959 mit allen Mitteln auf die »elegante« Höhe der Zeit zu heben. Entsprechend verfügt das Auto über die obligatorischen Weißwandreifen, ein weißes Dach und eine größere Anzahl von Chromleisten. Das Foto präsentiert es ›im Glanz der Nacht‹ vor einer eleganten Pariser Parfümerie. Insgesamt dreimal ist der Wagen abgebildet, jedesmal in einer reinen Seitenansicht, nach Meinung der Anzeigengestalter offensichtlich seine ›Schokoladenseite‹, die die durchaus elegante Linienführung der Karosserie am besten zur Geltung bringt.

In einer relativ unprofessionellen Zeichnung auf Millimeterpapier ist man bemüht, die äußere Form des Autos mit technischer Autorität aufzuwerten. Der Leitsatz »Was technisch richtig ist, ist auch ästhetisch schön« führte also schon 1959 zu dem Argument »Schönheit aus dem Windkanal«.

Die Erfolge des geringen »Windwiderstands« zählt der Text liebenswert naiv auf: »Rallye Bad Neuenahr 1958: Goldenes Band für den *Auto Union 1000*! Wiesbaden Rallye 1958: Goldenes Band für den *Auto Union 1000*!« Außerdem machte der geringe Luftwiderstand »bodenunempfindlich« und trug »entscheidend zur hohen Reisegeschwindigkeit bei«. Die Höchstgeschwindigkeit wird nicht mit Zahlen belegt, und die Anführung seines »sicheren Temperamentes« ersetzt konkrete PS-Angaben.

Das Fazit der Überzeugungsarbeit lautet: »*Auto Union 1000* – der Wagen für *bewußte* Fahrer!« Bewußtsein wofür? Wahrscheinlich vor allem dafür, daß *Auto Union* gute Automobile baute, daß das Preis-Leistungs-Verhältnis gut war. Aber vielleicht auch dafür, daß nicht hohe Spitzengeschwindigkeiten, große PS-Mengen und rasante Beschleunigungen über die Qualität eines Autos entschieden, wie von der Konkurrenz meist behauptet. Es fehlt in dieser Anzeige auch jedes Angebot zur Selbstinszenierung des Kunden durch das Produkt wie bei *Opel, Ford, Borgward* und auch *Mercedes-Benz* (Abb. 147–149). Die textlichen Erläuterungen, die auf den praktischen Einsatz des Wagens eingehen, beharren fast ausschließlich auf seinen technischen Vorzügen. Sein »sicheres Temperament« wird gelobt, die »schöne Karosserie« und die »Liebe zum Detail«. Mit derart bescheidener Selbstdarstellung konnte man sich schon 1959 nicht mehr gegen die übermächtige Konkurrenz behaupten. Es spricht für dieses schöne Auto mit seinen moderaten Formen, daß es sich bald darauf aus dem immer aggressiveren Straßenverkehr zurückzog (siehe dazu auch Kapitel 20).

13 Rollenzuweisungen

Schnell vergessen und in Vergessenheit geraten lassen wollten die Männer der Nachkriegszeit ihre unrühmliche Rolle im Zweiten Weltkrieg. Dazu mußte ihr Selbstbewußtsein gestärkt und die gestiegene gesellschaftliche Bedeutung der Frauen, nicht nur in ihrer Rolle als ›Trümmerfrauen‹, wieder reduziert werden. Die Bedeutung und affirmative Wirkung der Werbung in diesem Prozeß kann kaum hoch genug veranschlagt werden. Selbst die wenigen nachfolgend abgebildeten Beispiele machen deutlich, welchen prägenden Einfluß die Werbung schon damals auf das Verhältnis der Geschlechter ausübte.

Direkt nach Kriegsende waren die Frauen in Deutschland gezwungen, in sämtlichen Bereichen aktiv ums Überleben zu kämpfen. Ohne die Männer mußten sie mit dem Wiederaufbau beginnen und enorme Verantwortung übernehmen. Diese Pflichten wurden angenommen – und die Rechte eingefordert: Die ersten nach dem Krieg erscheinenden Frauenzeitschriften formulierten nun konkrete Forderungen zur Gleichberechtigung der Frau. Die Rolle der Männer und ihre Verantwortung für den Krieg wurde öffentlich diskutiert und führte häufig auch zur Forderung nach politischer Mitverantwortung der Frauen.[13.1]

Die oft von großen Selbstzweifeln gequälten Kriegsheimkehrer hatten dem zunächst nichts entgegenzusetzen: »Die Männer fühlen mehr oder minder, daß etwas faul ist im Staate Mann. Jeder von uns schleppt seinen eigenen Jammerlappen mit sich herum. Tief vergraben in Gewissen, das der schlechtesten eines ist«, schrieb der Chefredakteur der *Constanze,* Hans Huffzky, im Vorwort der ersten Ausgabe vom März 1948. »Männer wurden auch, wenn man zeitgenössischen Berichten glauben darf, im allgemeinen schlechter mit dem zermürbenden Nachkriegsalltag fertig als das ›schwache‹ Geschlecht. Zusätzlich fühlten sich viele von ihnen durch die ›neuen‹ tüchtigen Frauen verunsichert.«[13.2]

Aber diese »heiße Phase der Diskussionen über andere Formen des Zusammenlebens endete mit der Währungsreform«.[13.3] Mit dem wirtschaftlichen Aufschwung übernahmen die Männer wieder alle entscheidenden Positionen. Emanzipatorische Ansätze in den Medien verschwanden zugunsten der Sensationsberichterstattung. Mit leichter Unterhaltung in ›feuilletonistischem‹ Stil wurde von Schuldfragen und Existenzsorgen abgelenkt. Im Januar 1949 konnte die endgültige Entscheidung des Parlamentarischen Rats, den Satz »Männer und Frauen sind gleichberechtigt« nicht ins Grundgesetz aufzunehmen, gerade noch mit massivem Protest von Frauen verhindert werden. Ansonsten aber beraubte die gesellschaftliche Restauration die Frauen wieder der meisten ihrer in den Kriegs- und Nachkriegsjahren erreichten Freiheiten.

Ein höchst effektives, oft eingesetztes Instrument zur öffentlichen Wiedereinweisung in die traditionellen Rollen war die Werbung. Selbst Wahlwerbung wie die *CDU*- freundliche Anzeige der *Waage* (Abb. 137) von 1953 nahm den in der Überschrift formulierten Ansatz »Wir Frauen haben nichts vergessen ...« schnell wieder zurück. »Wirklich, sind es erst fünf Jahre her, daß [...] wir zu normalen Hausfrauen wurden [...]?« fragte der Text. »Über Nacht sozusagen wurden wir [...] zu geschätzten Kundinnen. [...] na ja, wir hatten doch selbst für den geringsten Betrag wieder die Möglichkeit zu wählen« (siehe auch Kapitel 19).

GEGENÜBER:
Abb. 96
dralon
Schon der »kleine Mann« sollte lernen, daß Frauen Lustobjekte sind: »Greif zu – es ist ›Dralon‹.«
Aus: *Für Sie* 10/1959

Und *was* nun alles zu wählen war, demonstrierte ihnen die Wirtschaftswerbung: Waschmittelsorten, Moderichtungen, Kosmetikartikel, Küchenmobiliar, sogar die zum Kleid passende Kamera, vor allem aber das richtige Verhalten, die »Pflicht, anziehend und gepflegt zu erscheinen«. Die angebotenen Konsumprodukte wurden den zugewiesenen Rollen entsprechend präsentiert. »So leicht wie Kaffee kochen« war noch 1964 das *Daf*-Fahren. »Von der Technik habe ich gar nichts gemerkt, und das ist genau richtig für mich«, wußte die abgebildete *Daf*-Fahrerin zu berichten. Die Firma *Schwarzkopf* bot 1955 in einer Anzeige Frisiercreme für Männer und für Frauen an. Die Creme »für ihn« hieß *fit*, und sie »frisierte korrekt«, die »für sie« hieß *flot* und »machte das Haar weich-fließend«. »Mag es noch so widerspenstig sein«, berichtete der Werbetext, »*flot* macht es gefügig, willig gehorcht es«. Mit »Niemand wird es erfahren« riet die Kosmetikfirma *Imedia* 1951 den Frauen sogar dazu, die Verbesserung ihres Äußeren mit Hilfe ihrer Produkte heimlich vorzunehmen. *Tampax* schrieb 1954 seine Anzeige gleich ganz in Steno-Kurzschrift, damit Frauenprobleme unter Frauen blieben. Die Porzellanfabrik *Thomas* definierte die unterschiedlichen Rollen der Geschlechter 1960 unter dem Motto »*Thomas*-Tip für Eheglück« ganz genau. »Für sie: Decken Sie gerade für Ihren Mann den Tisch besonders nett. Zeigen Sie ihm, daß er Ihr liebster Gast ist.« Und: »Für ihn: Ab und zu können Sie ruhig mal schlechte Laune haben. Nur muß hin und wieder ›Ihr guter Kern‹ zum Vorschein kommen.«

Auch im rein Formalen werden die Rollenzuweisungen deutlich. Frauen sind auf den Werbefotografien praktisch immer jung, hübsch und geschminkt. Sie lächeln permanent, auch wenn das zur dargestellten Szene nicht recht passen will. So sind die wenigen Situationen in der Werbung, wo Frauen an einem Arbeitsplatz gezeigt werden – die Schönheitskönigin beim Abendbrotzubereiten in der Küche –, häufig von einer leicht irrealen Lächerlichkeit. Natürlich sind auch die abgebildeten Männer fast immer jung – stark – und gepflegt, aber sie übernehmen und demonstrieren meist die Führungsrolle und werden von den Frauen bedient.

Etwas verkürzt zusammengefaßt lassen sich aus den Anzeigen die folgenden Hauptforderungen an die Geschlechter ablesen: Frauen haben für die Männer schön zu sein, passiv und still. Sie sind für die Äußerlichkeiten zuständig und sollen sich nicht mit ernsthaften Dingen beschäftigen. Männer müssen aktiv sein, stark und »allzeit bereit«. Sie dürfen aber Individualisten bleiben und auch schon mal grob werden. Die Wirkung dieser Rollenzuweisungen jeweils auf das andere Geschlecht darf nicht vergessen werden. Es ist klar, daß auch Männer unbewußt die ihnen ständig von der Werbung vorgeführten Frauenrollen verinnerlichten und sich dann den Frauen gegenüber entsprechend verhielten.

Da das Ziel der Werbung Umsatzsicherung und -steigerung war, ergab sich für die Rollenzuweisungen in den Anzeigen der folgende Grundsatz: Individualität war nur dann für das herrschende Wirtschaftssystem unterstützenswert, weil systemfestigend, wenn es sich um männlich-aggressive Individualität handelte. So hat *man* mit den Mitteln der Werbung einen gesellschaftlichen Prozeß definiert, der sich in der Realität vollzog. Den Männern wurde eine Identität konstruiert, die sie für die Restauration der alten Rollenmuster nur allzugut gebrauchen konnten. So wurden – auch mit Hilfe der Werbung – die Vormachtstellung der Männer in der Gesellschaft wiederhergestellt und nachhaltig gesichert und alle politischen und wirtschaftlichen Schlüsselpositionen wieder von ihnen besetzt.

Na, kleiner Mann, die Dame in der Jacke aus 'Dralon' ist wohl interessanter als das Schulbuch?

So richtig etwas für Männer: die sportliche, grobgestrickte Jacke aus 'Dralon'-Hochbausch, eine Jacke für alle Jahreszeiten.

Wenn die Männer wüßten . . .

Ja, wenn die Männer wüßten, wieviel nüchterne Sachkenntnis zur echten Eleganz gehört, würden sie den Chic ihrer Frauen noch viel mehr bewundern. Schon die junge Evastochter weiß genau, daß nur höchste Qualität der Bekleidung das immer elegante Aussehen sichert. Deshalb richtet sie sich nach dem Merkmal für hervorragende Trageeigenschaften — dem 'Dralon'-Etikett. Sieht sie es beim Strickwarenkauf, so sagt sie sich beruhigt: Greif zu — es ist 'Dralon'!

'Dralon'-Strickwaren sind ebenso praktisch wie modisch und chic: Sie sind leicht und doch mollig warm, sind mühelos zu waschen, trocknen im Nu, filzen niemals und schmecken den Motten nicht.

Greif zu – es ist 'Dralon'

dralon®

'Dralon' aus dem Hause Bayer — die Faser für ein unbeschwertes Leben

Welche ist die Schönheitskönigin? Eine ist annähernd so schön wie die andere. Felina-Büstenformer und -Hüftformer haben seit Generationen den Ruf, besonders elegant zu sein, die Figur vollendet zu formen und ihren Reiz ins rechte Licht zu setzen. - Linke Figur: 0.336 B trägerloser Büstenformer aus Atlas mit Spitze DM 6.95 9.088 Rollan aus Zweizug-Gummi mit Gummipatte DM 15.95; mittlere Figur: 0.86 B Büstenformer aus Perlon DM 8.95 * 9.079 Gummischlüpfer aus Zweizug Perlon-Tüllette mit Atlaspatte DM 31.50; rechte Figur: 0.333 B Büstenformer aus Organdy DM 3.90 * 3.231 Hüftformer aus Atlas mit porös. Zweizug-Gummi-Rücken DM 14.50. Felina-Verkaufsstellen sind durch Hinweis im Schaufenster kenntlich.

OBEN:
Abb. 97
Felina
Gleich Paris wähle der Betrachter: Welche ist die am besten ›Zurechtgeformte‹?
Aus: *Film und Frau* 12/1952

Die folgenden sieben Anzeigen veranschaulichen diese Rollenzuweisungen zum Teil überdeutlich, sind in dieser Hinsicht aber bestimmt keine Einzelfälle.

Nur in wenigen Beispielen läßt sich der oben angesprochene Mechanismus so anschaulich aufzeigen wie in der *dralon*-Werbung (Abb. 96) aus dem Jahr 1959. Nicht nur aufgrund der im Foto abgebildeten Situation ist sie eine ›Chauvi‹-Anzeige wie aus dem Lehrbuch.

Mit der geschickt die Fantasie anregenden Überschrift »Wenn die Männer wüßten ...« stellt sie sich scheinbar auf die Seite der Frauen – was ihr ermöglicht, alles, was sie in der Folge über die Situation dieser Frauen aussagt, als selbstverständlich zu behaupten. Scheinbarer weiblicher Konsens, ›Naturgegebenes‹ muß nicht diskutiert, kann nicht kritisiert werden. Frauen sind passive Objekte dieser Anzeige, die sie entmündigt, indem sie für sie spricht. Dabei ist es schon ganz schön starker Tobak, was den Frauen da im Vorbeigehen untergejubelt wird. »Schon die junge Evastochter weiß genau, daß nur höchste Qualität der Bekleidung das immer elegante [man schreibt das Jahr 1959 – M. K.] Aussehen sichert.« Alle Frauen sind also Evastöchter, die – als die ewigen Verführerinnen – immer elegant aussehen wollen.

Man muß sich vergegenwärtigen, daß diese Darstellung weiblichen Verhaltens ein Hauptargument der Anzeige für den Kauf von *dralon*-Strickwaren ist: die Hauptadressaten sind also die Frauen. Da aber die Männer offenbar stets die tragenden – aktiven – Rollen spielen müssen, richtet sich die eigentliche, subtiler präsentierte Botschaft der Anzeige an sie. Zunächst an die Knaben, denn die müssen noch lernen, daß die Frauen vor allem Lustobjekte sind: »Na, kleiner Mann, die Dame [...] ist wohl interessanter als das Schulbuch?« Es gibt unter den Zehnjährigen offensichtlich solche, die sich mehr für Bücher interessieren als für Frauen, aber aus denen

OBEN:
Abb. 98
Blaupunkt
»Schönheit« kann man(n) kaufen ...
Aus: *Schöner Wohnen* 4/1958

werden keine ›richtigen Männer‹. Die entwickeln sich zu Intellektuellen, mit Brille und Krawatte – wie sie dann in den sechziger Jahren tatsächlich vermehrt auftraten. Wer ein ›ganzer Kerl‹ werden wollte, mußte hingegen schon früh lernen, den Frauen nachzupfeifen, wie der »kleine Mann« auf dem Foto. Die erwachsenen Männer können das alles schon, obwohl die Anzeige sicher auch hier noch etwas auszurichten vermochte. Auf jeden Fall dürfen sich die Älteren in ihrem chauvinistischen Verhalten bestätigt fühlen, wenn hier so öffentlich schon die Jungen – die nachwachsende Konkurrenz – dazu erzogen werden.

Für alle, die damit sowieso keine Probleme haben, führt das Foto noch zusätzlich »so richtig etwas für Männer« vor: Sonnenbrille, Einstecktuch, Auto und den Frauen nachsehen, das macht den echten Mann aus. Da muß die Jacke natürlich »sportlich« sein. Man soll wenigstens so tun können, als sei man körperlich ständig zu allem in der Lage. Und da Potenz oft nicht gerade Hand in Hand mit Intelligenz geht, darf die Jacke ruhig ein wenig »grobgestrickt« sein. Dafür hat sie ja noch die »Hochbausch«-Qualitäten – für den Pfau in jedem Mann.

»Greif zu« ist nach dem Markennamen *dralon* der am größten abgedruckte Werbetext. Verbindet man diese Aufforderung mit der fotografierten Szene, ergeben sich interessante Einsichten. So wie die junge Dame sich in einer durchaus einladenden Geste an den Kragen faßt – Kragen öffnend? Einblick gewährend? –: so wird auch der Junge aufgefordert zuzugreifen. Männer greifen aktiv, Frauen fühlen passiv – siehe auch Abbildung 100. Derart deutlich werden spätere Anzeigen selten; aber gerade solche Eindeutigkeit kann man im Vergleich mit den subtilen Methoden moderner Werbepsychologen auch als mildernden Umstand werten.

Übrigens gab es ein Pendant zu dieser Werbung, das sich unter der Überschrift »Schon kleine Damen wissen, was sie wollen« ausschließlich an die weibliche

Kundschaft wandte. Auf einem groß abgebildeten Foto liest eine Zehnjährige ›fachmännisch‹ in der französischen Modezeitschrift *Vogue,* denn »die Kennermiene hat sie Mutti schon abgeguckt«, so die Bildunterschrift. Und natürlich hat sie sich, laut Werbetext, »längst dafür entschieden, später genauso chic und elegant zu sein wie Mutti«.

1952 waren die gefüllten Auslagen immer noch die aktuellste Form der Werbung. Viele Anzeigen reflektierten dies in ihrer formalen Gestaltung und präsentierten ihre Produkte wie durch den Blick in ein Schaufenster. So bietet auch die *Felina*-Anzeige (Abb. 97) unter dem Motto »Welche ist die Schönheitskönigin?« Einblick in eine Mieder- und Unterwäscheschau: Drei Frauen posieren im Rampenlicht. Der Text (»Eine ist annähernd so schön wie die andere«) macht schnell klar, daß die Hauptadressaten dieser Anzeige Männer sind. Jeder Mann ein moderner Paris: die Parallelen zur antiken Vorlage – ein jugendlicher Held entscheidet die Schönheitskonkurrenz dreier Göttinnen – sind unübersehbar.

Nur geht es nicht mehr um die wirklich Schönste, es geht um die am besten ›Geformte‹. Mit »Gummischlüpfer«, »Büsten-und Hüftformer« sollen die Frauen ›umgeformt‹ werden, um wieder in der Lage zu sein, »ihren Reiz ins rechte Licht zu setzen«. Was das rechte Licht war, demonstrierten die Damen auf dem Foto. In Verbindung mit der richtigen Haltung, hohen Absätzen, Schminke und Lächeln ließ auch der unbequemste Figurformer sie für die Männer ›anziehend‹ erscheinen. Die angemalten langen Fingernägel der rechten Figur machen die Diskrepanz zur Wirklichkeit der Frauen im Wiederaufbau besonders deutlich: Tagsüber ›aktiv‹, abends ›attraktiv‹, lautete die doppelte Forderung.

Natürlich darf in einer Werbung von 1952 der Hinweis auf die kriegsüberdauernde Tradition »seit Generationen« nicht fehlen. Und für alle, denen die Anzeige zu weit vom aktuellen Konsumalltag entfernt war, nahm sie im Text noch Bezug auf die realen Verkaufsumstände: »*Felina*-Verkaufsstellen sind durch Hinweis im Schaufenster kenntlich.«

Eine einfache, aber eindeutige Stellungnahme zum Thema ›Frauen in der Werbung‹ liefert die *Blaupunkt*-Anzeige (Abb. 98) von 1958. Drei junge Frauen posieren hier für ein Gruppenbild mit Radio. Der Werbetext stellt eine erste – die offensichtlichste – Verbindung zwischen ihnen und dem Radiogerät her: »Wo Schönheit ist ... ist auch *Blaupunkt*«. Frauen haben schön zu sein und sind deshalb als formale Pendants zu einem schön geformten Gerät bestens geeignet.

Die Haltung der drei, die sich um das Gerät herum anordnen, macht deutlich, daß sie hier vor allem dekorative Randelemente, Rahmen für das Produkt sind. Allerdings: auch wenn das Radio im Mittelpunkt der Gruppe steht, gilt das Interesse der drei nicht wirklich ihm. Alle schauen in die Kamera, also dem Betrachter in die Augen, und versuchen so, das Interesse der das Geld besitzenden Männer auf die Anzeige zu lenken: drei Frauen um ein Radio, da mußte es sich schon um etwas ganz Besonderes handeln. Wer wünschte sich nicht, daß ihm als Besitzer des Gerätes die gleiche Aufmerksamkeit zuteil würde? Die Aufmerksamkeit von Frauen, ja (so heiratsfähig wie diese drei aussehen) die Frauen selbst konnten also erkauft werden, dies die symbolische Botschaft der Werbung. Frauen werden auf der gleichen Ebene wie käufliche Produkte präsentiert.

OBEN:
Abb. 99
Opel
Der ironische Ton kann die grundsätzliche Zustimmung zur gängigen Meinung beim Thema »Frauen am Steuer« nicht verleugnen.
Aus: *Constanze* 11/1955

Die männliche Arroganz der *Opel*-Anzeige (Abb. 99) aus dem Jahr 1955 ist von besonderer Qualität. Eine etwas bemüht witzige Karikatur stellt sich unter dem Titel »Eine Dame wird *Rekord*-Fahrerin« scheinbar auf die Seite der Frauen: »ganz unter uns«. Die Zeichnung zeigt ein extrem ungleiches Paar, dessen optische Charakterisierung fast alle denkbaren Geschlechtervorurteile aufnimmt. *Er* ist groß, damit deutlich überlegen, skeptisch kontrollierend und vollkommen »Herr der Lage«; *sie* ist klein, ängstlich, verzagt, ganz unscheinbare Schülerin und offensichtlich physisch gar nicht imstande, das Auto zu beherrschen.

Was die Bildunterschrift »...ohne Männer lernt sich's leichter!« noch hinzubiegen versucht, verpatzt der Text schnell in ungewöhnlich dreister Manier. »[...] dann erscheint plötzlich die so übersichtliche Armaturentafel des *Rekord* kompliziert wie die Schaltanlage eines Düsenjägers. Dabei ist gerade bei dem *Opel Olympia Rekord* alles so zweckmäßig angeordnet wie beim Gasherd.« Wo die Frauen ja auch normalerweise hingehören. »Das Fahren und Schalten ist beim *Rekord* so leicht wie Einkaufen im Selbstbedienungsladen.« Aber es kommt noch besser – oder schlechter. »Frauen haben ohnehin mehr Instinkt – auch beim Autofahren.« Sie sollen ja auch gar nicht denken. »Ganz unbewußt werden sich bald Hände und Füße bei der leichten Bedienung des *Rekord* bewegen«: Verstandesmäßige Koordination ihrer Glieder kann von Frauen offensichtlich nicht erwartet werden. »[...] so unbewußt wie zu Hause beim Gasanzünden oder Staubsaugen«, damit nur ja keine Frau auf die Idee kommt, ihr Arbeitsplatz würde vakant.

»Technik ist nicht kompliziert.« Es mutet schon recht eigenartig an, daß dieser Tonfall nicht auch den Männern lächerlich vorkam. Die Anzeige leistet aber auf einer zweiten Ebene noch Zusätzliches. Selbt wenn man den entgleisten Text als ansatzweise im Sinne der Frauen interpretiert, funktioniert die Karikatur nur, wenn die Frauen tatsächlich als die Schwächeren akzeptiert werden. Und das versucht diese Werbung, wie so viele andere, ihnen – und den Männern – einzureden.

»Männer greifen sich ihre Frauen« scheint auf den ersten Blick die Botschaft der *Panto*-Anzeige (Abb. 100) von 1959 zu sein. In einer leicht theatralischen Geste ›nimmt‹ sich ein Mann eine Frau. Was das Foto ausdrückt, bestätigt die Überschrift »Weiches, geschmeidiges Haar durch ein neuartiges Frisiermittel«. Das erlebt vor allem derjenige, der zugreift.

Die Interessen der Frauen werden in der Anzeige gewissermaßen nur indirekt vertreten, obwohl sie sich schon in der Produktbeschreibung anböten. Der *Panto*-Spray ist ein »weich modellierender Frisurfestiger«, verspricht ihnen also unauffällig

OBEN:
Abb. 100
Panto
Männer greifen aktiv, Frauen fühlen passiv.
Aus: *Revue* 41/1959

GEGENÜBER:
Abb. 101
8 mal 4
Park, Swimmingpool, desodorierte Gattin – ein Besitz, auf den man(n) stolz sein kann.
Aus: *Quick* 28/1962

gefestigte Frisuren. Aber die praktischen Vorteile des Sprays für die Frauen spielen nur im Begleittext, nicht in dem die Anzeige dominierenden Foto eine Rolle. In der fotografierten Szene packt sich der Mann die Frau wenig zärtlich, nicht »streichelnd« und »spielend«, wie die Bildunterschrift glauben machen möchte. Er hält sie eher wie ein teures Objekt umfaßt und blickt sie an wie ein Sammler, der sein wertvollstes Stück prüft. Natürlich schaut sie zu ihm auf und er auf sie herab – und doch entsteht nicht der Eindruck von einer emotionalen Beziehung zwischen den beiden. Der maskenhaft starre Blick der Frau läßt das Foto kalt und unpersönlich erscheinen.

Auch wenn sich der Text bemüht, auf die Interessen der Frauen einzugehen, so entlarvt seine Terminologie doch diesen Ansatz schnell als vordergründig; sein Ziel ist die Frau als Objekt des Mannes, nicht als sie selbst. Die aufgezählten Vorteile von *Panto* lesen sich wie eine Beschreibung dieses Objekts: schön, gefügig, seidig weich, immer angenehm anzufühlen, kräftig, füllig, geschmeidig, elastisch, formbeständig, ohne eine Spur von Fett, sauber und leicht »frisierbar«. Das wichtigste an dieser Anzeige ist also die in dem Angebot von Haarspray implizierte Botschaft an die Frauen, sich zu unterwerfen. Wer *Panto* benutzt, der wird ›genommen‹. Natürlich wirkt die Anzeige auch auf Männer. Es wird ihnen hier zum wiederholten Mal vorgeführt, wie sich ein Mann ›offiziell‹ einer Frau gegenüber verhält: er ›nimmt‹ sie sich.

1962 waren vierfarbige Anzeigen wie die *8 mal 4*-Werbung (Abb. 101) schon weit verbreitet. Hier tritt sie noch in einer Mischform mit hineingezeichneten malerischen Elementen auf. Für den Übergang vom Foto zum Gemalten wird geschickt die impressionistische Wirkung der sich kräuselnden Wasseroberfläche genutzt.

Es entsteht so eine sehr dekorative Anzeige, nicht nur formal: wie zur Dekoration posiert in ihrem Mittelpunkt auch eine festlich gekleidete junge Frau am Beckenrand eines Schwimmingpools. Die Farben ihres Tüllkleides sind Weiß und Blau. Weiß ist die Farbe der Unschuld, und ansonsten (so darf man durchaus interpretieren) sollen sich die Frauen als schmückendes Element farblich dem Anlaß, hier dem blauen Wasser, anpassen.

Wenn sich jemand derart unpraktisch gekleidet zu einem Gewässer hinunterbeugte, mußte schon etwas Besonderes dahinterstecken. Und wenn die Person dazu noch so schön und so geschmückt war und so verliebt lächelte, dann geht einem bald auf, welche Rolle der jungen Frau hier zugedacht ist: die des *Narziß*. Das gefällt ihr natürlich nicht, und deshalb zerstört sie das sich vor ihr ausbreitende Spiegelbild schnell wieder. Der Mann im Hintergrund hält sich bei derart ›oberflächlichen‹ Spielchen vornehm zurück.

8 mal 4
24 Stunden bezaubernd frisch!
Zu jeder Stunde schenkt Ihnen 8 mal 4
mit Seife, Puder, Spray oder Roller das sichere
Gefühl, durch die desodorierende Wirkung
bezaubernd frisch zu sein.
8 mal 4
DESODORIERT
kosmetikseife
DM 1.50
8 mal 4
DESODORIERT
körperpuder
DM 3.–
8 mal 4
DESODORIERT
roller
DM 3.75
8 mal 4
DESODORIERT
körperspray
DM 4.75
A 2110

GEGENÜBER:
Abb. 102
Herrenoberbekleidungsindustrie
Aber die Männer »verdanken alles, was sie im Leben erreichen, der eigenen Tüchtigkeit. Einzig und allein dieser.«
Aus: *Constanze* 40/1962

Wenn man davon ausgeht, daß es sich bei den beiden Personen im Foto um ein Paar handelt, fällt auf, daß der Mann seine Frau lächelnd dem Betrachter als Objekt überläßt.

Interpretationsfähig ist auch die Farbgebung. Während die gezeichneten ›desodorierenden‹ Mittel körpernah rot koloriert sind, herrscht insgesamt ein kühles Blau vor. ›Bezaubernd‹ sollen die Frauen sein, aber immer ›frisch‹. Kälte und Beherrschung, auch der Körperfunktionen, sind die vorrangigen Ziele; echte Körperlichkeit und Emotionalität mit Geruch und Wärme ist nicht gefragt.

Die Gemeinschaftswerbung der Herrenoberbekleidungsindustrie (Abb. 102), von 1962, die sich an die Frauen wendet, ist eines der wenigen Beispiele, in denen auch die Situation der Männer konkret erörtert wird. Das liegt daran, daß in dieser Anzeige eine besondere Werbestrategie eingesetzt wird: Sie wirbt für Männerprodukte – bei den Frauen, den für Äußerlichkeiten wie Bekleidung vereinbarungsgemäß Zuständigen.

Um deren Aufmerksamkeit zu erregen, beschäftigt sie sich scheinbar zunächst mit dem für die Damenwelt offiziell wichtigsten Thema: der Heirat. Auf einem großen Foto sind nur die leicht gefalteten, sehr gepflegten, mit einem übergroßen Hochzeitsring geschmückten Hände einer jungen Frau zu sehen. Der Werbetext stellt sogleich die für Frauen so bedeutsame Frage: »Wie kann man einen Mann dazu bewegen?« – erst die verheiratete Frau war ein vollwertiges Mitglied der Gesellschaft. Auch der Text scheint zunächst zu dieser Problematik etwas beitragen zu wollen: »Männer lieben die Abwechslung«. Das wird ihnen kritiklos zugestanden; falls sich allerdings Frauen in dieser Richtung zu profilieren gedachten, haben sie, weiß der Text, keine Chance: »Sagen Sie ihm nicht, er solle sich Herrn A. zum Vorbild nehmen, der stets so tadellos gekleidet geht. Das beeindruckt ihn nicht.«

Aber dann wird schnell klar, daß die eigentlichen Adressaten der Anzeige die Glücklichen sind, die das vornehmste Ziel schon erreicht haben: die Ehefrauen. Sie sollen ihre Gatten dazu überreden, Geld für neue Fertigbekleidung auszugeben. So werden zunächst die Männer zu Einzelgängern erklärt: »Männer sind Individualisten; sie richten sich nach sich selbst« – im Gegensatz zu den Frauen, über deren Herdentrieb weiter unten kein Zweifel gelassen wird. (»Sagen Sie ihm einfach: Mach's wie wir Frauen, kauf dir öfter mal was Neues.«) Es ist ein recht kompliziertes Unterfangen, den Frauen klarzumachen, daß sie ihre Männer zum Kauf neuer Kleidung verführen sollen, ohne deren wertvolles Ego zu beleidigen. Also müssen die Gatten zunächst einmal tüchtig gelobt werden, freilich auf sehr subtile Weise: »Sagen Sie ihm nicht, er würde mehr Erfolg haben, bessere Geschäfte machen, Sympathien gewinnen, wenn er einen neuen [Anzug oder Mantel] trägt. Das glaubt er Ihnen nicht. [...] Sagen Sie ihm lieber, wie sehr Sie sich freuen würden, in einem neuen Anzug mit ihm auszugehen, wenn Sie das erste Mal Ihr neues Kleid anhaben. [...] er wird sich den Anzug Ihnen zuliebe kaufen.«

Was der Text weiterhin bietet, läßt als Anzeichen der chronischen männlichen Profilneurosen an Klarheit nichts zu wünschen übrig: »Männer verdanken alles, was sie im Leben erreichen, der eigenen Tüchtigkeit. Einzig und allein dieser.« Wem das mehr eingeredet werden sollte, den Männern oder den Frauen, kann hier nicht entschieden werden. Aber beider Rollen in der Gesellschaft der sechziger Jahre waren damit klar definiert.

ANZEIGE

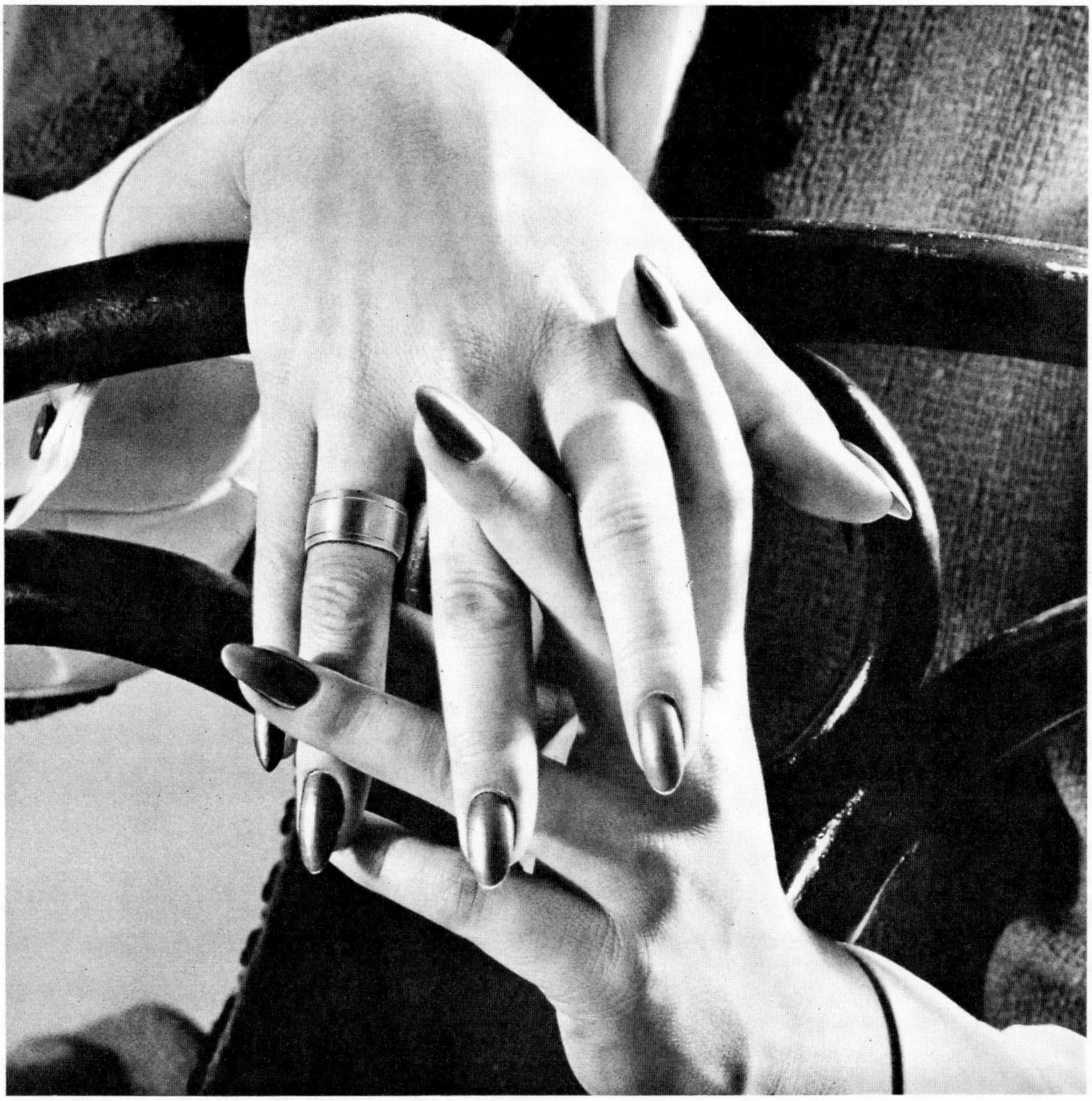

Wie kann man einen Mann dazu bewegen?

Sagen Sie ihm nicht, er solle sich Herrn A. zum Vorbild nehmen, der stets so tadellos gekleidet geht. Das beeindruckt ihn nicht. Männer sind Individualisten; sie richten sich nach sich selbst.

Sagen Sie ihm lieber, sein alter*) sei zwar noch gut. Trotzdem könne ein neuer nicht schaden. Männer lieben die Abwechslung; sie sind durchaus dafür, sich *öfter mal was Neues* zuzulegen.

Sagen Sie ihm nicht, er würde mehr Erfolg haben, bessere Geschäfte machen, Sympathien gewinnen, wenn er einen neuen*) trägt. Das glaubt er Ihnen nicht. Männer verdanken alles, was sie im Leben erreichen, der eigenen Tüchtigkeit. Einzig und allein dieser.

Sagen Sie ihm lieber, wie sehr Sie sich freuen würden, in einem neuen Anzug mit ihm auszugehen, wenn Sie das erste Mal Ihr neues Kleid anhaben. Männer sind entgegenkommend; er wird sich den Anzug Ihnen zuliebe kaufen.

Sagen Sie ihm, daß es kein Problem mehr ist, sich *öfter mal was Neues* zu kaufen. Auswahl gibt es mehr als genug — in allen Größen und Preislagen. Da ist es leicht, das Passende zu finden — auch für ihn. Sie wissen ja, Männer haben nie Zeit, Geduld ist nicht ihre Stärke. Ruck-zuck muß es gehen: aussuchen — anziehen — mitnehmen.

Sagen Sie ihm — Sie als Frau können das ja am besten beurteilen —, wie gut moderne Herrenfertigkleidung gearbeitet ist, wie tadellos im Sitz, wie elegant im Aussehen. Männer verstehen im allgemeinen mehr von Autos als von Stoffen. In dem Punkt sind sie also lenkbar.

Sagen Sie ihm einfach — man kann es den Männern ja nicht oft genug sagen —: Mach's wie wir Frauen, kauf dir *öfter mal was Neues.*

*) Anzug oder Mantel

14 Von der gemalten Illustration zum Werbefoto

Dank der weiterentwickelten Foto-, Repro- und Drucktechnik konnten im Laufe der fünfziger Jahre immer häufiger fotografische Abbildungen in der Werbung eingesetzt werden. Wie schon in Kapitel 6 dargestellt, bezeugten zahlreiche Mischformen zwischen ›gemalt‹ und ›fotografiert‹ die Unsicherheiten im Umgang mit dem neuen Medium.

Brachte der Einsatz der Fotografie grundsätzliche inhaltliche Änderungen für die Werbung mit sich? Wenn ja, worin bestanden sie? Man kann sagen, daß die gemalte Abbildung vieldeutiger ist als die fotografische und in ihrem vageren ›Angebot‹ an die Fantasie dennoch leichter und schneller erfaßt werden kann. Was passierte, als das grundsätzlich komplexere Foto eingesetzt wurde? Welche Rolle spielte danach noch die Zeichnung in der Werbung? Diese Fragen lassen es sinnvoll erscheinen, den Übergang genauer darzustellen.

Zunächst sollen hier einige typische gezeichnete Werbeillustrationen auf grundsätzliche Unterschiede zum Foto untersucht werden. Die – auch technisch bedingte – formale Entwicklung der gemalten Illustration in der Werbung wurde bereits in Kapitel 6 aufgezeigt; parallel dazu erfolgte eine inhaltliche, die im folgenden ebenfalls besprochen wird.

Die einfache Anzeigengestaltung früher Zeitschriftenwerbung ging Hand in Hand mit einfachen inhaltlichen Aussagen. Das heißt, in den gemalten Anzeigen (z. B. Abb. 5–11) ist zunächst eine geringere Zeichen- und damit Informationsmenge enthalten als nur zehn Jahre später. In einer synchronen Entwicklung sollte dann die Werbung bildlich exakter (dank der Fotografie) und textlich erheblich informationsträchtiger werden.

Untersucht man frühe Automobilwerbung (Abb. 5, 11), so stellt man fest, daß Angaben zum angebotenen Fahrzeug praktisch fehlen. Keine spezifische Typenbezeichnung, die ein bestimmtes Produkt dem Käufer anpriese (*VW*); natürlich hat das auch mit der kriegsbedingten Produktionsbeschränkung zu tun, es wurden nur wenige Autotypen gebaut. Wie erkennbar ist, mußte die Werbung bis etwa 1955 in der Produktinformation viel weniger leisten als später. Zahlreiche Anzeigen bewiesen lediglich die wieder erreichte Verfügbarkeit von Produkten, indem sie sie wie im Schaufenster präsentierten (Abb. 7, 84). Von der gemalten Anzeige wird aber schon um 1955, in ihrer Blütezeit, viel mehr Information transportiert als noch um 1950 (Abb. 42–48).

Solange die Anzeigenillustrationen gemalt waren, nutzte man ihre formale Gestaltung als effektives Werbeinstrument. In den verschiedenen Mal- oder Zeichenstilen wurden der jeweiligen Anzeige gemäße dekorative Elemente gezielt eingearbeitet. Zum *Kaufhof*-Stich (Abb. 6) gehörten geeignete Schnörkel, und in das *Osram*-Stilleben ›legte‹ man den Markennamen hinein (Abb. 7). Die handgeschriebene *Caro*-Nachricht ergänzte eine leichte Federzeichnung (Abb. 8), und aus dem Zifferblatt der *Bifora*-Uhr (Abb. 32) ergaben sich wie selbstverständlich die dekorativen Kurvenbewegungen. In der *Borgward*-Anzeige (Abb. 93) erhöht die eigenartige Form des Bildausschnitts die repräsentative Ausstrahlung der Limousinen und die Tiefenwirkung des Raums. Vor allem die Autohersteller nutzten noch lange Zeit die Möglichkeit, ein Produkt in der gemalten Illustration ›nachzustylen‹. Die beiden *Ford*-

OBEN:
Abb. 103
Nescafé
»Tasse für Tasse [...] Tag für Tag« servieren Frauen den Männern *Nescafé*.
Aus: *Constanze* 17/1954

Modelle der Abbildungen 44 und 45 wirken durch die leicht veränderten Proportionen deutlich gestreckter und eleganter. *Mercedes-Benz* versuchte noch 1959, seinen 220er auf diese Weise aufzuwerten (Abb. 148).

Derartige Verbindungen von formalen und inhaltlichen Aspekten waren leicht realisierbar, solange die gesamte Anzeigengestaltung in einer Hand lag. Mit den komplizierteren Werbetechniken und der steigenden Bedeutung der Werbepsychologie wurden jedoch immer mehr Menschen aktiv am Entstehen einer Anzeige beteiligt. Einer der erfolgreichsten malenden Werbegrafiker der fünfziger Jahre, der Engländer George Him, warnte 1962 im Vorwort der Jahresausgabe von ›graphis annual‹ vor der Entmündigung seiner Zunft: »Der eigenständige Graphiker ist wie ein Pianist, der imstande ist, sein ureigenstes Klangbild einem ganz gewöhnlichen Klavier zu entlocken. Der ›Künstlerische Leiter‹ hingegen gleicht dem Mann an der Wurlitzer Orgel, einem prachtvollen Instrument, versehen mit himmlischen Stimmen, Bimmelglöckchen und unzähligen Registern.« Auch die Technik, etwa die Fototechnik, bringt seiner Meinung nach wenig: »Durch die unbegrenzten Mittel, die ihm zur Verfügung stehen, wird der *Art Director* als Mensch nicht größer, sondern kleiner.«[14.1]

Tatsächlich war es einfacher, mit wenigen Strichen eine schöne Frau zu malen (Abb. 43), die drei Vierteln der Leserschaft gefiel, als ein ebenso erfolgreich einsetzbares Fotomodell zu finden. Und noch andere Probleme stellten sich ein. Im Vergleich der *Fewa*-Anzeige (Abb. 48) mit der *Jacobs*-Werbung (Abb. 74) bemerkt man, daß trotz vieler Gemeinsamkeiten die ›realistische‹ Fotoanzeige sehr viel härter und kälter wirkt – und das, obwohl Frau Koch ihren ganzen Charme einsetzt, den Zeitungslesern lächelnd in die Augen sieht, um eine emotionale Reaktion auszulösen. Zwar ist Rot in beiden Fällen die dominierende Farbe, aber die *Fewa*-Anzeige wirkt viel wärmer. Keine harten Konturen und Kontraste stören die angestrebte Harmonie. Der Malduktus überläßt durch den leicht vagen Strich dem Betrachter noch einen Rest an subjektiver Komplettierung. Es wird eher ein Eindruck vermittelt als ein konkreter Sachverhalt. Die unvollkommene gemalte Realität arbeitet viel mehr als das Foto als ›Zeichen‹ für etwas, das in der Vorstellungs- und Gefühlswelt des Betrachters zur Vervollständigung anregt. Funktioniert dieser Mechanismus, so profitiert primär das beworbene Produkt von dieser Fantasieleistung durch seine ursächliche Verknüpfung mit dem Erlebten.

Dagegen transportiert ein Foto, wie in der Abbildung 74, ein Vielfaches an Information, in diesem Beispiel gewiß eine Reaktion auf die Konkurrenzsituation zum so viel informationsträchtigeren Medium Fernsehen. Extrem realistische Darstellung und Doppelszene sollen diesen Nachteil der Zeitschriftenwerbung gegenüber Film und Fernsehen ausgleichen helfen. An den Bemühungen wird auch der Text beteiligt. Frau Koch fährt gern »in die weite Welt hinaus [. . .] Wieder daheim, hält sie dann ihre Erinnerungen fest«, bei einer Tasse *Jacobs*-Kaffee: eine erzählende Handlungsabfolge, wie sie auch in einem Werbefilm stattfinden könnte.

Noch 1953 glaubte der Herausgeber des ›graphis annual‹, Charles Rosner, die in Amerika schon länger erkennbare Hinwendung zum Foto in der Werbung sei nur eine vorübergehende Erscheinung: »Bei den amerikanischen Zeitschrifteninseraten läßt die bis in die letzte Zeit noch so beliebte Anwendung der (Schwarz-Weiss wie Farben-)Photographie unverkennbar immer mehr nach. Diese Modeerscheinung entstammte vermutlich dem Bestreben, mit dem Film zu konkurrieren, während die neueste Entwicklungsphase wohl auf die immer weitere Kreise erfassende Durchsetzung der – schwarzen wie farbigen – Television zurückgeht. Für die illustrierte Zeitschrift ist die Konkurrenz mit den ›ins Haus gelieferten‹ Fernsehbildern schwieriger, als es seinerzeit war, den Wettbewerb mit Film und Kino aufzunehmen.«[14.2] Zum Eintritt der Fotografie in die Werbung schreibt Eduard Grosse in seinem Buch ›100 Jahre Werbung in Europa‹: »Seit dem Krieg trat der Fotograf mit seinem Register der praktisch unbegrenzten Darstellungsmöglichkeiten der Farbfotografie an die Stelle des Zeichners und Malers und verdrängte beide praktisch aus der Werbung.«[14.3]

Das kann sicher nur von einem kleinen Teil hochqualifizierter Werbefotografen behauptet werden, und der Verdrängungsprozeß dauerte, wie die zahlreichen in diesem Buch abgebildeten Beispiele zeigen, bis in die sechziger Jahre hinein an. Zunächst verlockte das Foto die Werbetreibenden zwar durch seine spezifischen Qualitäten: Es war realistischer und damit scheinbar lebensnäher. Wo um die Jahrhundertwende die gemalte Illustration die Wirkung von Zeitungsinseraten zu verstärken versucht hatte, weil »wahr war, was abbildbar war«, wurde nun aus dem im Foto Abgebildeten ein scheinbar objektiver Sachverhalt. Diesen Eigenschaften allein hat man jedoch, wie schon gesehen, bis weit in die sechziger Jahre häufig nicht getraut. Viele Werbegestalter ›vermischten‹ die neuen technischen Möglichkeiten mit den vertrauten künstlerischen Gestaltungselementen.

Malerisch überhöht wurden so noch 1960 zum Beispiel die *Diplona*-Kompositionen (Abb. 114, 115) durch überstarke Nachkolorierung. Nahezu alle abgebildeten Anzeigen aus Kapitel 5 sind, bei klarem Übergewicht ›modischer‹ Formen in der Gestaltung, Beispiele für den noch unbestritten hohen Stellenwert der Grafik; besonders *Tosca* (Abb. 34) und *Bolex* (Abb. 37) ordnen das Foto dem dekorativen Arrangement noch völlig unter.

Oben:
Abb. 104
Bier
Fotografiert, gemalt und gezeichnet – diese ›eklektizistische‹ Anzeige beweist, daß 1961 das Foto noch nicht die alleinige Vorherrschaft als Werbemedium errungen hat.
Aus: *Revue* 42/1961

Seite 130:
Abb. 105
Jacobs
Goldene Zeiten für die Genußmittelbranche: Der Gesundheitsfachmann trinkt gleich zwei Tassen Kaffee – »möglichst stark!« –, und dann raucht er auch noch.
Aus: *Neue Illustrierte* 5/1962

Seite 131:
Abb. 106
Tchibo
Die Industrienationen und die Dritte Welt in freundschaftlicher Gleichberechtigung? Ebenso wünschenswert wie illusorisch.
Aus: *Constanze* 17/1964

Im folgenden soll versucht werden, diese Entwicklung an fünf Anzeigen aus dem Bereich der Getränkewerbung aufzuzeigen. Sie beginnt mit der noch schwarzweiß abgedruckten gemalten Illustration bei *Nescafé*, führt über die vierfarbige *Jacobs*-Anzeige zur halbherzigen Einführung des Fotos in der Bierwerbung und endet 1964 beim formalen Schema der frühen sechziger Jahre, mit der Fotografie als dominantem Blickfang. Als letztes Beispiel zeigt die *Kathreiner*-Anzeige, daß schon 1963 die gemalte Illustration nunmehr als bewußt altmodisches Stilmittel in der Werbung eingesetzt werden konnte.

Die Kaffeebranche ist für diese Schilderung deshalb besonders geeignet, weil die Kaffeehersteller schon früher als andere Branchen den harten Konkurrenzkampf aufnahmen. Der entsprechende Druck, die potentiellen Kunden immer wieder aufs neue zum Erwerb eines bestimmten Produkts überreden zu müssen, führte zu starker Abhängigkeit von modischen Strömungen in der Werbung. Und diese modischen Strömungen sind bis in die sechziger Jahre hinein primär formale – stilistische – Bewegungen gewesen.

1954 war die einfarbig gedruckte Anzeige, wie im Beispiel *Nescafé* (Abb. 103), noch der Normalfall. Diesmal ist aber nicht auszuschließen, daß sie ursprünglich in Farbe gemalt worden war. Tatsächlich bestimmt das ›malerische‹ Element nicht nur durch die geradezu wilden Pinselstriche im Bildhintergrund den gesamten Charakter der Anzeige. ›Malerisch‹ ist auch das Stoffmuster, schwungvoll sind die Locken und die Augenbrauen der jungen Frau sowie die Formen und der Faltenwurf ihres Kleides.

In der dargestellten Szene bietet sie lächelnd einem Herrn eine Tasse Kaffee an. Ihr Blick, der leicht geneigte Kopf und das fast schulterfreie Kleid lassen an eine Ver-

O ja - Schwester -
jetzt eine Tasse Kaffee!
Es dürfen auch zwei sein - und möglichst stark! -
Unser Professor liebt JACOBS KAFFEE, der ihm den
wohltuenden Ausgleich für seinen schweren Dienst gibt.
JACOBS KAFFEE wunderbar

Wer ist der Dicke neben dem Massai?

Sein Freund. Der Tchibo-Kaffee-Experte. In Kenia nennt man ihn Bwana Tchibo. Er hat viele Freunde hier. Weil man in Kenia Männer schätzt, die was von Kaffee verstehen.
Nicht nur in Kenia.
Überall dort, wo man guten Kaffee anbaut, freut man sich auf den Besuch des Tchibo-Kaffee-Experten.
In Afrika. In Mittelamerika. In Südamerika. Gute Freunde in neun großen Kaffee-Erzeugerländern helfen unserem Experten, besten Kaffee zu bekommen.
Für die Millionen Freunde von Tchibo »Gold-Mocca« und Tchibo »mild«.
Tchibo ist der meistgetrunkene Kaffee in Deutschland. Ein halbes Kilo kostet DM 7,90. Unter Freunden.

Direkt durch die Post und in eigenen Filialen.

Tchibo

kräftig und würzig

weich im Geschmack und mildgeröstet

führung denken. Der Werbetext unterstützt diesen Eindruck. »Warum gerade diesen?« scheint der Herr zu fragen, läßt sich dann aber überreden: »Weil dieser Kaffee immer gleich gut schmeckt.« »Warum gerade diesen?« betrifft aber auch den Herrn. Er sitzt, sie steht und bedient ihn. Warum also diesen?

Auch hier hilft der Werbetext weiter. In Schreibmaschinenschrift gesetzt, weist er auf ›Chef und Sekretärin‹. Es handelt sich hier also um einen guten Chef, der sich von seiner Sekretärin auch schon mal ›zu etwas‹ verführen ließ. Solch eine Sekretärin wünschte sich natürlich jeder Chef. *Ihn* sieht man von hinten; wie er aussieht, ist unerheblich. *Er* ist sowieso der Chef, und Kaffeemachen ist Frauensache. So nutzt die Werbung die dienende Rolle der Frau zum Absatz des eigenen Produkts und suggeriert den Frauen auch noch, es sei in ihrem eigenen Interesse.

Die Gemeinschaftsanzeige der Bierindustrie (Abb. 104) aus dem Jahr 1961 demonstriert die anhaltende Unsicherheit gegenüber dem Einsatz des Fotos auf vielfache Weise. Zunächst wird die fotografierte Szene in einer kleinen Strichzeichnung wiederholt, die sich auch noch vor das Foto schiebt. Einerseits reproduziert sie den fotografierten Mann in stark verkleinerter Form ganz genau, andererseits ist hier eine zweite Person hinzugefügt, die ganz offensichtlich in der Vorlage nicht vorhanden war. Im Foto selbst ist das Bierglas durch Nachkolorierung und Aufhellung besonders hervorgehoben. Diese beiden ›malerischen‹ Eingriffe scheinen aber nicht ausreichend gewesen zu sein, denn in der Anzeige ist zusätzlich noch ein gemaltes Bierwerbeschild abgebildet.

Es läßt sich nicht genau bestimmen, ob gestalterisches Mißtrauen gegen die emotionale Wirkung nur des Fotos allein dafür verantwortlich war, daß ihm die Strichzeichnung zur Seite gestellt wurde. Möglicherweise nimmt sie Bezug auf eine andere, größere Werbung, in der beide Personen im Foto abgebildet sind. (Das Werbeargument des kommunikativen Aspekts von Genußmitteln wurde zu jener Zeit bereits in zahlreichen anderen Anzeigen vorgetragen – siehe Kapitel 18.) Vielleicht wurde auch der Ausschnitt, den das Foto bietet, als zu begrenzt in seiner Wirkung empfunden, so daß die Zeichnung den Gesamtrahmen wieder vergrößern sollte. Der Werbetext aber unterstützt noch den einsamen Trinker: »Wenn's die anderen nicht tun, muß man sich schon selbst belohnen!«

Bemerkenswert sind schließlich die beiden sehr erfolgreichen Slogans: »Zwei Worte: Ein Bier!« und »Bier macht den Durst erst schön«. In nachgerade genialer Einfachheit treffen sie genau den Punkt und setzen sich damit angenehm vom Rest der Anzeige ab, deren gestalterische Disharmonie vermuten läßt, daß an ihrer Konzeption schon mehrere, mindestens sechs verschiedene Personen beteiligt waren.

Die *Jacobs*-Werbung (Abb. 105) von 1962 versucht die schon nicht mehr ganz aktuelle Präsentation von Produkten im gemalten Bild durch die Darstellung eines Handlungsablaufs aufzuwerten. Die Illustration enthält eine große Menge von Hinweisen auf Tätigkeiten: Schreiben, Lesen, Forschen, Untersuchen, Rauchen, Kaffee-Einschenken, Kaffeetrinken, Sprechen und Sich-Ausruhen. Da diese Tätigkeiten nur nacheinander stattfinden können, ist also im Grunde ein ganzer Zeitablauf dargestellt. Der Werbetext unterstützt diese Strategie mit der direkten Rede: »O ja – Schwester – jetzt eine Tasse Kaffee!«

Die von der Anzeige transportierte große Informationsmenge hat natürlich auch einen inhaltlichen Grund. »Unser Professor« ist ein ebenso vielbeschäftigter wie verantwortungsbewußter Arzt. Hier treffen in »schwerem Dienst« echte Belastung und profunde Sachkenntnis aufeinander. Wenn ein solcher Gesundheitsfachmann als »wohltuenden Ausgleich« Kaffee trinkt, ja »liebt«, dann muß Kaffeekonsum, und zwar reichlicher, gesund sein: »Es dürfen auch zwei sein – und möglichst stark!« Zu allem Überfluß raucht er auch noch, was den Eindruck einer damals noch sehr geringen Sensibilität für die schädliche Wirkung mancher Genußmittel abrundet.

Es ist fast unnötig, auf das vorgeführte Verhältnis zwischen den Geschlechtern hinzuweisen: *Er* sitzt im Sessel, *sie* steht. Sie bedient ihn lächelnd, und er schaut prüfend, was die junge Schwester ihm da einschenkt.

Ganz dem formalen Muster der typischen Sechziger-Jahre-Anzeige gemäß präsentiert sich die *Tchibo*-Anzeige (Abb. 106) aus dem Jahr 1964. Die oberen drei Viertel füllt ein Foto, darunter ist der Werbetext und rechts unten klein das beworbene Produkt abgebildet; die Ähnlichkeit zu den Abbildungen 133 bis 136 ist bemerkenswert.

Das Foto beherrscht die Anzeige auch inhaltlich. Selbst der Text nimmt konkret Bezug auf den Fotoinhalt: so ergibt sich eine sehr eindeutige Gesamtaussage. Mit dem Einsatz des in den sechziger Jahren wohlbekannten »*Tchibo*-Kaffee-Experten« geht es auch um das Verhältnis der Industrienationen zur Dritten Welt, dessen Qualität sich in diesem Beispiel ebenso unfreiwillig wie drastisch offenbart.

Die Überschrift stellt einen Massai als Person vor, die bekannter scheint als der Kaffee-Experte: »Wer ist der Dicke neben dem Massai?« Damit wertet sie den Afrikaner gewaltig auf, was zwar wohl witzig gemeint, tatsächlich aber notwendig ist, um ihn neben der Galionsfigur des westlichen Kapitalismus bestehen zu lassen. Das Verhältnis der beiden verklärt der Werbetext aufs schönste: »Sein Freund«, »Er hat viele Freunde hier«, überall »freut man sich auf den Besuch des *Tchibo*-Kaffee-Experten«, »Gute Freunde [...] helfen unserem Experten«. Bei so viel beschworener Freundschaft darf man stutzig werden. Erlaubt die Anzeige hier noch weitere Beobachtungen? Gleich groß stehen sie im Foto nebeneinander, in gleicher Haltung, beide in traditioneller Stammeskleidung und mit den Machtinsignien ihrer Kulturkreise versehen. Die Anzeige gibt sich alle Mühe, die beiden gleichberechtigt erscheinen zu lassen: die westliche und die Dritte Welt in trauter Freundschaft. Angesichts der Ausbeutung der Entwicklungsländer durch die Industrienationen ist das eine ebenso suggerierenswerte wie unrealistische Vorstellung. Der Kaffeekonzern *Tchibo* propagierte diese Utopie einerseits zur Steigerung seines Bekanntheitsgrades, andererseits möglicherweise, um ein mit gestiegenem Problembewußtsein sich regendes schlechtes Gewissen rechtzeitig und wirksam zu beruhigen.

Das Paar auf dem Foto erhält in den beiden rechts unten abgebildeten Kaffeedosen ein formales Pendant. Die eine Dose hat einen weißen Deckel, ihr Kaffee wird als »kräftig und würzig« gelobt und heißt wertvoll *Gold-Mocca*. Die andere Dose hat einen roten Deckel, und ihr Inhalt ist »weich im Geschmack und mild geröstet«. Die Beschriftung nennt nur ihren geschmacklichen Charakter: *Mild*; offensichtlich hat – braucht ? – sie keinen eigenen Namen. Die Parallelen zur klassischen Rollenverteilung von Mann und Frau sind unübersehbar.

OBEN:
Abb. 107
Kathreiner
Noch 1963 scheint keiner Erwähnung würdig, was heute schlagendes Werbeargument wäre: die Koffeinfreiheit des Produkts.
Aus: *Constanze* 21/1963

Findet sich auch in der Fotografie eine entsprechende Analogie? Die linke Figur ist stämmig und steht mit gespreizten Beinen achtungsgebietend da. Sie strahlt Überlegenheit und Selbstbewußtsein aus. Ihr Gesichtsausdruck ist verschlossen und eher abweisend, die dünnen Lippen bilden einen harten Strich. Sie trägt einen schwarzen Anzug, Krawatte, Hut und eine Aktentasche, formelle Kleidung also, die durchaus im Widerspruch zu der sie umgebenden Natur steht. Die rechte Figur ist vergleichsweise schmal, ihr Körperbau erkennbar zarter und wohlgeformter. Durch die geschlossenen Beine und den leicht geneigten Kopf wirkt sie bescheidener als ihr Pendant. Ihr Gesichtsausdruck ist, trotz der wie zum Sprechen leicht geöffneten runden Lippen, zurückhaltend. Sie trägt ein rechts schulterfreies, kleidähnliches Gewand, das sich farblich der Umgebung anpaßt, und ist reichlich mit Schmuck behängt.

Auch hier gibt es ausreichend Anhaltspunkte für eine bewußte Rollenverteilung. Die Industrienationen stellen sich als eine ›männliche‹ Welt vor, während das naturverbundene Afrika wie eine ›weibliche‹ erscheint. Und es wird suggeriert: Wie das offizielle Verhältnis von Mann und Frau ist auch dieses Verhältnis ein gleichberechtigtes.

Die *Kathreiner*-Werbung (Abb. 107) nutzt schon 1963 die gemalte Illustration zur traditionsbetonten Selbstdarstellung.

Im Stil eines Holzschnitts werden eine Kaffeekanne und eine mit Malzkaffee gefüllte Tasse abgebildet. Es ist keinerlei Verbindung zur Situation des Kaffeetrinkens wie in den Abbildungen 103 und 105 hergestellt. Die Überschrift »Gesund wie das tägliche Brot« bietet das offenbar einzige Werbeargument, das in einer Zeit, da der Bohnenkaffee zum Massengetränk geworden ist, noch für Ersatzkaffee spricht. Vor dem zweiten Weltkrieg hat man noch doppelt soviel Ersatzkaffee wie Bohnenkaffee getrunken.[14.4] Das hatte primär finanzielle Gründe; allerdings wurde auch schon damals das Koffein als gesundheitsschädlich erkannt. Daher verwundert es, daß die Anzeige darauf verzichtet, das Argument ›koffeinfrei‹ für diesen »naturreinen Malzkaffee« ins Feld zu führen. Statt dessen greift der Text bis ins Jahr 1896 zurück, auf den Gesundheitslehrer Sebastian Kneipp, der sich ja auch schon früh gegen den koffeinhaltigen Kaffee gewandt hatte: »Sebastian Kneipp, der Künder der Lehre vom gesunden Leben, gab am 2. Juni 1896 in Wörishofen diesem naturreinen Malzkaffee sein Bild und seine Unterschrift«. So entsprechen Inhalt und Form dieser Anzeige einander durch den gemeinsamen Verweis auf die Vergangenheit und bilden eine geschlossene Einheit.

Der Satz »Überall zu Festpreisen zu haben!« dürfte als Reaktion auf die großen Preisschwankungen beim Bohnenkaffee in den sechziger Jahren zu verstehen sein.

15 Das Sechziger-Jahre-Schema

Je häufiger Fotos in der Werbung eingesetzt wurden, desto mehr glichen sich im Laufe der Zeit die Anzeigen optisch einander an. Das Foto hatte einen festen Platz erhalten und stand als wichtigste Informationsquelle *über* dem Werbetext. Es füllte die oberen drei Viertel der Anzeigenfläche, und darunter war auf weißem Grund der Text meist relativ klein gesetzt. Häufig erschien zusätzlich rechts unten eine kleinformatige Abbildung des beworbenen Produkts (siehe auch Abb. 133–136).

Als es die weiterentwickelten Drucktechniken ermöglichten, über den Rand der Zeitschriftenseiten hinaus zu drucken, vergrößerte sich die Fläche des Fotos, das nun bis zum Seitenrand reichte und ›im Anschnitt‹ reproduziert wurde (Abb. 109), noch etwas. Die Anzeigen verloren damit den letzten verbliebenen Rest formaler Verbindlichkeit, ihren weißen, passepartoutartigen Rahmen (vgl. Abb. 108), zugunsten der optischen Dominanz des neuen Mediums.

Sie unterschieden sich jetzt nur noch durch den Inhalt der Fotos und der Texte voneinander; formale Differenzen oder gar dekorative Moden in der Anzeigengestaltung verschwanden für geraume Zeit fast völlig. Vor allem die in den fünfziger Jahren so beliebte Rundung wurde als zu ›künstlerisch‹ aus der Anzeigengestaltung verbannt. Diesem Geist verpflichtet, schrieb Herbert Liebenau in seinem Beitrag ›Werbung – brutto und netto‹ für das erste ›Jahrbuch der deutschen Werbung‹ von 1964: »Allein: die Künstler hatten ihre dienende Funktion nicht recht verstanden. Nur ihre Stiefsöhne, die Fotografen, begriffen im letzten Jahrzehnt, daß sich die künstlerische Persönlichkeit der Aufgabe des Verkaufens unterordnen muß.«[15.1]

Für den Siegeszug dieses formalen Grundmusters in der ganzseitigen Zeitschriftenwerbung von 1960 bis in die siebziger Jahre hinein gibt es noch eine ganze Reihe anderer Gründe. Zunächst litten die Anzeigengestalter unter der Konkurrenz des Fernsehens. Dort wurden die angebotenen Produkte nicht nur fotografisch genau, sondern im Handlungszusammenhang des täglichen Lebens präsentiert. Dem versuchte man mit großformatigen Fotografien möglichst nahe zu kommen (Abb. 133–136). Außerdem war die Werbefotografie ihrerseits um 1960 schon so perfekt, daß sie nicht nur allen an sie gestellten Anforderungen genügen konnte, sondern durchaus eigene formale Qualitäten entwickelt hatte; siehe zum Beispiel die Abbildungen 112 und 149.

Schließlich muß noch der Anschluß an die internationalen Werbemärkte als Grund für die vereinheitlichte Gestaltung angesehen werden. Vor allem *VW* lancierte Ende der fünfziger Jahre in den USA eine Serie fast genialer Anzeigen, die eine ganze Welle von *creative advertising* einleitete und teilweise auch in Westdeutschland geschaltet wurde.[15.2] Diesem erfolgreichen internationalen Anzeigenschema sollte sich dann auch die einheimische Werbeproduktion anpassen. Eduard Grosse schreibt dazu: »Die frühen sechziger Jahre brachten den meisten europäischen Ländern eine neue Medienkombination: Fernsehen, Funk, Anzeigen, Plakate. Sie brachten das System von Agentur- und Kundeninteraktion, das noch heute besteht. Sie sahen Verfeinerungen in der Methodik von Werbeforschung und Werbeplanung, die das Risiko der Investition für den Hersteller reduzierten. Die Werbung begann den Abbau nationaler Barrieren in Westeuropa widerzuspiegeln, sicher sogar aktiv an ihm mitzuwirken.«[15.3]

OBEN:
Abb. 108
Opel
Das neue formale Anzeigenmuster der sechziger Jahre: oben ein großes Foto, darunter der Werbetext.
Aus: *Schöner Wohnen* 11/1961

Die Autoanzeigen, die in diesem Kapitel abgebildet sind, wirken im Vergleich mit früheren Beispielen der Gallung nicht nur einfacher, sondern auch viel direkter. Diese Direktheit ergibt sich unter anderem aus der klaren, nüchternen Geometrie der Flächenaufteilung, die dem inhaltlichen Anliegen der Anzeige vollkommen untergeordnet ist. Keine formalen Schnörkel stören die Wirkung der Fotos. Die Werbebotschaften schienen dadurch klarer und deutlicher und deshalb leichter und schneller verständlich zu werden: »Es entstand eine künstliche Nüchternheit der Werbedarstellung und der Werbesprache, die überzeugte.«[15.4] Rein *funktionale,* die optimale Präsentation des Produkts fördernde Motive bestimmten nun die Form der Anzeigen, vor allem in der Autowerbung. (Analoge Ursachen ließen dann einige Jahrzehnte später auch die Fahrzeuge selbst einander immer ähnlicher werden.)

Trotz des enormen Erfolgs dieses Gestaltungsschemas darf aus dem nahezu stereotypen Einsatz der Fotografie in den Anzeigen auf mangelnde Souveränität im Umgang mit dem neuen Medium geschlossen werden. Die meisten Anzeigenentwerfer schienen froh gewesen zu sein, eine simple, einheitliche Verwendung für das Foto gefunden zu haben, und hielten sich lange Zeit daran (vgl. die Abb. 31, 70, 73, 74, 102, 106, 133–136).

Am Beispiel der sechs größten deutschen Autohersteller – auch *Mercedes-Benz* gehört dazu (Abb. 148, 149) – soll nun demonstriert werden, wie verbindlich das Anzeigenmuster in der Tat war (Abb. 108–112).

Betrachtet man die fünf Automobilanzeigen (Abb. 108–112) nebeneinander, fällt zunächst auf, daß sie – innerhalb des obligatorischen Grundschemas – recht verschieden wirken. Das liegt daran, daß die inhaltlichen Unterschiede der Fotos formale Differenzen früherer Anzeigen ersetzen. Es bedeutet möglicherweise auch,

OBEN LINKS:
Abb. 109
VW
Manche profilierten sich erfolgreich mit cleverem Understatement ...
Aus: *Revue* 48/1962

OBEN RECHTS:
Abb. 110
DKW
... aber für andere war die Konkurrenz zu übermächtig.
Aus: *Neue Illustrierte* 46/1962

daß man beim Betrachten einer Anzeige mit Foto zuerst und vor allem auf den Inhalt der Abbildung reagiert. Im Gegensatz zum ›Angebot‹ einer gemalten Werbeillustration an die Fantasie des Betrachters zeigt das Foto *Realität,* der man sich automatisch zu stellen versucht.

Schließlich ist bemerkenswert, wieviel demonstrativer als früher der Text dem vom Foto angestrebten Werbeeffekt zuarbeitet.

Das Foto in der Abbildung 108 zeigt einen *Opel Kapitän,* der zur Verstärkung seiner gediegenen Ausstrahlung vor einem luxuriösen Hotel geparkt ist. Ähnlich ehrfurchtgebietend wie der Wagen im Foto steht auch der Typenname in breiter gestellten klassischen Versalien im unteren Teil des Textblocks. Dessen Vokabular beschreibt – und forciert dadurch – die Wirkung des Autos im Foto: »groß«, »breit«, »langgestreckt«, »mit dem Ausdruck selbstbewußter Überlegenheit«. Der Hoteleingang wird »Portal« genannt, und die gute Laune des dem *Kapitän* offensichtlich gerade entstiegenen Paars wird mit seinem »Fahrkomfort« und der »Sitzbequemlichkeit« verbunden.

An einem derart repräsentativen Wagen dürfen auch 1961 nicht die eleganten Weißwandreifen und das weiße Lenkrad fehlen; sie finden optische Pendants in den weißen Lederhandschuhen und den weiß umrandeten Markisen.

1959 lancierte *VW* in den USA eine Serie von Anzeigen, denen das vorliegende deutsche Beispiel von 1962 (Abb. 109) formal genau entspricht.

Durch die Froschperspektive wird die Aufmerksamkeit in diesem ›Porträtfoto‹ auf die 15-Zoll-Weißwandreifen und die große Bodenfreiheit des *Käfers* gelenkt. Nicht seine schöne Form und den starken Motor, sondern seine »Langlaufeigenschaften«

OBEN LINKS:
Abb. 111
Ford
Wenn zwei vorn sitzen, freut sich der Dritte.
Aus: *Constanze* 12/1963

OBEN RECHTS:
Abb. 112
BMW
Aggressiv wie ein Hai: das Auto neuen Stils.
Aus: *Constanze* 31/1965

stellt die Anzeige heraus. Gemäß dem erfolgreichen *VW*-Werbeslogan »Er fährt und fährt und fährt...« erzählt der Werbetext von einem »Dr. Bamberger aus Bruchmühlbach«, der »95 165 km mit dem ersten Reifensatz« schaffte. Sicher ist schon 1962 die vor allem ›breit und flach‹ gestaltete Konkurrenz ein Grund für diese notwendige und geschickte Verteidigung des Wagens, indem nicht seine nicht mehr ganz zeitgemäße Karosserieform, sondern die zeitlose Zuverlässigkeit angepriesen wird.

DKW bietet im gleichen Jahr »glückliche Gesichter«, den Blick auf eine autofahrende Jungfamilie (Abb. 110). Der im Foto nicht erkennbare *DKW Junior de Luxe* wird unter dem Textblock klein, aber vollständig abgebildet.

»Zehn zu eins« wettet der Werbetext, daß dieser Sonntagsausflug in einem *DKW* mit »viel Platz für 5 Personen« und »Ferienkofferraum« stattfindet. Immerhin drei Generationen genießen im Foto den »gediegenen Komfort« und die »Rundum-Verglasung«.

Ford benutzt 1963 eine ähnliche Perspektive, aber mit anderem Ziel (Abb. 111). Die mehr von oben fotografierte Aufnahme gewährt einen Einblick in die tatsächliche Sitzposition der Autoinsassen und sucht so den Nachweis der Anzeigenüberschrift »Sogar der fünfte fühlt sich wohl« zu führen. »Fünf« ist überhaupt das Schlüsselwort in dieser Anzeige: »Fünf Fahrgäste in einem Auto« berichtet der Werbetext, und die Situation im Foto erinnert an das sprichwörtliche »fünfte Rad am Wagen«: zwei Paare, aber trotzdem ist der dritte Mann Hahn im Korb. Liegt es am Wagen oder an der Tatsache, daß beide Frauen hinten sitzen müssen? »Der fünfte hat es sichtlich gut«, meint jedenfalls auch der Anzeigentext. Die Damen scheinen mit der Situation nicht unzufrieden zu sein, die eine flirtet mit dem dritten Mann, die andere mit den potentiellen *Taunus*-Käufern. (Auch in dieser Anzeige muß übrigens das Auto unten klein abgebildet werden, da es im Foto nicht zu erkennen ist.)

Eine ganz andere Richtung schlug *BMW* 1965 in seiner Anzeige (Abb. 112) ein. Das Auto ist nicht mehr passives Fotoobjekt, sondern aktives Bewegungssymbol. Sein Kühlergrill erinnert ein wenig an die Aggressivität eines Hais, seine Scheinwerfer an dessen Augen. Er ist dem Betrachter schon bedrohlich nahe gekommen, der gerade noch von dem Fotorahmen wie von einem Haikäfig geschützt wird.

Der Werbetext gibt dem vom Bild ausgehenden dynamischen ›Zeitgeist‹ den entsprechenden Namen: »Modell 1966«. Und weil die demonstrierte Aggressivität auch über ausreichende Kraftreserven verfügen muß, nennt diese Anzeige – als einzige – die genauen PS-Zahlen der verschiedenen Typen.

16 Ein neuer Männertyp

Wie schon die Bemühungen der Herrenoberbekleidungsindustrie in den Gemeinschaftsanzeigen (Abb. 86, 102) zeigten, hatte es die Werbung versäumt, frühzeitig einen allgemein verbindlichen Männertyp zu propagieren. 1962 war die Vorherrschaft der Männer wieder ausreichend gesichert, so daß man auch ihnen Vorschriften über ihr Äußeres machen konnte, ohne sie allzusehr in Frage zu stellen und das regenerierte Selbstbewußtsein zu gefährden. Was den Frauen seit 1949 – wie gesehen, auch aus anderen Gründen – als notwendig eingeredet worden war, mußte nun für die Männer inszeniert werden. Zu lange hatte man ihnen die Freiheit zugestanden, unabhängig von Äußerlichkeiten »alles ihrer eigenen Tüchtigkeit zu verdanken«. Über zehn Jahre waren sie als individuelle Kunden umworben worden; nun ging die Werbung daran, sie wieder zurechtzustutzen. Auch dabei handelte es sich um ›Rollen‹, jedoch nicht so sehr um ›Zuweisungen‹ wie im Kapitel 13 als vielmehr um die Schaffung eines Leitbildes für die Millionen von Männern, die nicht direkt an der Macht beteiligt waren.

Der auf breiter Basis erreichte allgemeine Wohlstand hatte die sichtbaren Unterschiede zwischen Arm und Reich mehr und mehr verschwinden lassen. Einerseits waren nun zusätzliche Konsumanreiz , jenseits der Sicherung des bloßen Existenzminimums, zu bieten; andererseits mußte in einer prosperierenden Wirtschaft die zunehmende Menge produzierter Waren verkauft werden. Die Werbung begann folgerichtig mit der Einführung neuer materialistischer Leitbilder. Individuelle Profilierung durch vorzeigbaren Besitz, erfolgreiche Selbstdarstellung dank konsumierter ›Äußerlichkeiten‹ bot sie den das Geld verdienenden Männern an.

Die Herrenbekleider kreierten 1963 dafür den Slogan »Gut angezogen, gut angesehen«. »Männer, die gut angezogen sind, gelten mehr. Mehr als Männer, die ein tolles Auto haben«, versprach der Anzeigentext. Gegen die Autoindustrie, die viel weniger Absatzprobleme hatte, weil sie ihre Produkte schon immer vornehmlich den Männern eingeredet hatte, konnte man sich erfolgreich profilieren. »Tolle Autos sind eine Geldfrage. Kein Ersatz für Persönlichkeit.« Damit erreichte man all diejenigen, die sich kein Auto als Statussymbol leisten konnten – und verkaufte ihnen Bekleidungsartikel: »So wie Sie aussehen, werden Sie angesehen.«

GEGENÜBER:
Abb. 113
wellaform
Auch die Männer mußten nach einiger Zeit wieder in die Konsumpflicht genommen werden und sich dem »neuen Typ« angleichen.
Aus: *Das Beste aus Reader's Digest* 7/1962

Ähnlich verfuhr die Kosmetikindustrie; auch hier waren jahrelange Versäumnisse zu beklagen. Mit dem Vokabular der Damenkosmetikwerbung war allerdings bei den Männern nicht viel zu erreichen. Aufwendige halbwissenschaftliche Argumentationen mußten aufgeboten werden, zum Beispiel für die Vorteile von Haarwasser: »*Trilysin* aktiviert Ihre Kopfhaut«, und »*fit* enthält jetzt Silikon und schützt das Haar vor Luftfeuchtigkeit«. *Birkin* wirkte mit »naturreinem Birkensaft in Verbindung mit reinem Alkohol hervorragend gegen die Schwächen und Krankheiten des Haares«, und *wellaform* enthielt »Schutz- und Pflegestoffe«.

Zur Präsentation dieser Produkte schuf man einen coolen »neuen Typ«, der stets Anzug und Krawatte trug und sich durch besonders akkuraten Haarschnitt und exzessiven Gebrauch von Haarwasser auszeichnete. Dieser Typ wurde auch in den Anzeigen vieler anderer Produktgruppen eingesetzt. Sein Erfolg beendete die offizielle Würdigung männlicher Individualität in der Werbung. Keine einzelgängerischen Schnörkel durften mehr vom systemkonformen, perfekt gestylten Erfolgsmann ablenken; der Vorteil war, daß wer diesem Vorbild nacheiferte, getrost sein konnte, auf der Straße sofort als dynamischer Zeitgeistler erkannt zu werden. Alle sollten nun gleich sein – selbst Männer und Frauen: vor der Ladenkasse.

Es ist eine Überlegung wert, ob nicht der Erfolg dieses anonymen Rollenbilds als Katalysator für die Ende der sechziger Jahre einsetzende Gegenbewegung der Jugend gewirkt hat. Gerade gegen die adrette und uniforme Kurzhaarmode zeitigten die sechziger und siebziger Jahre ja eine besonders heftige Reaktion.

Die folgenden vier Anzeigen stellen den neuen Typ im Foto vor und erklären in den Werbetexten, was man tun mußte, um sich ihm anzugleichen.

»Dem neuen Typ das neue *wellaform*« empfiehlt die *Wella*-Werbung (Abb. 113) von 1962. Der ist offenbar schon so bekannt, daß ein kleines Foto links oben zur Erinnerung genügt. Die viel größer abgebildete Frisiercreme ist es, um die es in der Anzeige geht. Sie bietet nicht nur die korrekte Frisur (»soll o. k. sein«), sondern mehr: »aber locker und von natürlichem, dezentem Glanz«. Das Foto präsentiert den erfolgreichen Einsatz der Creme im Ernstfall, auf einer Autobahnbrücke. Dort herrschen bekanntlich immer besondere Windverhältnisse, wenn nicht durch die natürliche Luftbewegung, dann durch die vorbeirasenden Autos. Selbstverständlich bleibt die *Wella*-Frisur von derart feindlichen Umweltbedingungen vollkommen unbeeindruckt.

Das Foto erlaubt noch zusätzliche Spekulationen über das von den beiden abgebildeten Personen vermittelte Rollenverhalten. Die Frau scheint auf jemanden zu warten. Vielleicht auf einen »neuen Typ« wie den Mann, der, perfekt gestylt und anonym – mit Sonnenbrille –, zu einem kleinen Abenteuer bereit wäre?

Diplona (Abb. 114, 115) hatte getreu dem eigenen Motto »Es ist nie zu früh und selten zu spät« beizeiten mit wissenschaftlicher Argumentation für »die wirksame Haarnährpflege« geworben. »Auch Ihr Haar hungert! Unsere neuzeitliche Ernährung bringt oft zu wenig Nährstoffe zum Haarboden«, hieß es in den fünfziger Jahren. Aber erst die großangelegte Bemühung der Werbung um die Etablierung des »neuen Typs« verschaffte diesem Konzept Anfang der sechziger Jahre den gewünschten Erfolg auf breiter Basis.

W 631

Dem neuen Typ das neue wellaform

„... die Frisur soll o. k. sein, aber locker und von natürlichem, dezentem Glanz bleiben, so wie es eben dem heutigen Typ entspricht. Und dafür ist das neue Wellaform genau richtig. Man braucht nicht viel davon. Es ist so ergiebig. Einfach angenehm ..."

Probetube von: Wella AG · 61 Darmstadt · Abt. W 5

WELLA gibt's beim Friseur

OBEN:
Abb. 114
Diplona
Die Werbe-Beaus der späten fünfziger Jahre erstrahlen dank der farbenfrohen Nachkolorierung in übernatürlichem Glanz.
Aus: *Neue Illustrierte* 4/1960

GEGENÜBER:
Abb. 115
Diplona
»Es ist nie zu früh und selten zu spät für Diplona«; das ideale »Haarnährmittel« macht den Sohn zum Mann.
Aus: *Neue Illustrierte* 23/1962

Auffällig ist in den vorliegenden Beispielen von 1960 und 1962 die große Textmenge. Umfangreiche Überzeugungsstrategien werden für den Einsatz des Haarwassers aufgeboten. Von der »Gesundheit«, der Wirkung gegen »Haarausfall, Kopfjucken und lästige Schuppen« über die »aparte und sympathische Duftnote« und »handlich-elegante Flasche« bis hin zur »Schönheit Ihres Haares« wird den Männern alles angetragen.

Daß die beiden Anzeigen trotz der zahlreichen formalen Elemente optisch nicht auseinanderfallen, liegt an der überstarken Nachkolorierung der Fotografien. Die wie von einem farbigen Heiligenschein erhellten Porträts bündeln als visuelle Schwerpunkte die Komposition der Anzeigen. Die extremen Farben und die dadurch unnatürlich weißen Zähne der Abgebildeten verleihen den Bildern etwas

DAS
BESTE
DER NATUR FÜR
IHR
HAAR
Diplona
VITAMIN
HAARWASSER
Es ist nie zu früh
. . . weder für Sie noch für Ihren Sohn, denn frühzeitig gepflegtes – und vor allem richtig genährtes – Haar dankt es Ihnen mit Schönheit und Gesundheit. Für beides ist das bewährte Diplona-Vitaminhaarwasser mit der großen Wirkungsbreite wichtig. Es erreicht weit mehr als rein äußerliche Haarpflege – es ist ein ideales Haarnährmittel, denn die biologischen Wirkstoffe in Diplona dringen bis zu den feinsten Haarwurzeln und nähren wirksam den Haarboden. Schuppen und Haarausfall verschwinden schon nach kurzer Zeit, Sie sehen gepflegt aus und machen den Eindruck, den Sie sich wünschen. Die neue aparte Duftnote begeistert alle, die Diplona-Vitaminhaarwasser probieren. Verlangen Sie ausdrücklich Diplona.
Diplona-Vitaminhaarwasser
mit und ohne Fett
Diplona Silber für
meliertes und weißes Haar
in Flaschen
DM 2,85, DM 4,50, DM 6,–
in Ihrem Fachgeschäft
Diplona
Vitamin
Haar
Wasser
Es ist nie zu früh und selten zu spät für Diplona - die wirksame Haarnährpflege

OBEN:
Abb. 116
Brisk
Adrett und uniform, inzwischen die Norm – man begreift die Liebe der Sechziger-Jahre-Jugend zu langen Haaren.
Aus: *TV Hören und Sehen* 29/1962

Unwirkliches. Der wie ein Erwachsener angezogene Knabe erhöht diese irreale Wirkung noch zusätzlich, so daß die Personen ein wenig wie Fünfziger-Jahre-Außerirdische erscheinen.

Ganz normal wirkt dagegen der *Brisk*-Mann (Abb. 116) aus dem Jahr 1962. »Ein Mann wie er legt stets Wert auf sein Äusseres«. Das Foto zeigt den Erfolg, jedes Haar bleibt hundertprozentig in seiner frisierten Form – »den ganzen Tag«, bis abends in der Nachtbar, wo man dann Hahn im Korb ist. Im Foto sind noch drei Männer und drei Frauen zu erkennen, die aber alle nur Augen für den »*Brisk*-frisierten« Mann haben. Er macht ganz offensichtlich »den besten Eindruck«, ein fotografischer Beweis für die Behauptung des Werbetextes.

17 Neue Maßstäbe: *Braun*

»Die Entwicklung der Firma *Braun* ist eine unbeschreibliche Success-Story, sowohl im Radio- und Phonobereich wie auch bei Küchenmaschinen und Elektrorasierern.«[17.1] So eröffnete Rüdiger Joppien seinen Beitrag ›*Weniger ist mehr* – oder: Die Leere ist die Fülle‹ zum Katalog der *Braun*-Ausstellung im Hamburger Museum für Kunst und Gewerbe Ende 1990. Tatsächlich setzte *Braun*, zumindest was die Formgebung seiner Geräte anbetraf, weltweit neue Maßstäbe.

1954 hatten die Söhne des Firmengründers Max Braun, Erwin und Artur, beschlossen, einen radikalen Neuanfang bei der Gestaltung ihrer Geräte zu wagen. Dazu nahmen sie Kontakt auf zur Ulmer Hochschule für Gestaltung, wo der ehemalige *Bauhaus*-Schüler Max Bill Rektor und seine Kommilitonen Wilhelm Wagenfeld und Herbert Hirche sowie Hans Gugelot als Dozenten für Produktgestaltung arbeiteten.

Schon 1955 stellte *Braun* auf der Funkausstellung in Düsseldorf die neu entworfenen Heimelektronikgeräte vor und erntete »maßloses Erstaunen«.[17.2] Die Geräte unterschieden sich nicht nur durch sachlich rechteckige Grundformen von der Konkurrenz. Auch ihre Unfarbigkeit – meist weiß und grau – setzte sie radikal vom farbenfrohen Standard der Nachkriegszeit ab.

Unter dem Titel »Endlich auch Radio- und Fernsehgeräte im Stil unserer Zeit« berichtete die Zeitschrift ›Innendekoration – Architektur und Wohnform‹ im Oktober 1955 über die neuen Geräte. Erwin Schirmer stellte das *Braun*-Design dem herrschenden Repräsentationscharakter der meisten Radios entgegen: »Die Formgestalter zielen auf formal gediegene Gehäuse, typographisch einwandfreie Skalen und auf eine Beschränkung der Abmessungen ab. [. . .] Das Ergebnis dieser Zusammenarbeit ist überzeugend. Hier ist nichts mehr zu sehen von der Talmi-Eleganz, keine Goldleiste, kein Goldknopf und keine Hochglanzpolitur. Ruhig und klar sind die Linien«.[17.3]

Ein Grund für *Brauns* radikale Neuorientierung war gewiß der sich verschärfende Konkurrenzkampf auf dem deutschen Rundfunkgerätemarkt. 1954 stagnierte der Inlandsabsatz bei 1,7 bis 1,8 Millionen Geräten. Das traf besonders die kleineren Hersteller, zu denen auch die *Max Braun OHG* gehörte. In dieser Situation setzte Erwin Braun auf eine individuelle Profilierung durch konsequente formale Gestaltung, um sich optisch von der Konkurrenz abzusetzen.[17.4]

Das schloß ein, daß auch die Anzeigen nach den gleichen strengen Kriterien entstanden wie die beworbenen Produkte. Fritz Eichler, langjähriger Leiter der *Braun*-Produktgestaltung, benannte 1963 in einem öffentlichen Brief an Wilhelm Wagenfeld die Grundprinzipien der *Braun*schen Produktgestaltung: »Jeder Entwurf aus dem Hause *Braun* scheint drei allgemeingültigen Gesetzen zu unterliegen: dem Gesetz der Ordnung, dem Gesetz der Harmonie und dem Gesetz der Sparsamkeit, wobei unter Sparsamkeit die Schaffung einer harmonischen Form mit den geringsten Mitteln« verstanden wird.[17.5] Die in diesem Kapitel abgebildeten *Braun*-Werbungen zeigen, daß diese Gesetze auch für die Anzeigengestaltung galten.

Schon 1950 war die in der Anzeige von 1960 (Abb. 117) angepriesene *Braun*-Küchenmaschine *KM 3*, »das erste semi-professionelle Küchenmaschinensystem

BRAUN

Wenn Ihr Baby wählerisch wird

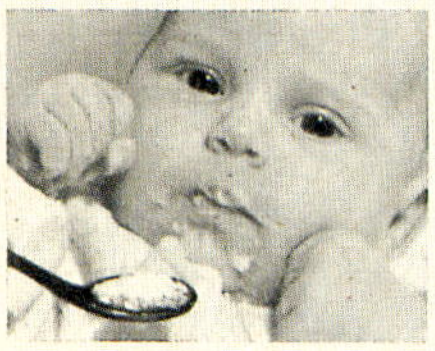

Schon sehr früh entwickelt sich der Geschmack des Kindes so weit, daß es einzelne Speisen sehr gern, andere plötzlich gar nicht mehr mag. Nun sind aber oft gerade die Speisen am nahrhaftesten, die manches Baby verschmäht: der Haferbrei, der Spinat, die Milch, der Quark.

Diesem plötzlichen Widerwillen sollten Sie nicht mit Ungeduld und Strenge begegnen. Ihr Kind wird wieder Appetit zeigen, wenn Sie den Brei und das Gemüse anders als gewohnt zubereiten, überlegter, raffinierter. Ihr Kind ist wählerisch geworden: Sie müssen ihm die Vitamine schmackhaft machen.

Dabei helfen Ihnen Braun-Geräte.

Die Saftzentrifuge Braun Multipress liefert köstliche, frische Obstsäfte, die nicht nur den Brei und die Milch versüßen, sondern dem Kind auch wertvolle Aufbaustoffe (Vitamine, Mineralsalze, Spurenelemente) zuführen.

Die Braun-Küchenmaschine schlägt den Quark in wenigen Sekunden sahnig - und die Früchte gleich mit dazu. Sie macht die Milch durch Beimischen von Zitronensaft schmackhafter und leicht verdaulich, ohne daß die Milch gerinnt. Sie püriert Kartoffeln, Möhren oder Haferflocken so fein, daß Sie den Brei, statt mit dem Löffel, mit der Flasche füttern können. Sie hackt den Spinat und vermischt ihn mit allen möglichen Zutaten, die seinen herben Geschmack mildern. Sie mischt die kochende Milch mit Haferflocken und Früchten, zum Beispiel Bananen und Beerenobst. Sie reibt Äpfel, Nüsse, Schokolade, Semmeln, Käse, Zwieback und bereitet den begehrten Obstsalat.

Frischsaftzentrifuge Braun Multipress

mit Rezeptbuch
DM 98.-

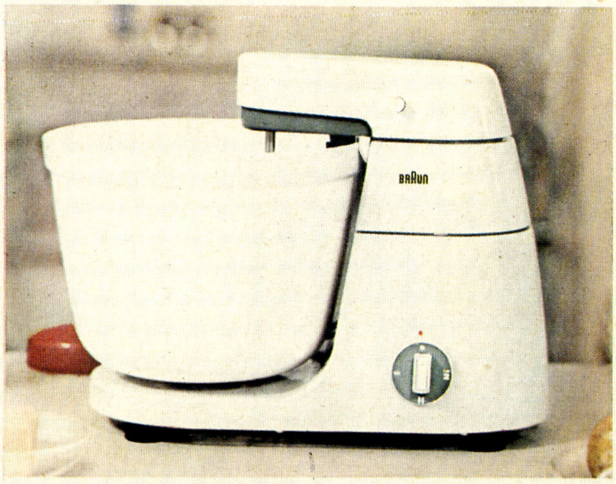

Braun-Küchenmaschine

mit Rühr- und Knetwerk, Mixaufsatz, Schnitzelwerk und Rezeptbuch
DM 230.-

auf dem Markt«, entworfen worden.[176] Die Gestaltung des Gerätes entsprach noch den Vorlieben der frühen fünfziger Jahre für Rundungen, zeigt aber in der Kontur bereits eine sehr klare und einfache Linienführung. Die zweckmäßig glatte Form, erst 1964 von Reinhold Weiss und Robert Oberheim leicht überarbeitet, wird bis heute praktisch unverändert produziert.

Die formale Konzeption der Anzeige selbst ist schon ganz von der strengen Geometrie der *Braun*-Produkte bestimmt. Ihre gestalterischen Mittel sind die Gerade und der rechte Winkel. Textblöcke und Fotos stehen gleichberechtigt nebeneinander, ihre Dimensionen sind streng aufeinander bezogen, bei strikter Trennung der Umrißlinien. Neben dem Markennamen *Braun* ist ein einziger schmuckloser Schrifttyp in nur drei verschiedenen Größen verwendet, der gesamte Fließtext sehr klein gesetzt. So wirkt die Anzeige trotz des Einsatzes von vier Fotos und einer relativ großen Textmenge insgesamt großzügig gestaltet, die einzelnen formalen Elemente bedrängen sich nicht gegenseitig.

Schnörkellos – und damit sachlich – gibt sich auch der Text. Zu dem in der Überschrift angesprochenen Problem »Wenn Ihr Baby wählerisch wird« bietet er ausführlich nüchterne Lösungsvorschläge, die sich im praktischen Einsatz der Küchenmaschine oder Zentrifuge anbieten. Erziehungshilfe (»Diesem plötzlichen Widerwillen sollten Sie nicht mit Ungeduld und Strenge begegnen.«) und halbwissenschaftliche Argumentation (»Ihr Kind ist wählerisch geworden: Sie müssen ihm die Vitamine schmackhaft machen.«) werden dabei geschickt miteinander verbunden.

Aus derselben Ausgabe der *Freundin* stammt die Konkurrenzanzeige (Abb. 118) der damals bekanntesten Küchenmaschine *Starmix*, die hier unter dem Motto »Das Ohr registriert Qualität« als »›flüsternde‹ Küchenmaschine« vorgestellt wird. Nicht nur for-

GEGENÜBER:
Abb. 117
Braun
Die neue Optik von *Braun* in Produkt- und Anzeigengestaltung: nüchtern, sachlich, informativ – und erfolgreich.
Aus: *Freundin* 2/1960

OBEN:
Abb. 118
Starmix
In derselben *Freundin*: die altmodische Konkurrenz.
Aus: *Freundin* 2/1960

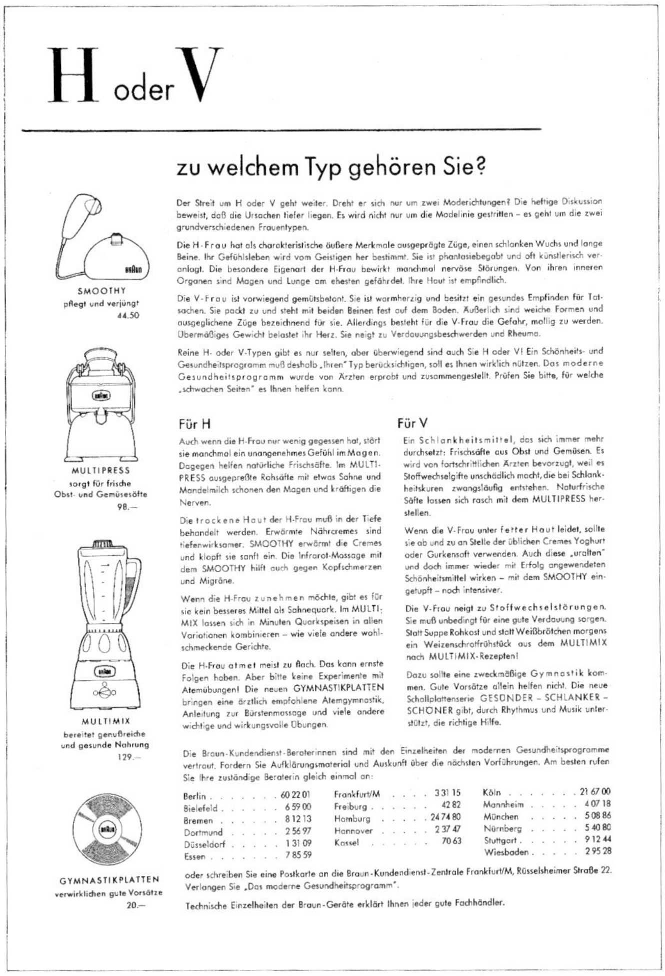

H oder V

zu welchem Typ gehören Sie?

Der Streit um H oder V geht weiter. Dreht er sich nur um zwei Moderichtungen? Die heftige Diskussion beweist, daß die Ursachen tiefer liegen. Es wird nicht nur um die Modelinie gestritten – es geht um die zwei grundverschiedenen Frauentypen.

Die H-Frau hat als charakteristische äußere Merkmale ausgeprägte Züge, einen schlanken Wuchs und lange Beine. Ihr Gefühlsleben wird vom Geistigen her bestimmt. Sie ist phantasiebegabt und oft künstlerisch veranlagt. Die besondere Eigenart der H-Frau bewirkt manchmal nervöse Störungen. Von ihren inneren Organen sind Magen und Lunge am ehesten gefährdet. Ihre Haut ist empfindlich.

Die V-Frau ist vorwiegend gemütsbetont. Sie ist warmherzig und besitzt ein gesundes Empfinden für Tatsachen. Sie packt zu und steht mit beiden Beinen fest auf dem Boden. Äußerlich sind weiche Formen und ausgeglichene Züge bezeichnend für sie. Allerdings besteht für die V-Frau die Gefahr, mollig zu werden. Übermäßiges Gewicht belastet ihr Herz. Sie neigt zu Verdauungsbeschwerden und Rheuma.

Reine H- oder V-Typen gibt es nur selten, aber überwiegend sind auch Sie H oder V! Ein Schönheits- und Gesundheitsprogramm muß deshalb „Ihren" Typ berücksichtigen, soll es Ihnen wirklich nützen. Das moderne Gesundheitsprogramm wurde von Ärzten erprobt und zusammengestellt. Prüfen Sie bitte, für welche „schwachen Seiten" es Ihnen helfen kann.

SMOOTHY
pflegt und verjüngt
44.50

MULTIPRESS
sorgt für frische
Obst- und Gemüsesäfte
98.—

MULTIMIX
bereitet genußreiche
und gesunde Nahrung
129.—

GYMNASTIKPLATTEN
verwirklichen gute Vorsätze
20.—

Für H

Auch wenn die H-Frau nur wenig gegessen hat, stört sie manchmal ein unangenehmes Gefühl im Magen. Dagegen helfen natürliche Frischsäfte. Im MULTIPRESS ausgepreßte Rohsäfte mit etwas Sahne und Mandelmilch schonen den Magen und kräftigen die Nerven.

Die trockene Haut der H-Frau muß in der Tiefe behandelt werden. Erwärmte Nährcremes sind tiefenwirksamer. SMOOTHY erwärmt die Cremes und klopft sie sanft ein. Die Infrarot-Massage mit dem SMOOTHY hilft auch gegen Kopfschmerzen und Migräne.

Wenn die H-Frau zunehmen möchte, gibt es für sie kein besseres Mittel als Sahnequark. Im MULTIMIX lassen sich in Minuten Quarkspeisen in allen Variationen kombinieren – wie viele andere wohlschmeckende Gerichte.

Die H-Frau atmet meist zu flach. Das kann ernste Folgen haben. Aber bitte keine Experimente mit Atemübungen! Die neuen GYMNASTIKPLATTEN bringen eine ärztlich empfohlene Atemgymnastik, Anleitung zur Bürstenmassage und viele andere wichtige und wirkungsvolle Übungen.

Für V

Ein Schlankheitsmittel, das sich immer mehr durchsetzt: Frischsäfte aus Obst und Gemüsen. Es wird von fortschrittlichen Ärzten bevorzugt, weil es Stoffwechselgifte unschädlich macht, die bei Schlankheitskuren zwangsläufig entstehen. Naturfrische Säfte lassen sich rasch mit dem MULTIPRESS herstellen.

Wenn die V-Frau unter fetter Haut leidet, sollte sie ab und zu an Stelle der üblichen Cremes Yoghurt oder Gurkensaft verwenden. Auch diese „uralten" und doch immer wieder mit Erfolg angewendeten Schönheitsmittel wirken – mit dem SMOOTHY eingetupft – noch intensiver.

Die V-Frau neigt zu Stoffwechselstörungen. Sie muß unbedingt für eine gute Verdauung sorgen. Statt Suppe Rohkost und statt Weißbrötchen morgens ein Weizenschrotfrühstück aus dem MULTIMIX nach MULTIMIX-Rezepten!

Dazu sollte eine zweckmäßige Gymnastik kommen. Gute Vorsätze allein helfen nicht. Die neue Schallplattenserie GESÜNDER – SCHLANKER – SCHÖNER gibt, durch Rhythmus und Musik unterstützt, die richtige Hilfe.

Die Braun-Kundendienst-Beraterinnen sind mit den Einzelheiten der modernen Gesundheitsprogramme vertraut. Fordern Sie Aufklärungsmaterial und Auskunft über die nächsten Vorführungen. Am besten rufen Sie Ihre zuständige Beraterin gleich einmal an:

Berlin	60 22 01	Frankfurt/M	3 31 15	Köln	21 67 00
Bielefeld	6 59 00	Freiburg	42 82	Mannheim	4 07 18
Bremen	8 12 13	Hamburg	24 74 80	München	5 08 86
Dortmund	2 56 97	Hannover	2 37 47	Nürnberg	5 40 80
Düsseldorf	1 31 09	Kassel	70 63	Stuttgart	9 12 44
Essen	7 85 59			Wiesbaden	2 95 28

oder schreiben Sie eine Postkarte an die Braun-Kundendienst-Zentrale Frankfurt/M, Rüsselsheimer Straße 22. Verlangen Sie „Das moderne Gesundheitsprogramm".

Technische Einzelheiten der Braun-Geräte erklärt Ihnen jeder gute Fachhändler.

OBEN:
Abb. 119
Braun
Medizinische Fachinformation als Produktwerbung, ein zukunftweisendes Konzept.
Aus: *Constanze* 4/1955

GEGENÜBER:
Abb. 120
Braun
»Ein neuer Maßstab« – auch in der Werbung.
Aus: *Das Beste aus Reader's Digest* 11/1959

mal vergleichsweise ungeordnet gestaltet, bietet sie auch im Text mit Hilfe einer großen Zahl pseudowissenschaftlicher Begriffe ein buntes Assoziationsgemisch zum Thema »Geräuschentwicklung«: Eine »Kurve stellt ein Meß-Ergebnis dar«; ein »›Steckbrief‹« gibt »Eingeweihten wichtige Aufschlüsse«; »Vergleichsmessungen mit einer Reihe von Küchenmaschinen an der Technischen Hochschule in Stuttgart« beweisen »schwarz auf weiß« eine »auffallend niedrige ›Phonzahl‹«; eine »Probe aufs Exempel bei Ihrem Fachhändler« soll »Bestätigung geben«. Dieser kompetenzheischende Ton kann aber nicht darüber hinwegtäuschen, daß der Text tatsächlich nur die abstrakte technische Seite der Küchenmaschine erörtert und nicht das Wesentliche – ihre praktischen Einsatzmöglichkeiten.

Rundungen in Bild und Schrift, vier verschiedene Typen in sieben verschiedenen Größen und die geometrischen, stilisierten und fotografischen Abbildungs- und Formelemente fügen sich zu einer eher emotional ansprechenden Anzeige, noch ganz im Stil der fünfziger Jahre.

»H oder V / zu welchem Typ gehören Sie?« ist die Überschrift einer weiteren extrem sachlich gestalteten *Braun*-Anzeige (Abb. 119) aus dem Jahr 1955. Klein gesetzter Text und vier kleine Abbildungen im Stil technischer Zeichnungen erwecken eher den Eindruck medizinischer Fachinformation als den einer Produktwerbung.

Nichts ist hier visuell spektakulär herausgestellt; keine Fotos von lächelnden Menschen demonstrieren produktabhängige Überlegenheit, kein einziger Helldunkelkontrast lenkt die Aufmerksamkeit des Lesers auf die Anzeige. Selbst für den redaktionellen Teil einer Zeitschrift wäre die Seite sehr zurückhaltend gestaltet. Statt dessen bietet sie eine große Menge textlicher Information nach Art eines Gesundheitsprogramms. Da sie sich an Frauen richtet, schlägt sie einen leicht emotionalen

Braun SM 3

ein neuer Maßstab für das Rasieren

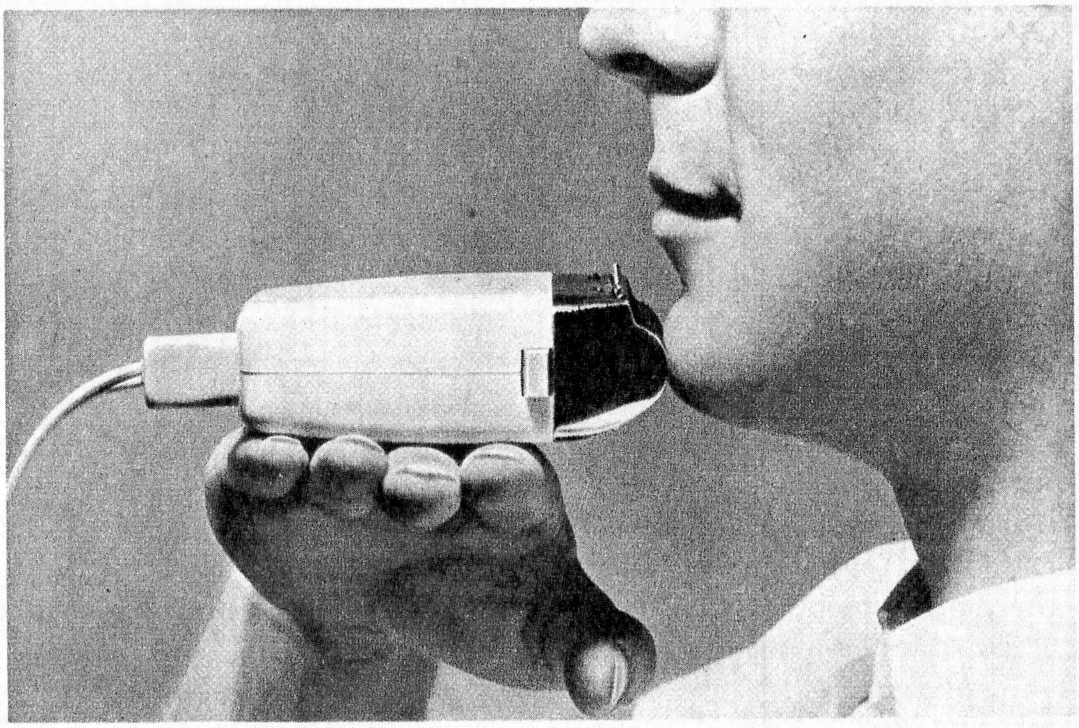

So scharf ist der neue Braun

Dieser Test beweist es: Nur locker liegt der Rasierer auf dem Handrücken. Ohne jeden Druck über die Haut geführt, erfasst er schon die Stoppeln und zeigt, wie ungewöhnlich scharf und schnell er ist.

3 Jahre Garantie

DM 89.- in Lederkassette mit Rasierspiegel
DM 74.- in Plastiketui

Der grosse Braun SM 3 übertrifft alle seine Vorgänger bei weitem. Er rasiert in der halben Zeit. Er rasiert noch tiefer aus und gleitet trotzdem sanfter. Braun SM 3 setzt einen neuen Maßstab für das Rasieren.

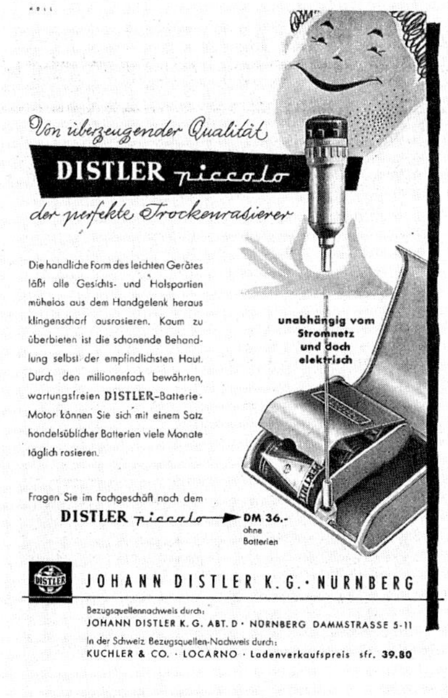

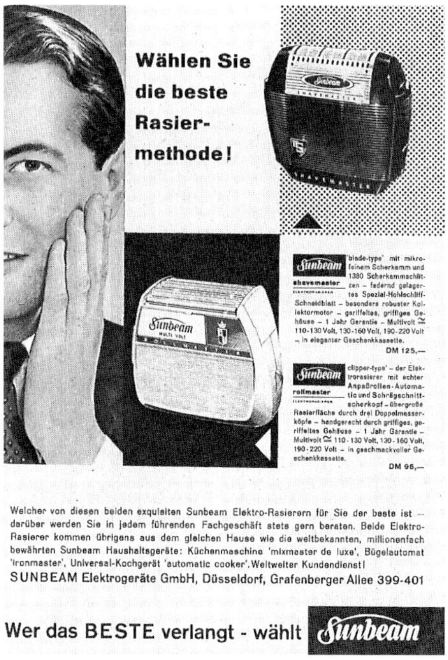

OBEN LINKS:
Abb. 121
Distler
Viele verschiedene Schrifttypen und eine lustige Zeichnung verleihen der *piccolo*-Anzeige ein sehr eigenes, eher unernstes Flair.
Aus: *Das Beste aus Reader's Digest* 7/1958

OBEN RECHTS:
Abb. 122
Sunbeam
Zahlreiche anglo-amerikanische Fachausdrucke und eine barock schwellende Form wirken protzig: der Rasierer als Statussymbol.
Aus: *Das Beste aus Reader's Digest* 10/1959

Ton an und verwendet ›weibliche‹ Aufhänger. Geht es um einen »Streit« oder »um zwei Moderichtungen?« Die »heftige Diskussion« betrifft »nicht nur [...] die Modelinie«, sondern »zwei grundverschiedene Frauentypen«. Die beworbenen *Braun*-Geräte werden zu Wunderhelfern, von »*Smoothy* pflegt und verjüngt« bis zu »Gymnastikplatten verwirklichen gute Vorsätze«. Und natürlich heißt die Schallplattenserie für die Frauen »Gesünder – Schlanker – Schöner«.

Als *Braun* Mitte der fünfziger Jahre mit seinen neu gestylten Elektrorasierern auf den Markt kam, existierten dort noch etwa 20 Mitanbieter. Nicht zuletzt dank der über 35 Jahre beibehaltenen klaren Linie in der Produktgestaltung und den entsprechenden Anzeigenserien verkaufte *Braun* in Westdeutschland schließlich 1985 so viele Rasierer, daß sich »70 von 100 Männern, die einen Elektrorasierer benutzen, mit einem *Braun*-Gerät rasieren«.[177] Max Braun hatte 1938 ein Patent für seinen »Scherblatt-Trockenrasierer« erhalten und an dem Prinzip – ein Klingenblock bewegt sich unter einem gelochten Scherblatt – bis heute festgehalten. Auch die in den fünfziger Jahren entwickelte abgerundete Blockform wurde nur geringfügig verändert.

Die Rasiereranzeigen (Abb. 120–124) illustrieren die Produktpräsentation fünf konkurrierender Anbieter gegen Ende der fünfziger Jahre. Wiederum hebt sich die *Braun*-Werbung, von 1959, durch ihre strenge formale Gliederung von den übrigen Beispielen ab. Ihr Text ist in einem einzigen Schrifttyp in zwei Spalten gleicher Breite gesetzt. Das Foto in Satzspiegelbreite verzichtet auf eine optisch günstige Präsentation des Rasierers zugunsten einer ›Testvorführung‹, und auch die an prominenter Stelle plazierte Typenbezeichnung *SM 3* unterstützt die sachliche Gesamtwirkung der Anzeige.

Jedes der vier Vergleichsexemplare besteht aus einer sehr viel größeren Anzahl formaler Einzelelemente. Neun verschiedene Schrifttypen in sechzehn verschiedenen Größen verwendet die *Distler*-Anzeige von 1958. Gezeichnete Partien, Handschriftliches und der Gerätname *piccolo* verleihen ihr ein durchaus unernstes Flair.

In der *Sunbeam*-Werbung aus dem Jahr 1959 reichen drei Flächenelemente bis zum Seitenrand, so daß die Komposition optisch zerfällt. Zwei sehr amerikanisch gestylte Rasierer, *shavemaster* und *rollmaster,* demonstrieren im Foto eher ihren Repräsentationscharakter als ihre Rasierfähigkeiten. Die zahlreichen anglo-amerikanischen ›Fachbegriffe‹ komplettieren die Strategie einer Anzeige, die sich etwas

OBEN LINKS:
Abb. 123
Remington
Der treffende Argumentationsansatz geht in der konventionellen Anzeigengestaltung ein wenig unter.
Aus: *Das Beste aus Reader's Digest* 2/1958

OBEN RECHTS:
Abb. 124
Siemens
Eine gelungene Gesamtkonzeption, aber die Zeit der Rundungen war eigentlich vorbei.
Aus: *Das Beste aus Reader's Digest* 8/1958

konzeptionslos auf die imposante äußere Form ihrer Rasierer und einen beeindruckenden Spezialwortschatz verläßt.

Die *Remington*-Anzeige von 1958 zeigt den Tagesablauf eines Mannes, der seine »Rasier-Probleme« mit dem *Rollectric* gelöst hat. Die Fotos sollen beweisen, daß die Behauptung der Überschrift stimmt: »Sie bleiben glatt rasiert«. Allerdings schränkt schon der Werbetext den Zeitraum beträchtlich ein: »Bei starkem Bart gibt der *Rollectric* mit einer kurzen Nachrasur auch am späten Abend das sichere Gefühl, gut gepflegt zu sein.«

Noch fast ganz in Rundungen präsentiert sich die *Siemens*-Werbung aus dem Jahr 1957. Selbst das Foto ist rund beschnitten und bildet einen Teil des stilisierten Rasierergehäuses. Zwei Scherköpfe ermöglichen den »Tandemschnitt«, »zwei Rasuren in einem Zuge« beseitigen »das Stoppelfeld gründlich«. Als einziger Hersteller nennt *Siemens* sein Gerät »elegant«. Außerdem bietet es eine »Feinrasur«, wird »in der Blankledertasche« geliefert und ist relativ teuer: ein kultivierter und technisch raffinierter Apparat, dessen Werbung, indem ihre elegante Gestaltung seiner eigenen adäquat ist, als einzige neben der *Braun*-Anzeige eine überzeugende, homogene Konzeption vorträgt.

Aus dem Jahr 1963 stammt die Anzeige für einen *Braun*-Plattenspieler (Abb. 125), die einmal mehr die *Braun*schen Gestaltungsprinzipien konsequent in ihrer formalen Anlage reflektiert.

Der Plattenteller wird zur Anzeigenfläche: die perfekten Formen des Geräts werden zwecks optimaler Produktinformation dem Betrachter so vollständig wie möglich präsentiert und zugleich als formale Gestaltungselemente der Anzeige eingesetzt. Im Text wird für die Klangqualität ein Ausdruck gebraucht, der auch die Werbegrafiker geleitet hat: das »Konzept der reinen Wiedergabe«. Der Dieter-Rams-Grundsatz »Gutes Design ist so wenig Design wie möglich« wurde hier erfolgreich in die Anzeigengestaltung übertragen.

Der Werbetext rechtfertigt die Präsentationsform mit indirekten Hinweisen: »Perfektion läßt sich nicht vortäuschen.« Was sich also so genau betrachten läßt, muß schon sehr gut sein. Denn: »Kenner sehen es einem Plattenspieler an, ob er zur Spitzenklasse zählt. Dieser hier hat sie auf den ersten Blick fasziniert.« *Braun* ist dafür besonders prädestiniert und kann es natürlich, wie so viele andere in der Werbung, nicht lassen, die schöne äußere Form als Beleg für technische Perfektion auszugeben.

Gegenüber:
Abb. 126
Muratti
Ein männliches Glas mit ho
gerecktem Strohhalm trifft a
weibliche. Man feiert ein biß
und entspannt sich dann be
guten *Muratti*.
Aus: *Praline* 9/1959

MURATTI
CIGARETTEN
MURATTI'S KORK
Elegant und mild
. . . die willkommene Entspannung

Oben:
Abb. 127
Texas
»Kein ›Aber‹.«: in Ton und Produktimage eine Anbiederung an den Kriegsgewinner USA.
Aus: *Film und Frau* 24/1949

Die Stimme ist dem etwas barschen Ton des Kriegsgewinners angeglichen: »Kein ›Aber‹. Ich betonte soeben [...] Das wird zwar immer noch nicht ausreichen, um jeder Nachfrage in vollem Umfang gerecht zu werden, aber doch [...].«

Einer der Herren ist etwas größer abgebildet und ganz offensichtlich – er raucht – im Besitz der begehrten Zigaretten. Er hat sich also mit der – auch die Zigaretten betreffenden – immer noch mangelhaften wirtschaftlichen Lage arrangiert und demonstriert mit steil nach oben gerichtetem Glimmstengel virile Überlegenheit.

Eine ›Entschuldigungsanzeige‹ (Abb. 128) schaltete 1953 auch *Reemtsma* in vielen Tageszeitungen wegen der »gänzlich unzureichenden Lieferungen«: »Bitte nicht böse sein!« Der Ton des traditionsreichen deutschen Zigarettenhauses ist jedoch sehr viel moderater als bei *Texas:* »Mit dieser Zusicherung bitten wir Sie, die Verzögerungen freundlichst entschuldigen zu wollen.«

In der Zeichnung bemüht sich eine Schar von Fachleuten – natürlich nur Männer –, mit vereinten Kräften den »schlimmen Knoten« zu lösen. Zwar ist der Bösewicht, ein Teufel, schon dingfest gemacht, aber trotzdem laufen alle noch etwas hektisch durcheinander.

Oben:
Abb. 128
Reemtsma
»Bitte nicht böse sein!«: Es ging auch höflicher.
Aus: *Die Welt,* 29. 8. 1953

Sehr ästhetisch, aber leicht altmodisch wirkt die *Nil*-Anzeige (Abb. 129) aus dem Jahr 1962. In zurückhaltendem Blau – der Farbe des Nilflusses – präsentiert sie eine edle Packung und eine einzelne, leicht vergrößerte Zigarette. Durch den unterlegten Schatten scheint sie zu schweben, aus der Ecke in den Mittelpunkt der Anzeige, vielleicht auf den Betrachter zu.

Das klare Gestaltungskonzept und der einfache Schrifttyp verleihen der Packung ein Maximum an Aura der vornehmen Art. Weniger ist hier mehr: keine weiteren Accessoires lenken ab, und keine lächelnden Menschen stören beim reinen Rauchgenuß »vom Allerbesten«. Es ist einsam an der Spitze.

Alle Gediegenheit der Werbeform konnte freilich nicht verhindern, daß im Zuge eines grundsätzlichen Geschmackswandels der Anteil der sogenannten Orientzigaretten am gesamten Zigarettenkonsum von rund neunzig Prozent vor dem Zweiten Weltkrieg auf 1,7 Prozent im Jahr 1966 zurückging.[18.3] Das Produkt scheint ebenso wie der Anzeigenstil als nicht mehr zeitgemäß abgelehnt worden zu sein.

NIL
DIE KLEINSTEN VOLLREIFEN BLÄTTER
AN DER SPITZE EINER TABAKPFLANZE SIND DIE
KOSTBARSTEN. SIE WERDEN ZUR HERSTELLUNG
DER NIL VERWENDET. SIE SIND DER GARANT
DES FEINEN AROMAS,
DAS DIE NIL AUSZEICHNET.
„AUSTRO-HELLENIQUE" UND
„AUSTRO-TURQUE"
VERBÜRGEN DEN EINKAUF
WIRKLICH ERLESENER SPITZENTABAKE.
MIT RECHT WIRD BEHAUPTET:
WER NIL RAUCHT -
RAUCHT VOM ALLERBESTEN
REGIE
NIL
AUSTRIA
MÜNCHEN

Die *Astor*-Werbung (Abb. 130) von 1962 verbindet den eleganten Malstil Max Hoffs mit dem hohen Anspruch einer 10-Pfennig-Zigarette. Ein junges Paar entzündet sich gemeinsam an einer offenen Kerzenflamme seine *Astors*: In einer Begegnung ›der glühenden Art‹ entflammen die beiden. (Wie in fast allen Anzeigen ist der junge Mann in einer etwas erhöhten Position präsentiert.)

Der amerikanische Werbepsychologe Ernest Dichter schrieb einmal über das Zigarrenrauchen, für junge Leute sei dies noch eine gesellschaftliche Sache, eine Weise der Selbstinszenierung und eine Art, Männlichkeit durch eine sehr starke, betont phallische Zigarre zu beweisen.[18.4] Hier findet etwas derartiges ebenfalls auf einer symbolischen Ebene und gleich zweifach statt. Die die hohe gesellschaftliche Ebene repräsentierende Kerze ist Vorbild und Anlaß für die Verbindung der beiden schönen jungen Leute. Die dargestellte Wärmequelle und die feurigrote Hintergrundfarbe verdichten die geradezu erotische Atmosphäre der Illustration. Vereinfacht man nun noch die Profillinien der Köpfe und bezieht die zwei Zigaretten und die Kerze ein, deren Linien sich im Lichtschein treffen, so ergeben sich weitere Hinweise auf das intime Geheimnis dieser Zeichnung.

Dem braucht der Werbetext nicht viel hinzuzufügen. Der Ausdruck »Inbegriff verfeinerter Rauchkultur« sucht den höheren Preis zu rechtfertigen. Wenn eine Zigarette »in vielen Ländern aller fünf Kontinente« etwas gilt, schadet es ihr nicht, daß sie in Deutschland nicht unter den zehn meistgerauchten zu finden war. Normale Konsumenten werden zu »geschmackssicheren Rauchern« und dürfen sich, zumindest für die Dauer einer *Astor*, den höchsten sozialen Kreisen im New Yorker Hotel ›Waldorf-Astoria‹ zugehörig fühlen.

GEGENÜBER:
Abb. 129
Nil
Keine Accessoires, keine lachenden Menschen stören beim Rauchen »vom Allerbesten« – es ist einsam an der Spitze.
Aus: *Quick* 51/1961

OBEN LINKS:
Abb. 130
Astor
Nicht nur farblich knisternde Erotik: In einer Begegnung der glühenden Art entflammen zwei schöne junge Leute.
Aus: *Revue* 20/1962

OBEN RECHTS:
Abb. 131
Lord
Hier ist das ›Lifestyle‹-Schema bildlich voll entwickelt – allerdings noch im vertrauten Medium der gezeichneten Illustration.
Aus: *Neue Illustrierte* 18/1963

GEGENÜBER:
Abb. 132
HB
Die erfolgreichste Zigarette der sechziger Jahre. Auch *ihre* Präsentation in der Werbung vermeidet allzu wirklichkeitsnahe und daher »kritikfördernde Realismen«.
Aus: *Neue Illustrierte* 7/1962

Wie die Anzeige (Abb. 131) aus dem Jahr 1963 belegt, hielt die Zigarettenfabrik *Kristinus* (*Brinkmann*) für ihre *Lord Extra* sehr lange an der gemalten Werbeillustration fest.

Die *Lord Extra* war Mitte der sechziger Jahre im Marktsegment der leichten Zigaretten (»nikotinarm im Rauch«) führend.[18.5] Die weiße Packung, der blaue Himmel und die fröhlichen Menschen sollten diesen Eindruck der Leichtigkeit vermitteln. Kräftige Farben boten sinnlichen »Genuß« und unterstützten so visuell den Zusatz »aromareich im Geschmack«.

Auch diese Anzeige zeigte schon rauchende Menschen in fröhlicher Runde; zwei Männer, die sich gleichen wie Brüder, umwerben eine junge Frau. Aber die Szene ist gemalt, nicht fotografiert, gemäß einem Konzept, nach dem »diese Wunschvorstellungen [...] in der Werbung bewußt skizzenhaft idealisiert [erscheinen], weil eine zu realistische Darstellung dem Beschauer die Identifikation mit der werblichen Aussage erschweren würde«.[18.6]

HB war seit 1958 und dann beinahe ohne Unterbrechung während der gesamten sechziger Jahre die erfolgreichste Zigarette in Westdeutschland. Fast ein Viertel aller im Jahr 1964 gerauchten Zigaretten trug den Aufdruck *HB*.[18.7]

Für diesen Erfolg wurde ihre Werbung direkt mitverantwortlich gemacht. Die Anzeigen, wie die Abbildung 132 von 1962, näherten sich weitergehend als *Astor* und *Lord* der fotografierten Werbung an. In einem bildhaften Rahmen präsentiert sich die leicht abstrahierte Silhouette eines rauchenden jungen Mannes. Das ›Jahrbuch der deutschen Werbung '64‹ schreibt dazu: »Die hartkopierten Fotos vermeiden kritikfördernde Realismen. Sie entfernen jedoch umgekehrt die abgebildeten Menschen nicht so weit aus dem Alltag, daß sich der Betrachter nicht mehr mit ihnen identifizieren könnte.«[18.8]

Das Grundthema dieser viele Jahre laufenden Werbekampagne war der gutgelaunte Mensch: »Frohen Herzens genießen«. (1955 hatte es noch geheißen: »Leichten Herzens genießen«.) In zahlreichen Anzeigenmotiven waren mehrere Personen abgebildet, was *HB* als aufmerksamen Rezipienten eines später so übermächtigen Werbemusters ausweist: das kommunikative Moment, ein Miteinander von fröhlichen Menschen, »ein gewisses Lächeln, das sich in unserer unterkühlten Welt so gut verkauft«.[18.9]

Der Werbetext macht die kommende große Aufgabe der Sechziger-Jahre-Werbung, das Bemühen, die Raucher an eine Marke zu binden, besonders deutlich: »Warum sollte ich mal diese und mal jene rauchen? Was ich will, habe ich [...] längst gefunden [...] Deshalb kaufe ich auch morgen wieder [...] Immer wieder [...].«

Martin Brinkmann stellte für seine *Marlboro*-Anzeigen (damals in Lizenz für *Philip Morris* produziert; Abb. 133) 1962 als erster die gesellige Runde per Foto in der Mittelpunkt. Eine Zigarettenpackung ragt zwar von unten in die Szene hinein, stört sie jedoch dank der geschickten Farbverteilung nicht: Außerhalb des Fotos ist sie weiß wie der Anzeigenrand, im Foto rot wie verschiedene Bekleidungsstücke und hellbraun wie der Tisch – die starke Nachkolorierung leistet ein übriges.

Marlboro macht so optisch deutlich, daß sie dazugehört. Sie ist nicht mehr Mittelpunkt, und trotzdem verknüpft das Foto zwingend den Zigarettenkonsum mit der demonstrierten Lebensfreude, das Rauchen ursächlich mit der entspannten Atmo-

Ich bin
für mild
und
aromatisch!
Und deshalb bin ich für HB. Warum sollte ich mal diese und mal jene rauchen? Was ich will, habe ich mit HB längst gefunden: aromatischen Geschmack und milden Genuß. Darin ist HB groß – ganz groß! Und deshalb kaufe ich auch morgen wieder HB. Weil sie schmeckt! Immer wieder schmeckt!
Kronenfilter
HB
VON HAUS BERGMANN
Frohen Herzens genießen — HB —
eine Filter-Cigarette, die schmeckt
HB 213

Moderne Menschen – modernes Leben
FINE TOBACCOS
FILTER CIGARETTES
Marlboro
King Size Filter 20 Stück DM 1,75
Marlboro gehört dazu -
Der berühmte Marlboro-Geschmack hat diese Cigarette in der ganzen Welt beliebt gemacht
denn der Geschmack entscheidet

sphäre. Die Furcht, bei einer allzu realistischen Darstellung drohten »kritikfördernde Realismen« (siehe oben), erweist sich als unberechtigt. Im Gegenteil, das komplexe Foto befördert viel mehr und viel intensiver als jede gemalte Illustration die gewünschte Werbebotschaft.

Die zahlreichen Teilaspekte, die in der Fotografie transportiert werden, verdichten sich zu einem Lebensstil, der als ›Lifestyle‹ aus den USA exportiert wurde: das Leben von seiner positivsten Seite. Es wurden Personentypen vorgestellt, Wohnungseinrichtungen, Bekleidung, Freizeitverhalten und Rollenzuweisungen – die Männer reden, die Frauen hören zu. Und das alles wirkte als Werbeargumentation um so überzeugender, je erreichbarer es auch für ›normale‹ Menschen erschien.

Der Text verzichtet fast völlig auf die sonst üblichen Lobpreisungen des Produkts, »Geschmack« ist das einzige zigarettenimmanente Argument. Statt dessen wird ihr Konsum an das Alltagsleben gekoppelt: »Moderne Menschen – modernes Leben«. Diese frühe konzeptionelle Entscheidung mag nicht allein ausschlaggebend für den heutigen Erfolg der *Marlboro* gewesen sein; die Tatsache jedoch, daß später praktisch alle anderen Marken in ihrer Werbung mit Hilfe von Fotos ›dichter an das Leben heranrückten‹, ist ein deutlicher Hinweis, daß zumindest die Konkurrenz es so verstand.

Übrigens stellt sich die optische Verbindung zwischen der roten Zigarettenpakkung und der in Rot gekleideten Frau nicht zufällig ein. »*Marlboro* wurde 1924 von Philip Morris ganz gezielt als Zigarette für die Frau auf den Markt gebracht. 1930 bekam die *Marlboro* sogar ein rotes Mundstück (Beauty Tip), um die Spuren von Lippenstift zu kaschieren. In den fünfziger Jahren aber sah der Konzern genau darin ein Handicap für den weiteren Erfolgsweg, beklagt wurde das ›weibische‹ und ›schwule‹ Image der rot-weißen Marke.«[18.10]

Eine der wenigen Marken, die der *Marlboro*-Werbung schon sehr bald formal angepaßt wurden, war die exklusive, bis zu 20 Pfennig teure Zigarette *Simon Arzt* – hier ein Beispiel aus dem Jahr 1962 (Abb. 134).

Ein großes Foto zeigt den Blick in ein vornehmes Feinschmecker-Restaurant: »Eigene Note ... guter Geschmack«. Die anwesenden Gäste sind Mitglieder einer hohen gesellschaftlichen Schicht – natürlich nur Männer, die in diesen Kreisen selbst die Essenszubereitung erledigen. In Smoking und Fliege »wird *Simon Arzt* geraucht«.

GEGENÜBER:
Abb. 133
Marlboro
»Marlboro gehört [nur noch] dazu«. Aber die Aufgabe ihrer exklusiven Präsenz in der Werbung (vgl. Abb. 129) wird mehr als wettgemacht durch ihre suggerierte Omnipräsenz im Alltag der umworbenen Kunden.
Aus: *Revue* 43/1962

OBEN LINKS:
Abb. 134
Simon Arzt
Auch hier ist die Rauchergemeinschaft zentrales Sujet, doch die gehobenen (Männer-)Kreise taugen nicht zur Identifikation für die Masse.
Aus: *Quick* 45/1962

OBEN MITTE:
Abb. 135
Martini
Sieben *Martini*-Flaschen auf drei Abbildungsebenen – eine beachtlich intensive Verknüpfung von Alltag und Alkoholkonsum.
Aus: *Revue* 44/1962

OBEN RECHTS:
Abb. 136
Coca-Cola
Die ›weibliche‹ Form der Colaflasche und die gemeinsame Geste der apart geschminkten Jugendlichen machen die Limonade zu einem durchaus besonderen Objekt der Begierde.
Aus: *Constanze* 6/1960

Der grundsätzliche Unterschied zum *Marlboro*-Konzept besteht darin, daß hier versucht wird, etwas von dem exklusiven Ambiente – dem Restaurant werden ebenfalls drei Sterne verliehen – auf das Produkt zu übertragen. Nicht die Zigarette tut etwas für den Raucher, sondern der Raucher tut etwas mit ihr. Er investiert Geld, um dank ihrer Eigenschaft als »Repräsentant des guten Geschmacks« seine Zugehörigkeit zu den oberen Zehntausend zu demonstrieren. So dient *Simon Arzt* weniger zur Förderung der Kommunikation als zur Markierung einer sozialen Position.

Es gab noch weitere, meist internationale Produkte, deren Werbung auf sehr ähnliche Weise schon früh ›Lifestyle‹ zu transportieren suchte.

Martini wird Anfang der sechziger Jahre mit diesem Anzeigenmuster beworben, in dem vorliegenden Beispiel (Abb. 135) von 1962 etwa. Das Foto zeigt einen gemütlichen Abend rund um den italienischen Wermut. Zwei äußerlich sehr ähnliche Männer und eine Frau sehen sich Dias eines wahrscheinlich gemeinsam verbrachten Urlaubs an. Es darf vermutet werden, daß die Reise nach Italien, dem Ursprungsland des *Martini* und Lieblingsreiseziel der Deutschen in den sechziger Jahren, geführt hatte. Sind die beiden Männer etwa Rivalen im Kampf um die Gunst der Frau? Zumindest sitzt sie etwas verkrampft – noch allein – auf dem Sofa. (Einer der beiden hat ihr immerhin gerade *Martini* nachgegossen.)

Zu den im Dia abgebildeten zwei Flaschen, die eine junge Frau von einer Bootsfahrt mitbringt, kommen zwei weitere auf dem Foto und noch drei in der Anzeige. Insgesamt siebenmal wird auf diese Weise auf drei verschiedenen Ebenen die *Martini*-Flasche wiederholt und ein enger Zusammenhang zwischen Alltag und Alkoholkonsum geschaffen.

Coca-Cola war eines der ersten Produkte, für das konsequent mit dem amerikanischen *way of life* in Deutschland geworben wurde.

In der Anzeige (Abb. 136) von 1960 demonstriert eine Gruppe leicht amerikanisierter junger Leute »fröhliche Gesellschaft«. Ein sehr adretter junger Mann zeigt zwei ebensolchen Mädchen und auch allen Anzeigenkunden, daß und wie man *Coca-Cola* trinkt. So erfüllt er seine männliche Vorbildfunktion, und natürlich setzen sofort alle drei im Bild auftauchenden Mädchen ebenfalls die Flasche an den Mund.

Die Spannung zwischen dem geringen Alter der Jugendlichen, ihrer sexuellen Ausstrahlung und der Zweideutigkeit der dargestellten Szene erzeugt eine besondere Stimmung. Einerseits wirken die jungen Frauen aseptisch, wie klinisch reine Krankenschwestern; andererseits sind sie überstark geschminkt und tragen Schmuck. Die roten Lippen und die rot lackierten Fingernägel verleihen durch ihren Gegensatz zu den kindlichen Gesichtern der Situation etwas Künstliches. Das Anhimmeln, der in der Berührung ausgedrückte Wunsch nach körperlicher Nähe und die zweideutige gemeinsame Geste schaffen eine Atmosphäre, die an den in den sechziger Jahren in Deutschland bekannt werdenden Begriff *petting* denken läßt. Die weibliche Form der Limonadenflasche und die rote Farbe des Getränks machen *Coca-Cola* zu einem durchaus besonderen Objekt der Begierde.

Auffällig ist schließlich das geringe Alter der hier angesprochenen Konsumentenschicht, was auch als Einstieg in den ›Jugendkult‹ der folgenden Jahrzehnte gesehen werden kann. Die Anzeige versucht nicht, den Älteren das Colatrinken beizubringen, sondern setzt zukunftsorientiert auf die Nachwuchskunden.

19 Der Text in der Werbung

Gegen Ende der fünfziger Jahre erhöhte die allgemeine Sättigung der Absatzmärkte bei weiter ansteigender Produktivität den Konkurrenzdruck unter den Warenherstellern. Das trieb die Professionalisierung der Werbung, der jetzt auch weiterentwickelte Druck- und Reprotechniken zur Verfügung standen, in einer ganz bestimmten, marktorientierten Richtung voran. Immer mehr wurde die Umsatzsteigerung zum ausschlaggebenden Faktor und damit zum Maßstab auch der Anzeigengestaltung. Einerseits stieg dadurch die von den Werbetexten zu transportierende Informationsmenge, andererseits wurden ihre Inhalte strenger ausgewählt. »Es entstand eine künstliche Nüchternheit der Werbedarstellung und der Werbesprache, die überzeugte.«[19.1] Wie schon im Kapitel 15 gezeigt, verschwanden die großen formalen Unterschiede, und inhaltliche Differenzierungen rückten in den Vordergrund. Inhalt transportierte zum einen das Foto, das mit seiner komplexen Informationsfülle einen festen, dominanten Platz in der Werbung erhalten hatte; zum anderen wurde aber auch der Text bewußter als zusätzliches Kommunikationsmedium verwendet. In den meisten Anzeigen gibt hier schon der erhöhte Textanteil einen augenfälligen Hinweis. Aber auch verringerte Textmengen sind ausgesuchter und ausgefeilter eingesetzt – dafür wären etwa die *Lux*-Anzeigen beispielhaft.

Zunächst soll ein Blick auf gewisse sprachliche Besonderheiten der Fünfziger-Jahre-Werbung geworfen werden. Ohne Abbildung, also in den ersten Zeitungsinseraten oder später in den bewußt nicht illustrierten Anzeigen, trug der Text noch die gesamte Verantwortung für den angestrebten Werbeeffekt. Bald schon halfen ihm kleine Zeichnungen, behauptete Tatsachen zu belegen. Auch als bereits aufwendig gemalte Anzeigenillustrationen eingesetzt wurden, suchte der Werbetext seinerseits noch, formal zum Beispiel durch verschiedene Schrifttypen (siehe Kapitel 3), emotionale Eindrücke zu vermitteln. Auf die Gefühlswelt und das Unbewußte zielende Wirkungen des Textes sollten aber vor allem durch die entsprechende Wortwahl erreicht werden. Hier fällt als erstes die enorm große Zahl der ›weiblichen‹ Produktnamen auf. Für ihre inflationäre Verwendung gibt es mehrere Gründe. Erstens sollte etwas – ein möglicherweise unbewußt wirkendes äußeres Anzeichen – vom eigentlichen männlichen ›Ziel der Begierde‹ auf die angebotenen Produkte übertragen werden. Zahlreiche Werbeslogans wie zum Beispiel »... neue *Gloria* schon probiert?!« stützen diese These. (*Gloria* ist eine im Text als ›appetitlich‹ angepriesene Zigarette, und in der Illustration lächelt sich ein junges Paar an.) Ähnlich wirkt: »Bezaubert blinzelt selbst Ihr Wagen, wenn Sie an ihm vorübertragen: *Silkona*-Strümpfe«. Es ist sicher nicht übertrieben, zu vermuten, daß hier auch eine umgekehrte Wirkung einsetzte, also alles ›Feminine‹ als käuflich empfunden wurde. Ein weiterer Grund ist möglicherweise, daß angesichts der durch den Zweiten Weltkrieg belasteten Rolle der Männer ›männlich‹ klingende Begriffe ungeeignet für die Produktbenennung erschienen; tatsächlich sind sie vergleichsweise selten.

Wie stark die ›weiblichen‹ Produktnamen die Werbung beherrschten, erweist schon das Studium nur eines einzigen erfolgreichen Fünfziger-Jahre-Werbeträgers; dafür wurde die Nummer 6 der *Constanze* aus dem Jahr 1957 – zufällig – ausgewählt. Auf gerade 116 Seiten werden in dieser einen Ausgabe alle im folgenden genannten Produkte in Anzeigen beworben. Sie boten die Margarinen *Sanella* und *Rama* an. Die neue Kamera von Voigtländer hieß *Vitessa* und der Schmuck *Floralia*. Man wusch sich die Hände mit der Seife *Fa* und benutzte anschließend die Hautcremes *Kaloderma, Nivea, Valcrema* oder *Glyzerona. Touropa* offerierte Reisen nach *Bella Italia* an die *Adria*. Die Sprachenschule hieß *Elpa* und die Kosmetikschule *Irma*. Man wurde größer mit Hilfe der Firma *Statura,* wusch die Haare mit *Schauma* und färbte sie mit *Imedia*. Die Kleider aus dem Modestudio *Nana* hatten Plisseeröcke von *Ara,* natürlich aus *Trevira;* die Umstandskleider kaufte man bei *Liana*. Gegen die Folgen übermäßigen Genusses von *Milkana*-Käse halfen die Tabletten *Magnesia*. Das Eau de Cologne kam von *Patra,* der Lippenstift von *Khasana* und die Tampons von *Amira*. Die tragbare Nähmaschine hieß *Angela,* und gegen Falten half die Creme *Hormocenta*. Man fütterte die Kleinsten mit Babynahrung von *Rhenania* und wunsch ihre *Camelia*-Windeln danach mit *Fewa*. Auch Männer rauchten *Gloria* und schliefen unter Rheumadecken von *Reforma* auf *Schlaraffia*-Matratzen. Die Strümpfe hießen *Ophelia, Silkona* oder *Mona,* der Nagellack *Dura* und die Schönheitspflege *Tosca*. Mit der vom Eheanbahnungsinstitut *Regina* vermittelten Partnerin ging man ins *Scala,* in den neuesten Kinohit der Produktionsfirma *Prisma,* und hörte anschließend Platten von *Electrola*. Noch andere weibliche Endungen feminisierten die Produkte: Das Spülmittel hieß *Spüli,* modische Kleider waren von *Koralle,* die Gardinen von *Marquisette*. Selbst Herrenmäntel nannten sich *Fulwiline*. Zahnpaste wurde zu Zahnpasta, und man trug *Libelle*-Schuhe. Die Haarcreme *Brisk* (Abb. 116) hatte ein weibliches Pendant namens *Brisa*. Auf diese massive Weise produzierte die Werbung eine Gegenwelt, die sich ein wenig weiblicher, weicher und verbindlicher präsentierte als der harte Fünfziger-Jahre-Alltag des Wiederaufbaus.

Eine weitere sprachliche Besonderheit in Werbetexten vor allem der frühen fünfziger Jahre war der Gebrauch von Fachausdrücken; dazu einige, zum Teil bereits in anderem Zusammenhang besprochene Beispiele. Der *Geha*-Kuli hatte einen »Hermetic-Verschluß« (Abb. 35) und ein *Montblanc*-Druckfüllstift war ein »Ballograf mit der amerikanischen Schnellschreibpaste C 17«. Die Zigaretten von *Westminster* hatten den »Integral-Effekt« (Abb. 13) und die von *Lord* den »Mikrofeinfilter« mit »50 Prozent« garantierter »Absorption« (Abb. 140). Die »edlen Orient-Tabake« der Zigarette *F 58* waren »durch den Selektiv-Filter zu letzter Feinheit geläutert«. Die *Nivea*-Zahnpasta war schon 1949 »mikrofein« (Abb. 12) und *Ninoflex*-Mäntel »atmungsaktiv« (Abb. 14). *Thomy's* pries seine Mayonnaise als »besonders intensiv emulgiert« an, und sein Öl befand sich in Behältern »aus Lichtschutzglas«. Die Firma *Tarsia* erklärte auf den Flaschen ihres Rasierwassers: »Wissenschaftliches Studium der Rasierschäden ermöglichte die Herstellung von *Tarr*.« »Das Mikroskop bringt den wissenschaftlichen Beweis«, argumentierte auch das Waschmittel *Fewa* (Abb. 48), und der *Bac*-Stift hatte »den bactericiden Wirkstoff Bac 43« (Abb. 46). »*Eterna* perlon porös«-Hemden waren »hautklimatisch« und »luftdurchlässig durch Millionen Mikroporen« (Abb. 65). *Riz*-Kosmetik pflegte und verjüngte durch ihren »Vitamingehalt« (Abb. 64), und die sportliche Jacke für den Herrn bestand aus »*dralon*-Hochbausch« (Abb. 96). Das »*Diplona*-Vitaminhaarwasser mit der großen Wirkungsbreite« war das »ideale Haarnährmittel« (Abb. 114), und das Benzin von *Aral* gab es in der zweiten Hälfte der fünfziger Jahre *bleifrei* (Abb. 139). Eine strahlende Sonne auf der Packung des Waschmittels *Radion* versprach, die Wäsche »so weiß, wie es überhaupt geht« zu waschen.

Besondere Mühe gaben sich die Hersteller von Spülmitteln, deren Daseinsberechtigung gegenüber den Allzweckreinigern (»morgens *Rei* – mittags frei«) nachzuweisen war. *Spüli* bot in einer Anzeigenserie unter dem Titel »Das Schicksal liegt in Ihrer Hand« »Wissenswertes und Interessantes aus der Handlesekunst«. Dabei wurden Handlinien gedeutet, aber nicht etwa jene, »die tägliche Hausarbeit in viele Frauenhände gräbt – solche Linien müssen nicht sein« – dagegen gab es ja *Spüli*. *Pril* schaltete zum sehr treffenden Slogan »*Pril* entspannt das Wasser« eine ganze Anzeigenkampagne, die seine ›These‹ ›wissenschaftlich‹ untermauern sollte, etwa mit der Geschichte von den drei Schülerinnen, die ihrem Chemielehrer seine Demonstration der Spannkraft von Wasser mit dem Phänomen schwimmender Stahlnadeln dadurch verdarben, daß sie einen Tropfen *Pril* in das Vorführglas gaben. (Abbildung 138 ist ein weiteres Beispiel aus dieser Serie.)

Oft war der wissenschaftliche Anspruch der Werbeaussagen – freiwillig oder unfreiwillig – ›humoristisch‹ gefärbt; so entstanden Sprüche, die sehr typisch für die fünfziger Jahre sind und die intensiven Bemühungen demonstrieren, alles ›leicht‹ zu nehmen. Die Rasiererfirma *Remington* zeigte in ihren Anzeigen »den Schnellweg zur glatten Rasur«. Beim *Auto Union* wuchs bei schneller Fahrt natürlich »der Windwiderstand«, aber sein eigener »geringer Luftwiderstand machte bodenunempfindlich« (Abb. 95). »So leicht wie Kaffee kochen« war das Fahren »mit einem *daf*«, und *Borgward* warb für seinen Kleinwagen mit dem Slogan »*Goliath* für jede Reise: Freude kilometerweise«. *Thompsons* Bodenpflegemittel hieß zunächst *seiblank* und seine »doppel-aktive« Weiterentwicklung *seifix*. Solcher ›Humor‹ konnte schnell von Launigkeit zu diebischer Freude auf Kosten vermeintlich Schwächerer wechseln. So bildete *BMW* 1955 in einer Anzeige sowohl seine große V 8-Limousine, den ›Barockengel‹, als auch die winzige *Isetta* ab; optisch schloß sich an die groß über dem Foto abgedruckte Überschrift »Frauen fahren besser ...« darunter in kleinen Lettern an: »Motorcoupé *BMW Isetta*«.

Im folgenden werden acht Anzeigen vorgestellt, deren Text seine Werbewirkung in unterschiedlicher Weise ausspielt, etwa quantitativ in der *CDU*-nahen Wahlwerbung (Abb. 137), informativ in der ›wissenschaftlichen‹ *Pril*-Anzeige (Abb. 138), qualitativ bei *Lord* (Abb. 140). Praktisch reine Textanzeigen sind dann die *Aral*- (Abb. 139), die *Lux[or]*- (Abb. 141) und die Gemeinschaftsanzeige der Schuhindustrie (Abb. 143). In der *quick-Clip*-Reklame (Abb. 142) wird übertragener Sprachsinn auf die Abbildungsebene gehoben, und die *SPD* gibt ihrer Wahlwerbung (Abb. 144) die Form des redaktionellen Teils einer Zeitschrift, um den Eindruck objektiver Information zu vermitteln.

1953 finden in Westdeutschland zum zweitenmal nach dem Krieg Wahlen statt. Mit der im gleichen Jahr erschienenen Anzeige (Abb. 137) wirbt der *CDU*-nahe Verein *Die Waage* für die von Ludwig Erhard entwickelte *soziale Marktwirtschaft*. Schon ihrer äußeren Form ist abzulesen, daß es sich um eine Anzeige ausschließlich für Frauen handelt. Ein langer Text wird von vier Zeichnungen aufgelockert, die ihr Interesse wecken sollen. Die emotionsgeladenen Illustrationen zeigen ›Frauen im Einsatz‹: Schlange stehend vor einem Fischgeschäft, im überfüllten Zugabteil, auf der Rückfahrt nach Hamsterkäufen, im gutsortierten Schuhladen und schließlich nach dem Einkauf, wieder im Kreis der Familie.

GEGENÜBER:
Abb. 137
Die Waage
In epischer Breite legt der *CDU*-nahe Verein den Frauen dar, daß, nachdem ihre aktive Rolle in der Nachkriegsgesellschaft sich auf Lebensmittelbeschaffung beschränkt hatte, sie nun Erhards *Soziale Marktwirtschaft* unterstützen sollten. Denn die verhalf ihnen zur entscheidenden Emanzipation: »von demütigen ›Bezugsberechtigten‹ zu geschätzten Kundinnen«.
Aus: *Freundin* 17/1953

Der Text beginnt mit der plump vertraulichen Überschrift »*Wir Frauen* haben nichts vergessen und immerhin einiges dazugelernt«. Mit Hilfe zahlreicher gefühlsbetonter Adjektive wie »traurig«, »ständig übermüdet«, »unterernährt« und »armselig, planmäßig gelenkt« führt er dann aus, *was* die Frauen nicht vergessen haben sollen: die Jahre »des Hungers und der Kälte« vor der Währungsreform, »in denen das Leben nur noch aus ›Anstehen‹ bestand«. Nicht ein einziges sachliches Argument, das Hintergründe klärte, Ursachen aufzeigte oder Konsequenzen forderte, wird vorgetragen. Statt dessen, so fabuliert man, kam »über Nacht sozusagen« mit der Währungsreform die *soziale Marktwirtschaft.* Mit gewiß unfreiwilligem Humor werden die Frauen explizit für geistig so zurückgeblieben genommen, wie der Text sie insgeheim durchweg voraussetzt: »Beinahe nicht zu fassen für uns körperlich und seelisch zermürbte Hausfrauen!« Es klingt so, als ob die Frauen, die die politische Entwicklung der frühen Nachkriegszeit nicht nur als Wählerinnen, sondern aktiv mitgetragen haben, die eingetretenen Veränderungen nunmehr als schicksalhaft empfinden sollen – wie auch den Zweiten Weltkrieg? Offensichtlich will man verschleiern, daß spätestens ab jetzt wieder die Männer Politik machen. So ist der vom Text beschriebene Idealzustand, »die Möglichkeit zu wählen, selbst zu entscheiden und abzulehnen, was uns nicht gefiel« gewiß ernst gemeint – sofern er sich auf Konsumgüter bezog. Den Frauen wird suggeriert, daß »das Leben wieder lebenswert« war, sobald sie nur wieder kaufen konnten, wo sie wollten und was sie wollten. Denn nur dadurch, daß ihnen dieser ›Herzenswunsch‹ nicht erfüllt wurde, behauptet der Text, hätten sie »am bittersten [...] gelitten«, daran sind »die letzten Reste [ihres] Selbstbewußtseins zerbrochen«. So stellt sich die wichtigste Frage: ob das »ein Mann uns überhaupt nachfühlen« kann, da Fühlen ja Frauensache ist und die ›denkenden‹ Männer doch so ganz anders sind.

Indem die Anzeige die politische und wirtschaftliche Entwicklung nach dem Krieg den Frauen so stark vereinfacht einzureden versucht, ›verdummt‹ sie sie und argumentiert unverfroren in krassem Gegensatz zur Wirklichkeit, zur tatsächlichen Rolle der Frauen im Wiederaufbau. Und auch die Form der Argumentation befördert dasselbe Frauenbild wie ihr Inhalt. Sie werden von der Anzeige nur auf der emotionalen Ebene angesprochen und als völlig abhängig von ihren Gefühlen vorgeführt: »[...] nicht nur die letzten Reste unseres Selbstbewußtseins zerbrochen, sondern [...] an den Rand der Verzweiflung gebracht«. Sie hatten nicht zu verstehen oder durch Einsicht in Zusammenhänge eine eigene Meinung zu entwickeln, sondern ›nach Gefühl‹ zu wählen: Schuhe genauso wie die richtige Partei. Die Frauen sollten wieder in die Familien und an den Herd zurück gedrängt werden – deshalb sind ihre in der Anzeige geschilderten Probleme ausnahmslos Familienprobleme. Indem sie sich ausschließlich durch die Familie, in der Familie definierten, konnten sie von den Entscheidungsprozessen in der Politik ferngehalten werden.

Es gab noch weitere zeitgenössische *CDU*-Wahlanzeigen dieser Machart, die sich an Frauen (»Appell an den praktischen Sinn«) und an Männer (»Das Volk hat das letzte Wort«) getrennt wandten. Nie wurde in dieser Serie das Parteikürzel benutzt, möglicherweise ein Hinweis darauf, daß die *CDU* auf eine personenbezogene Wahlentscheidung – Prof. Erhard war als Vater des Wirtschaftswunders hochgeachtet – setzte. Vielleicht versuchte aber auch der in der Werbung zeichnende Verein *Die Waage*, überparteiliche Distanz zur *CDU* vorzutäuschen.

WIR FRAUEN *haben nichts vergessen und immerhin einiges dazugelernt*

Wirklich, sind es erst fünf Jahre her, daß wir anfingen, ein menschenwürdiges Dasein zu führen? Daß wir von traurigen, ständig übermüdeten, unterernährten, ewig hinter etwas herjagenden Schlangensteherinnen zu normalen Hausfrauen wurden, die wieder planen, rechnen und ganz nach Belieben einkaufen können? Das heißt, normal waren wir damals auch. Das wurde uns sogar, behördlich abgestempelt, bescheinigt. Außerordentlich armselige, planmäßig gelenkte »Normal«-verbraucher. Ein herrlicher Zustand war das!

Erinnern Sie sich noch? Das war die Zeit, in der die Kalorien auf 800 angekommen waren und unser Lebensmut auf dem Nullpunkt. Wir jonglierten mit 7 g Fett, 10 g Zucker und 20 g Fleisch wie ein Seiltänzer über dem Abgrund des Hungers und der Kälte. Zwei Pfund Brot

in der Woche! Damit sollten wir heranwachsende Kinder, einen Mann, der zur Arbeit ging, ernähren.

O, es war alles großartig organisiert und »bewirtschaftet«. Das waren die Jahre, in denen unser Leben nur noch aus »Anstehen« bestand. Und dann gab es noch die nächtlichen Fahrten quer durch Deutschland in überfüllten Waggons ohne Fenster, auf dem Trittbrett oder der Plattform der Züge, um einen Rucksack voll Kartoffeln, ein paar Pfund Obst heimzubringen – wenn man Glück hatte und am Bahnhof nicht erwischt wurde.

Dann kam die Währungsreform, und es kam die SOZIALE MARKTWIRTSCHAFT. Beinahe nicht zu fassen für uns körperlich und seelisch zermürbte Hausfrauen! Über Nacht sozusagen wurden wir plötzlich von demütigen »Bezugsberechtigten« zu geschätzten Kundinnen. Sehr geschätzten, umworbenen und zuvorkommend bedienten Kundinnen. Es war wie

ein Wunder! Die Regale füllten sich mit Dingen, die unsere Kinder kaum dem Namen nach kannten. Unser Geld hatte wieder Wert. Wir konnten wieder kaufen, wo wir wollten und was wir wollten. Und wenn wir auch manchmal knapp bei Kasse waren, na ja, wir hatten doch selbst für den geringsten Betrag wieder die Möglichkeit zu wählen, selbst zu entscheiden und abzulehnen, was uns nicht gefiel. Es war, als ob ein Tor in die Freiheit sich aufgetan hätte. Die Welt wurde heller, das Leben wieder lebenswert.

Kann ein Mann uns überhaupt nachfühlen, was dieser Wandel gerade für uns Frauen bedeutete, die wir am bittersten unter einem Zustand ge-

litten hatten, der nicht nur die letzten Reste unseres Selbstbewußtseins zerbrochen, sondern der uns auch angesichts der bettelnden Augen unserer Kinder an den Rand der Verzweiflung gebracht hatte?

Das noch einmal erleben? Der Himmel bewahre uns davor. Wer einmal mitgemacht hat, was »Planwirtschaft« bedeutet, ist für immer kuriert. Wir wollen uns nicht mehr die Errungenschaften der SOZIALEN MARKTWIRTSCHAFT wegnehmen lassen. Wir wissen heute, welch unwahrscheinlichen Aufschwung wir ihr in den wenigen Jahren verdanken. Wir wissen, daß nur im freien Spiel der Kräfte, im Wechsel zwischen Angebot und Nachfrage, die Hausfrau ein Faktor ist, mit dem man rechnen muß.

Und man soll mit uns rechnen. Man kann es auch. Wir Frauen sind uns klar darüber, daß diese oft kritisierte, von gewisser Seite oft angefeindete SOZIALE MARKTWIRTSCHAFT der einzige Weg ist, der uns Schritt für Schritt einer besseren Zukunft entgegenführt.

Man verschone uns daher mit Phrasen. Wir haben beides am eigenen Leibe erlebt – Planwirtschaft und Soziale Marktwirtschaft.

Wir Frauen haben uns entschieden – für

ERHARDS
SOZIALE MARKTWIRTSCHAFT

DIE WAAGE

Gemeinschaft zur Förderung
des Sozialen Ausgleichs e. V.

Vorsitzer: Franz Greiss
Köln am Rhein · Unter Sachsenhausen 14-26

Enten sinken

in Pril-entspanntem Wasser!

1 Der Versuch wird sorgfältig vorbereitet. Das Wasserbassin ist gefüllt. Auf dem Grund befindet sich eine Kiesschicht, so daß die Ente wohl sinken, aber mit den Füßen wieder rettenden Grund finden kann, da man eine Ente nicht unnötig in Angst und Schrecken versetzen will.

Nun wird ein Eßlöffel Pril dem Wasser beigefügt, da schon ein Eßlöffel genügt, um 30 Liter Wasser zu entspannen. Für den Versuch ist nun alles bereit — sehen Sie hier unten das Ergebnis:

Niemals ist die wunderbare Wirkung des „entspannten Wassers" überzeugender bewiesen worden. Selbst die glatte, naturgefettete Feder-Schwimmweste einer Ente ist machtlos gegen eine so geheimnisvolle Kraft. Ein Schweizer Institut machte jetzt von dem berühmt gewordenen „Enten-Versuch" eindrucksvolle Farbaufnahmen. Wer diese Bilder aufmerksam betrachtet, erkennt sogleich: Pril-entspanntes Wasser ist nasser und dadurch wirksamer beim Spülen und Abwaschen.

2 Wie üblich geht die Ente ins Wasser und paddelt fröhlich drauflos — und doch liegt sie schon tiefer im Wasser als gewöhnlich. Etwas stimmt da nicht... Richtig! Sie schwimmt in „Pril-entspanntem Wasser" und wird immer schwerer.

3 Unbegreiflich ist es der Ente — sie sinkt immer tiefer, weil sie immer nasser und dadurch schwerer wird. Sie schwimmt nicht in gewöhnlichem, trägem Wasser, sondern in „Pril-entspanntem Wasser".

4 Richtig pitsch-patsch-naß erreicht die Ente den rettenden Grund. Ein Schwimmtier ist gesunken! So stark ist die Wirkung von Pril, daß es das Wasser entspannt und in diesen für die Hausfrau so wunderbaren Zustand versetzt hat.

Gewöhnliches Wasser hat so etwas Ähnliches wie eine Haut. Es ist schwerfällig und träge und kullert machtlos über Fett und Schmutz, ohne sie anzupacken. Es perlt vom fettigen Geschirr genau so glatt ab wie vom Gefieder eines Wasservogels.

„Entspanntes" Wasser aber drängt sich mühelos unter Fett und Schmutz und schwemmt alles weg. Von Geschirr und Bestecken löst es alle Speisereste, rinnt glatt und spurlos ab und hinterläßt strahlenden Glanz.

„Entspanntes Wasser" ist für Enten ein unheimliches Element — für die Hausfrau aber ist Pril eine Errungenschaft, auf die sie nicht mehr verzichten will!

5 Naß bis auf die Haut wird unsere Ente nach dem gelungenen Versuch liebevoll getrocknet. Er erbrachte den für die Hausfrau so wichtigen Beweis: Mit Pril „entspanntes Wasser" ist nasser und wirksamer! Es dringt rasch und mühelos durch die fettigen Deckfedern bis in die feinsten Zwischenräume des Flaums, weil es flüssiger ist als gewöhnliches Wasser.

Früher oder später kommt jeder auf Pril.

Wie bereits erwähnt, hatten die Spülmittelhersteller besondere Probleme, ihre Produkte gegen die Konkurrenz von Allzweckreinigern wie *Rei* durchzusetzen. Umfangreiche Argumentationshilfen wurden aufgeboten und umständlich auf möglichst ›wissenschaftliche‹ Weise präsentiert, um »den für die Hausfrau so wichtigen Beweis« der Effektivität zu erbringen, wie die *Pril*-Werbung (Abb. 138) aus dem Jahr 1954 ausführt. In einem Labortest demonstriert die Anzeige sehr drastisch die Folgen des Einsatzes von *Pril*. Es ist heute nur schwer nachzuvollziehen, wie Werbetreibende so unsensibel sein konnten, den Untergang einer Ente in »*Pril*-entspanntem« – *Pril*-verseuchtem, würde man heute sagen – Wasser vorzuführen. Zwar wird im letzten Foto versucht, ein harmloses Ende vorzutäuschen: »Naß bis auf die Haut wird unsere Ente nach dem gelungenen Versuch liebevoll getrocknet.« Wer aber weiß, daß es Wochen dauern kann, bis eine Ente ihren natürlichen Fettschutz wieder aufgebaut hat, der kann nur hoffen, daß sie in der Folgezeit von jedem tieferen Gewässer ferngehalten wurde. Denn darin wäre sie unweigerlich ertrunken.

Unter der Überschrift »Durch *Rei* gerettet – vor der Ölpest« hatte eine Ente 1955 noch einmal einen Auftritt in der Reinigungsmittelwerbung. Der dänische Tanker ›Gerd Märsk‹ war vor der deutschen Nordseeküste auf Grund gelaufen, und das

GEGENÜBER:
Abb. 138
Pril
Es ist heute nur schwer zu verstehen, wie die Werbung so unsensibel sein konnte, den Untergang einer Ente in »Pril-entspanntem« – »-verseuchtem«, würde man heute sagen – Wasser vorzuführen.
Aus: *Constanze* 16/1954

OBEN:
Abb. 139
Aral
Umweltbewußte Kraftstoffproduktion schon 1955? Leider nein. Nicht Naturschutz, sondern motorfreundliche Klopffestigkeit war *Arals* Argument, bleifreies Benzin einzuführen.
Aus: *Das Beste aus Reader's Digest* 6/1955

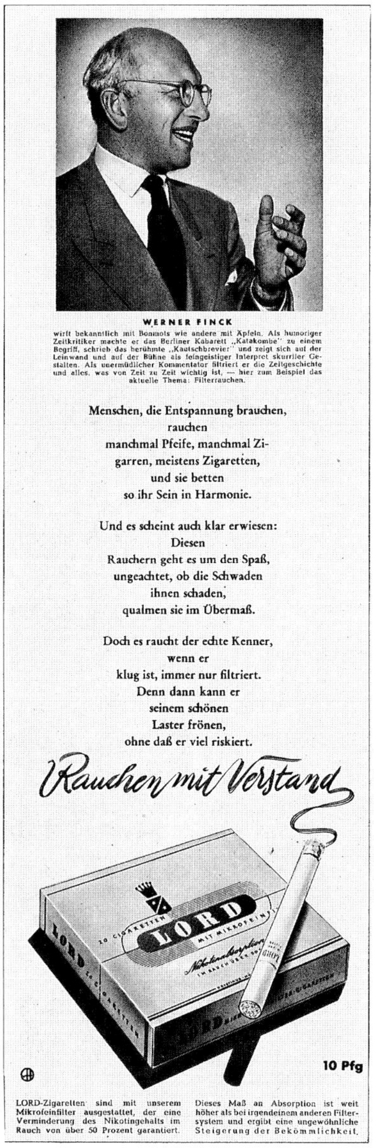

OBEN:
Abb. 140
Lord
Werbung auf höchstem sprachlichem Niveau betreibt der »feingeistige Interpret« Werner Finck für *Lord*.
Aus: *Constanze* 14/1955

ausströmende Öl hatte Tausenden von Seevögeln das Gefieder verklebt. Auf Anregung eines bekannten Bremer Zoologen hätten daraufhin ganze Schulklassen mit Hilfe von *Rei* die gefährdeten Seevögel gereinigt, berichtete die Werbung. Und unter dem Foto einer Ente hieß es: »Das Wunder ist vollbracht. Diese See-Ente ist wieder munter und quicklebendig.« Dabei scheinen sich aber wenigstens diese Anzeigengestalter der Gefahr für die Enten bewußt gewesen zu sein. Es wurde extra darauf hingewiesen, daß die *Rei*-Lauge ihr Leben nicht bedrohte: »*Rei* befreite sie vom Öl, erhielt ihr aber ihr natürliches Hautfett. Sie sinkt nicht ab – sie bleibt voll schwimmfähig.«

Etwas ganz Besonders bot *Aral* von 1955 bis 1963 seinen Kunden: *Aral bleifrei*. Ganzseitige Anzeigen warben, wie in Abbildung 139 von 1955, nur mit dem optisch eindrucksvoll präsentierten technischen Terminus. Tatsächlich war *Aral* zum Zeitpunkt seiner Einführung 1925 der erste bleifreie Superkraftstoff der Welt gewesen, ein Gemisch aus *Ar*omaten und *Al*iphaten. Das beim Kokereiprozeß von Steinkohle in großen Mengen anfallende Benzol hatte sich in seiner Klopffestigkeit zunächst sogar den Bleizusätzen überlegen gezeigt. Mit der stark zunehmenden Kraftstoffnachfrage und der gleichzeitig zurückgehenden Verkokung von Kohle mußte diese Technologie jedoch aufgegeben werden. »Hinzu kommt, daß neue Motoren für einen störungsfreien Betrieb eine Klopffestigkeit benötigen, die in den 60er Jahren nur durch Bleialkyle erreichbar war.«[19.2]

Bemerkenswert ist jedenfalls, daß die Anzeige kein einziges der uns heute vertrauten Argumente für den neuen Kraftstoff anführte. Man kann davon ausgehen, daß 1955 die Umweltschädlichkeit von Blei noch nicht allgemein bekannt war. Selbst in den damaligen Presseinformationen der *Aral AG* ist die größere Verträglichkeit in den Ottomotoren Hauptargument für das »Benzol-Benzin-Gemisch«.[19.3] Das stützt den bereits erwähnten Eindruck, daß hier vor allem auf die Überzeugungskraft des technischen Spezialausdrucks gesetzt wurde. Die Anzeige leistet eine schöne Visualisierung der Idee, daß sich *bleifrei* von der normalen Benzinqualität ›abhebt‹. Auch der dynamische Schrifttyp und die schrägen Flächenbegrenzungen bilden einen effektvollen Gegensatz zur vergleichsweise langweiligen Geometrie des Hintergrundmusters aus *Aral*-Zeichen.

Gedichte, Verse, vor allem aber Reime waren in der gesamten Nachkriegswerbung häufig eingesetzte sprachliche Mittel – wenn auch nicht immer auf einem so hohen Niveau wie in der *Lord*-Anzeige (Abb. 140) aus dem Jahr 1955 (vgl. auch Abb. 8, 41, 53). Wenn sie aber humorvoll ›trafen‹, blieben sie auch ihrer Kürze und Prägnanz wegen leicht im Gedächtnis haften. So war zum Beispiel die Zigarette *Virginia* lange Zeit mit dem Slogan »Rauche, staune, gute Laune« erfolgreich. In den fünfziger Jahren erfunden und über dreißig Jahre beibehalten wurde der *Uhu*-Reim »Im Falle eines Falles klebt *Uhu* wirklich alles«. (Der »Fall« war übrigens am Anfang immer ganz wörtlicher, physikalischer Natur.)

Ein Sprachprofi, der Kabarettist und »feingeistige Interpret« Werner Finck, hat die *Lord*-Anzeige sprachlich gestaltet. Als Intellektueller rechtfertigt er so den Werbeslogan »Rauchen mit Verstand«. »Werner Finck wirft bekanntlich mit Bonmots wie andere mit Äpfeln«, stellt ihn der Text vor; und als »unermüdlicher Kommentator filtriert [!] er die Zeitgeschichte«. Folgerichtig darf er sich hier im Gedicht zu dem

OBEN:
Abb. 141
Lux[or]
Erst 1957 wurde die deutsche *Luxor* der internationalen *Lux* namentlich angeglichen und »in neuem Kleide« modernisiert.
Aus: *Freundin* 5/1957

»aktuellen Thema Filterrauchen« äußern. Der »humorige Zeitkritiker« stellt die Raucher durchaus differenziert dar: »[...] ungeachtet, ob die Schwaden / ihnen schaden, / qualmen sie im Übermaß«. Die Hintergründe des im Kapitel 18 erwähnten Siegeszuges der leichten Filterzigarette nach dem Krieg werden hier deutlich. Der »echte Kenner« raucht »nur filtriert. / Denn dann kann er / seinem schönen / Laster frönen, / ohne daß er viel riskiert«. Weshalb er mit *Lord* nicht viel riskiert, versucht der Werbetext sachlich zu begründen: Der »Mikrofeinfilter« garantiert »50 Prozent [...] Absorption« des Nikotingehalts, und das »ergibt eine ungewöhnliche Steigerung der Bekömmlichkeit«.

In einem Rahmen, der an den eines eleganten Modespiegels erinnert, präsentiert sich die *Lux[or]*-Werbung (Abb. 141) aus dem Jahr 1957 wie eine offizielle Bekanntmachung. Sie ist wahrscheinlich die einzige *Lux[or]*-Anzeige zwischen 1950 und 1990, in der nicht mit dem aparten Gesicht einer Schauspielerin geworben wurde. Der Grund für diese Textlastigkeit liegt darin, daß die transportierte Information ausnahmsweise rein sprachlicher Art ist: Es handelt sich um die offizielle Namensänderung des Produkts. Inhaltlich nutzen Werbetext und Abbildungen die Gelegenheit, der ›neuen‹ Seife ihr Profil zu verschaffen. »An die Freunde guter Seife!« (nicht »An

OBEN:
Abb. 142
quick-Clip
Der »große *Felina*-Schlager« zwingt die Dame in die Schallplatte.
Aus: *Freundin* 22/1958

GEGENÜBER:
Abb. 143
Schuhindustrie
Für einen scheinbar so harmlos freundlichen Werbeslogan transportiert der Satz eine beachtliche Menge Inhalt.
Aus: *Quick* 48/1959

die Freundinnen«!) ergeht die Nachricht, daß *Luxor* »ganz international geworden« sei – Westdeutschland ist auch an der Konsumfront wieder in die internationale Völkergemeinschaft aufgenommen. Deshalb stellt sie sich »in neuem Kleide vor« – die neue Verpackung scheint wichtiger als der neue Name. (Oder legt man soviel Wert aufs Dekorative, weil es sich um eine Anzeige für Frauen handelt?) Alles, was die »*Luxor* so begehrt machte«, bietet sich jetzt »in der größeren, neuen *Lux*«. Daß sie auch teurer geworden ist, verschweigt der Text natürlich (vgl. Abb. 68, 69). Auch die optische Präsentation der Seife ist modernisiert worden. Der Rand ihrer Abbildungsfläche ist nicht mehr gehäkelt und die Bezeichnung »Toiletteseife« hat man von Produkt und Packung entfernt. Der größer abgebildeten neuen *Lux* sind Blumen beigefügt, die den Wandel in der Werbeargumentation von der zweckmäßigen ›Pflege des Schaums‹ zum exotischen ›Duft des Parfums‹ symbolisieren (vgl. Abb. 68–70).

Ein Grund für den enormen Aufwand um die Bekanntmachung dieser Namensänderung dürfte der große Konkurrenzdruck unter den Seifenherstellern gewesen sein; es gab sehr viele Seifen, die ähnliche Namen trugen. Vielleicht verdankt sie sich auch dem Versuch einer leichten Imagekorrektur – auf dem Markt hatte sich jedenfalls ein Trend zur teureren, *lux*uriösen Seife bemerkbar gemacht.[19.4]

Eine recht skurrile Verbindung von Abbildung und Text bietet die *quick-Clip*-Anzeige (Abb. 142) aus dem Jahr 1958. Hier ist die eigentlich banale Metapher der Überschrift von den Illustratoren getreulich im Bild reproduziert worden: zu »*quick-Clip* der große *Felina*-Schlager« zwängt sich in einer Fotomontage eine junge Frau durch eine Schallplatte. Zu deren Musik, so nimmt der Text das Bild auf, geht der BH »nach dem Rhythmus auf – zu«. Allein diese ›technische‹ Seite stellt die Werbung in den Vordergrund: »So schnell und so einfach ist die Handhabung« – »kein Verrenken und Zerren« usw. Nur im letzten Unterpunkt (»Gewißheit: [. . .] vollendet glatter Rücken«) wird erwähnt, daß mit diesem BH auch eine schöne Figur zu erreichen sei; »formschön und apart« ist ansonsten lediglich das Produkt selbst. Wie schon in der *Felina*-Werbung von 1952 (Abb. 97) gilt der Büstenhalter – damals noch ein »Büstenformer« – primär als Formteil, das sehr sachlich in seiner mechanischen Effizienz angepriesen wird. Argumente wie »Tragekomfort« oder »Bequemlichkeit« sind jedenfalls noch kein Thema.

Da die abgebildete junge Dame stark geschminkt ist und Schmuck trägt, hat man den Eindruck, als ob sie sich eher aus- als anziehe. Die klassischen Posen, in denen sie sich darbietet, betonen die Brust, und durch den leicht abgewandten Kopf vermittelt sie einen etwas hilflos-verlegenen Eindruck. Besonders sicher kann sie sich auch nicht fühlen. Nimmt man den Werbetext beim Wort, ist sie ja noch nicht zufriedenstellend angezogen – noch nicht ›zum Tanz bereit‹ –, denn *Felina* ist erst »ein Auftakt zur Eleganz«.

Gegen Ende der fünfziger Jahre wirbt die Schuhindustrie mit dem Slogan »Man achtet auf Ihre Schuhe – tun Sie's auch?« (Abb. 143). Nur zwei klein abgebildete stilisierte Schuhe ergänzen den in prägnanten Lettern und in auffällig hohem und schmalem Satzspiegel präsentierten Text. Möglicherweise handelt es sich um einen Herren- und einen Damenschuh. Der Herrenschuh ist schwarz, einfach in der Form und in Augenhöhe von der Seite gezeichnet. Der Damenschuh ist weiß und mit einigen Schmucknähten verschönt; spitz und unbequem, macht er einen schmalen

Fuß und betont die schlanken Fesseln. Mit der Umarmungstaktik gutmütig besorgten Tonfalls, als wohlwollender Freund wendet sich die Werbung an den Verbraucher. »Man achtet« – alle anderen tun es also, dann muß man ja wohl auch. »[...] auf Ihre Schuhe«: da hilft nur ständige Aufmerksamkeit für das Schuhwerk der Mitmenschen, dafür, was die neueste Mode anbietet. So geht der Trend zur reinen Äußerlichkeit und nicht etwa zur Qualität – zur sich schnell ändernden Mode, zum häufigeren Kaufen, zu steigenden Umsatzzahlen für die Schuhindustrie.

Am meisten beeindruckt an dieser cleveren Argumentation die freundlich verpackte, aber knallharte Forderung, sich danach zu richten, was die anderen tun. »*Man* achtet«: nicht Individualität ist erwünscht, sondern Herdentierverhalten. Und wenn »Sie's auch« tun, werden wiederum die anderen Konsumenten genötigt, entsprechend zu reagieren, ständig neue Schuhe zu kaufen. Tatsächlich ist es eine beachtliche Leistung für einen einzigen Satz, so viel Inhalt so suggestiv zu transportieren. Es wird verständlich, daß er bis 1990 unverändert in der Werbung eingesetzt wurde.

Daß in solcher Verkürzung der Werbeaussagen allerdings auch eine Gefahr für den Hersteller liegt, beweist das Schicksal eines anderen Slogans, mit dem 1953 ohne jeden weiteren Hinweis auf das Produkt geworben wurde: »Was müssen Sie täglich dreimal?« stand unter dem gezeichneten Gesicht eines offensichtlich ratlosen alten Mannes. Mangels zusätzlicher Informationen ist diese Frage heute nicht mehr zu beantworten.

Im sachlichen Stil eines redaktionellen Zeitschriftenteils – die Ähnlichkeit zum Layout des *Spiegel* ist unübersehbar – präsentiert sich eine *SPD*-Wahlwerbung (Abb. 144) von 1961, die wohl so den Eindruck objektiver Berichterstattung vermitteln sollte. Zwei Fotos, die den damaligen Regierenden Bürgermeister von Berlin, Willy Brandt, zeigen, ergänzen zwei schmucklose Textspalten. Ohne jede formale Heraushebung oder optische Zierde wirkt die Anzeige sehr nüchtern. Auch der Text gibt sich zunächst zurückhaltend. Mittels eines distanzierten Interviews stellt er den *SPD*-Kanzlerkandidaten vor. Die sachliche Form der eigenen Werbung gebraucht er aber sehr bald zur programmatischen Abgrenzung gegen den politischen Gegner: »Wenn man [...] durch die Straßen geht, sieht man allenthalben die politische Propaganda sonderbare Blüten treiben.« Und schon bei der Beschreibung dieser ›Blüten‹ bekennt auch er Farbe: »Herr Dr. Adenauer und Herr Prof. Erhard schimmern wie rosiges Marzipan.« Wenngleich behauptet wird, daß sich der Kandidat der *SPD* nie »über persönliche Angelegenheiten seiner Gegner äußert«, sind seine Anspielungen auf »ein offenes Geheimnis« doch alles andere als vornehm: »[...] seitdem sich jetzt auch bei Dr. Adenauer die Jahre bemerkbar machen«. Bei genauer Betrachtung verstärkt sich schnell der Eindruck, daß der Text tatsächlich kaum eine Gelegenheit ausläßt, nicht den politischen Verstand, sondern das Gefühl des Lesers anzusprechen: »Wie in Treibhäusern künstlich gezogen wirken [...] manche Politiker, die sich für den Wähler extra schöner und jünger malen ließen.« Die Bürger sind »harmlos«, das Haus ist ein »Heim« und der Gruß »still«. Auch die Fotos sind keineswegs »nüchterne Fotografie«, wie der Text behauptet, sondern ihrerseits mit gefühlsschweren Symbolen emotional aufgeladen: Herr Brandt als entschlossener Staatsmann, Herr Brandt als Familienvater und Ehemann, Herr Brandt als quasireligiöser Patriot usw.

Wenn man in dieser Zeit

als harmloser Bürger durch die Straßen geht, sieht man allenthalben die politische Propaganda sonderbare Blüten treiben.

Wie in Treibhäusern künstlich gezogen wirken auf den bunten Plakaten manche Politiker, die sich für den Wähler extra schöner und jünger malen ließen.

Herr Dr. Adenauer und Herr Prof. Erhard schimmern wie rosiges Marzipan. Ihnen stehen Willy Brandt und Prof. Carlo Schmid gegenüber, die sich statt dessen für die nüchterne Fotografie entschieden haben.

Man weiß, daß der SPD-Kanzlerkandidat nie sich über persönliche Angelegenheiten seiner Gegner äußert — deshalb ist die Frage an ihn etwas heikel:

„Herr Regierender Bürgermeister — Dr. Adenauer hat seinen Stellvertreter Prof. Erhard oft gedemütigt und erklärt öffentlich, daß Prof. Erhard ein unpolitischer Mensch wäre und deshalb für das Amt als Bundeskanzler ungeeignet sei. Was meinen Sie dazu?"

Willy Brandt lächelt: „Nun, auf den Wahlplakaten scheinen sie doch ein Herz — und eine Seele zu sein."

Auf den Einwand, daß das doch nur für den Wähler gemacht sei, wird sein Gesicht ernst:

„Wissen Sie, ich möchte mich da nicht einmischen. Ich selbst verachte die Methoden der persönlichen Verunglimpfungen von Politikern. Ihnen ist ja bekannt, was man auch alles von mir herumerzählt. Was da an Verdächtigungen und Beleidigungen in Form von anonymen Broschüren und Flüsterpropaganda verzapft wird, das geht auf keine Kuhhaut."

„Aber einige Rädelsführer sind doch geschnappt worden — oder?"

Willy Brandt macht eine leichte Handbewegung: „Gewiß, die verantwortlichen Leute und Hintermänner sind vom Gericht zu empfindlichen Strafen verurteilt worden. Aber was nutzt das schon. Jeder weiß doch, daß ich Wichtigeres zu tun habe, als mich mit irgendwelchen Schmierfinken ständig vor Gericht auseinanderzusetzen."

Willy Brandt zuckt die Achseln und meint: „Der Volksmund sagt: Es kann der Frömmste nicht in Frieden leben, wenn es dem bösen Nachbarn nicht gefällt."

Recht hat er. Ein Staatsmann soll sich mit den Problemen der Welt und nicht der Unterwelt beschäftigen.

Der SPD-Kanzlerkandidat selbst scheint starke Nerven zu haben — von seiner Familie spricht er in diesem Zusammenhang nicht.

Willy Brandt versichert, daß er persönlich Prof. Ludwig Erhard seinen Respekt nicht versage. Doch dann zwinkert er mit den Augen und sagt: „Aber um Herrn Professor Erhard geht es doch wohl gar nicht bei dieser Wahl, oder?"

Damit spielt er auf das an, was auch bei der CDU/CSU ein offenes Geheimnis ist, seitdem sich jetzt auch bei Dr. Adenauer die Jahre bemerkbar machen.

Die SPD umschreibt die Sache mit der Formel:

Wer nicht Brandt wählt, der wählt Strauß.

Immer daran denken **In jedem Jahr entzünden Willy Brandt und seine Gattin in ihrem Berliner Heim wie überall in der Stadt zu Weihnachten die Kerzen auf dem Fensterbrett. Es ist ein stiller Gruß an die Deutschen jenseits des Stacheldrahts und eine Mahnung an uns alle, die Spaltung des Vaterlandes niemals hinzunehmen.**

OBEN:
Abb. 144
SPD
Eingekleidet in den Schafspelz der Sachlichkeit, begeht diese Anzeige alle Sünden, die sie dem politischen Gegner vorwirft, und vermeidet geschickt jedes Sachargument.
Aus: *Revue* 37/1961

Nur eine einzige politische Position neben der Wahlkampfpropaganda und der Verteidigung gegen die notorische Verleumdungskampagne wird dem Leser zur Meinungsbildung angeboten: eine »Mahnung an uns alle, die Spaltung des Vaterlandes niemals hinzunehmen«, die gewiß auch Dr. Adenauer unterschrieben hätte. Die Verwendung dieses in seinem Pathos nicht SPD-typischen wahlkämpferischen Gemeinplatzes deutet darauf hin, daß die Sozialdemokraten sich hier gezielt im gesamten politischen Spektum um Wähler bemühten. So begeht die Anzeige schließlich, eingekleidet in den Schafspelz der Sachlichkeit, alle Sünden, die sie der Konkurrenzwerbung vorwirft.

20 Automobilwerbung

In diesem Kapitel soll die Entwicklung der Werbung eines einzelnen Produkts vorgestellt werden, eines Produkts, das durch seinen massiven Konsum wahrscheinlich wie kein anderes die deutsche Nachkriegsgesellschaft geprägt hat. Es geht um die Selbstdarstellung des Automobils von 1950 bis 1965 am Beispiel *Mercedes-Benz*; die größere und häufiger wechselnde Produktpalette prädestinierte unter den erfolgreichen deutschen Automobilbauern gerade diesen Hersteller für die Betrachtung.

Nur wenige Industriezweige haben so stark zur Gesundung und Wiederanerkennung der westdeutschen Wirtschaft beigetragen wie die Automobilbranche. Sie ist einer der umsatzstärksten Produktionszweige und damit einer der ganz großen Auftraggeber der Werbemedien. Was den Anteil der Werbeausgaben am Umsatz betrifft, hat sie fast alle anderen Branchen überflügelt, sogar die Zigarettenindustrie. Der Zweite Weltkrieg hatte die Entwicklung auf diesem Gebiet in Deutschland zwar behindert, aber nicht gestoppt. So nahm die nahezu ungebremste (Auto-)Mobilisierung der breiten Massen ihren Lauf.

Auch wenn das Auto schon zu Beginn der sechziger Jahre als Objekt der Begierde an Bedeutung verloren hatte (sicher auch, weil immer mehr Personen schon einen Wagen besaßen)[20.1], so stiegen doch Jahr für Jahr die Zahlen der neuangemeldeten Fahrzeuge. 1949 kamen 78 Einwohner auf ein Fahrzeug, 1962 waren es nur noch 9. Die Zahl der in Westdeutschland produzierten Personenkraftwagen stieg von 1293 im Jahr 1945 über 705 418 im Jahr 1955 bis auf 2 400 448 im Jahr 1965.[20.2] An dieser Entwicklung änderte weder der steigende Benzinpreis noch der immer dichtere Verkehr etwas; die Beziehung der Deutschen zu ihrem Auto wurde immer inniger.

Für den weltweiten Triumph der deutschen Kraftfahrzeugindustrie gibt es eine Reihe von Gründen. Neben den technischen Höchstleistungen im Automobilbau hat sicherlich auch die durch die Werbung beförderte, sehr effektive Selbstdarstellung einen Anteil an diesem Erfolg. Von 1950 bis in die Mitte der sechziger Jahre lassen sich an den in diesem Buch abgebildeten Autoanzeigen die folgenden allgemeinen inhaltlichen Entwicklungen aufzeigen:

Direkt nach Kriegsende genügte die Demonstration der Wiederverfügbarkeit von Autos einer bestimmten Marke ohne jede Zusatzinformation (Abb. 5, 11). Allerdings zeigen sich schon auf diesem einfachen formalen Niveau Unterschiede: Wo *VW* 1949 noch die nach dem Krieg so wichtige freie Mobilität in den Vordergrund stellt, ist der *Ford Taunus* 1950 bereits ein ruhendes Statussymbol. Typenspezifische Profilierung begann dann Mitte der fünfziger Jahre zunächst mit technikimmanenten und gebrauchsbezogenen Argumenten in zunächst noch sehr verbindlichem Ton: »Der leise Motor macht kein Aufhebens davon, wie stark er ist.« So durfte gefolgert werden: »Fahren wird zur Erholung«, und »Reisen wird zur Freude« (Abb. 44, 45). »Schönheit und Technik« bemühten sich noch um »Harmonie«, und»Eleganz« war fast »entscheidend« (Abb. 88, 89). Die Technik hatte sich in der Autowerbung noch nicht in nackten PS-Zahlen verselbständigt, sondern war in Form zum Beispiel eines »sicheren Temperamentes« offenbar schon ausreichend charakterisiert und dem eigentlichen Sinn der Fortbewegungsmaschine untergeordnet (Abb. 95).

XY-16801
Zu allen Zeiten
seiner Zeit voraus!
MERCEDES-BENZ

Gegen Ende des Jahrzehnts begannen die Anzeigen den Autokäufern Angebote zur individuellen Selbstdarstellung zu unterbreiten (Abb. 91, 108, 147, 148). Dabei waren zunächst nicht alle derartigen Offerten Aufforderungen, sich mit purer automobiler Stärke zu profilieren. Wie die Abbildung 90 demonstriert, bot ein Auto selbst dem anderen Geschlecht gegenüber noch genügend Vorzüge neben Technik und Motorkraft; freilich waren dies ausschließlich Angebote an Männer. Nun tauchten vermehrt Hinweise auf die »rasante Beschleunigungskraft« auf; bei *Ford* waren die *17 M*-Fahrer »so stolz« auf die Energie »des 60-PS-Motors (13,2 mkg Drehmoment)«, und selbst die Sicherheit wurde mit einem »schlag-kräftigen Beweis« vorgeführt. Der entschlossene Ton ging Hand in Hand mit aggressiveren, kantigen Formen in der Gestaltung (Abb. 91). Wer sich diesem Trend nicht anschloß, wie *Borgwards Isabella* (Abb. 93) oder der brave *Auto Union 1000* (Abb. 95), mußte um seine Marktanteile fürchten.

Diese Entwicklung verstärkte sich in den sechziger Jahren. Während ihr zunächst nicht alle folgen konnten (vgl. Abb. 109), setzten *BMW* und *Mercedes-Benz* als erste verstärkt auf größeren Abstand zur Konkurrenz durch Geschwindigkeit und Motorkraft. Ihre Werbefotos führten das Auge bedrohlich nah an die Maschinen heran (Abb. 112), die ihre kalten Stahlarmierungen als Beweis der Wehrhaftigkeit zur Schau stellten: »Dieser Scheinwerfer genügt« (Abb. 149). Je voller die Straßen, je dichter der Verkehr wurde, desto stärker gerieten die Motoren und desto schneller die Autos. Noch heute zeugen fehlende Geschwindigkeitsbegrenzungen und Slogans wie »Freie Fahrt für freie Bürger« von einer unvernünftigen Abhängigkeit der westdeutschen Gesellschaft von dieser kleinen, scheinbar so wichtigen Eigenschaft der Kraftfahrzeuge.

Warum war diese sich schon Ende der fünfziger Jahre abzeichnende, in der Werbung so öffentlich vorgeführte Instrumentalisierung des Autos als Druckmittel sozialer Aggressivität derart erfolgreich? Warum wird dem Wunsch nach Geschwindigkeit und seiner Durchsetzung gegenüber den anderen Verkehrsteilnehmern so häufig und ungehemmt nachgegeben? Einerseits scheint das ihn umgebende Blech den Fahrer fast unverletzlich zu machen, andererseits reicht offenbar schon der etwas erhöhte Abstand zum Nächsten im Straßenverkehr zum Abbau der nor-

GEGENÜBER:
Abb. 145
Mercedes-Benz
Noch 1952 ist die opulent präsentierte Wiederverfügbarkeit von *Mercedes-Benz*-Automobilen wichtigstes Verkaufsargument – nicht einmal die Baureihe wird genannt.
Aus: *Das Beste aus Reader's Digest* 12/1952

OBEN:
Abb. 146
Mercedes-Benz
Eine allgemeine Mobilmachung hat Malstil und Bildgegenstand, den neuen *Typ 220*, erfaßt.
Aus: *Das Beste aus Reader's Digest* 6/1954

GEGENÜBER:
Abb. 147
Mercedes-Benz
Die Eleganz der späten fünfziger Jahre erfüllt auch die Autowerbung: Wie ein Modell im Modesalon stellt der Wagen sich dem Kunden.
Aus: *Film und Frau* 23/1958

malen zwischenmenschlichen Rücksichtnahme. Die Unterstützung der Entfaltungsmöglichkeiten des einzelnen, die durch den Individualverkehr geleistet wird, scheint – in diesem Fall wenigstens – vor allem negatives soziales Verhalten zu fördern. Die von so vielen Autos verkörperten männlichen Werte ›stark‹, ›schnell‹, ›hart‹ usw. beeinflussen unterschwellig die Fahrweise auch *der* Autofahrerinnen und Autofahrer, die ein an sich kritisches Verhältnis zu solchen Identifikationsangeboten haben, und die Autowerbung produziert ununterbrochen Anreize, die ›Stärken‹ der Fahrzeuge auszuspielen.

Hätte eine andere Selbstdarstellung der Automobilbranche zu einem friedlicheren Miteinander im Straßenverkehr oder nur zu niedrigeren Absatzzahlen geführt? Jedenfalls ist mit den weichen, vergleichsweise ›weiblichen‹ Formen zum Beispiel eines *Auto Union 1000* auch der moderate Ton und mit ihm der »*bewußte* Fahrer« aus den Anzeigen verschwunden. Welche *anderen* Wege hätte die Werbung einschlagen können? An sich befördert das Auto Menschen sehr bequem und schon mit 120 km pro Stunde ausreichend schnell; es schützt vor Witterungseinflüssen und ermöglicht gemeinschaftliche Naturerlebnisse. Es erlaubt individuelle Lastentransporte, und sein Preis kennzeichnet den Besitzer unter Umständen als sehr reichen Mann, auch wenn es nicht über 250 PS verfügt. Wirtschaftlichkeit, Haltbarkeit, Umweltverträglichkeit und vor allem Bequemlichkeit sind Eigenschaften, die den Wettbewerb zwischen den Automobilherstellern in Gang hätten halten können. (Sind nicht die weitaus größeren Innenabmessungen amerikanischer Wagen – vor allem in den fünfziger und sechziger Jahren – auch ein Hinweis, daß man anderswo durchaus der Bequemlichkeit größere Bedeutung beimißt? Vergleicht man amerikanische Autowerbungen aus diesem Zeitraum mit deutschen, ist jedenfalls auffällig, daß in den USA Hinweise auf PS-Zahlen und Höchstgeschwindigkeiten fast ausnahmslos fehlen.)

An den folgenden Beispielen – fünf Anzeigen von *Mercedes-Benz* aus den Jahren 1952 bis 1964 (Abb. 145–149) – sollen diese Gedanken noch einmal überprüft werden.

Noch 1952 präsentiert *Mercedes-Benz* sein Verkaufsobjekt ohne jede Typenbezeichnung, aber traditionsbewußt und luxuriös, wie in Öl gemalt (Abb. 145). Die prunkvolle Ausstrahlung der farbigen Anzeige unterstützt die stattliche Wirkung des Wagens. Stolz fährt das neue Großbürgertum – die Bourgeoisie des vergangenen Jahrhunderts grüßt von einem *Mercedes*-Oldtimer herab – aus der klassizistisch anmutenden Landschaft der Neuzeit entgegen: eine schöne Visualisierung des Versuchs, mit einer chronologischen Zäsur die zurückliegenden zwanzig Jahre zu ›umfahren‹. Auch der verschnörkelte Text sucht einen Anschluß an die glorreichen Tage der Erfindung des Autos zu schaffen: »Zu allen Zeiten seiner Zeit voraus!«

Um 1954 löst eine allgemeine formale und inhaltliche Dynamisierung die stolze Behäbigkeit ab (Abb. 146). Die beiden Fahrzeuge sind nun in einem Stil mit Strichen und (Geschwindigkeits-)Streifen eher gezeichnet als gemalt. Durch die Veränderung der Proportionen wirkt der vorgestellte *Typ 220* flacher und schwungvoller. Wie in der Abbildung 145 wird ein Überholvorgang gezeigt; nur geht nun alles viel schneller, der Wagen läßt sich nicht mehr in Ruhe betrachten, sondern rast vorbei. Auch der Schrifttyp ist dynamisiert: Aus den runden Schnörkeln ist eine bewegte

895 PG

Ihrem Temperament entsprechend...

Wünschen Sie sich einen Wagen, der groß, sicher und elegant ist? Dann haben Sie sich eigentlich schon für den 220 S entschieden, der Ihnen jetzt sogar noch spezielle Motorwünsche erfüllt. Er ist serienmäßig mit einem temperamentvollen, elastischen 106-PS-Vergasermotor ausgestattet. Auf Wunsch aber - und wenn Sie etwas mehr Geld anlegen wollen - erhält Ihr 220 S den neuen, sportlich-kraftvollen 115-PS-Sechszylinder-Einspritzmotor. Wählen Sie also Ihrem Temperament entsprechend:

220 S mit Vergasermotor oder
220 SE mit Einspritzmotor

MERCEDES-BENZ

Ihr guter Stern auf allen Straßen

OBEN LINKS:
Abb. 148
Mercedes-Benz
Welchen Stimmungswandel bringen »die neuen Sechszylinder«! Die Stahlmaschine Auto präsentiert ihre kantige Technik.
Aus: *Praline* 19/1959

OBEN RECHTS:
Abb. 149
Mercedes-Benz
Der neue Trend: Chrom, Glas und harter Stahl symbolisieren den Umgangston der sechziger Jahre – ›Kaltschnäuzigkeit‹.
Aus: *Constanze* 17/1964

Schreibschrift geworden. Der Text wird verstärkt als Informationsträger eingesetzt. Der Gebrauch von Komparativen (»schneller«, »temperamentvoller«, »anzugsfreudiger«) scheint einen neuen Trend anzuzeigen: die unverblümte Kampfansage an die Konkurrenz im Straßenverkehr. »Gestoppte« Spitzengeschwindigkeiten werden erwähnt, und die »Steigerung der Leistung« findet ihren formalen Ausdruck im Überholvorgang der neuen – eigentlich kleineren – Pontonversion: Die klassische große Limousine im Hintergrund wird abgelöst.

So bietet *Mercedes-Benz* mit dem neuen Wagen seinen Kunden die Chance, sich durch Geschwindigkeit vom restlichen Straßenverkehr abzusetzen – ganz im Stil der neuen Zeit. Jetzt muß man schneller sein und stärker und sich mit einer »Ganzstahlkarosserie« wappnen können. Den ›normalen‹ Fußgängern bleibt nichts anderes übrig, als dem dahineilenden Wagen bewundernd hinterherzublicken.

Um 1958 hat die Eleganz der späten fünfziger Jahre auch das Auto und seine Präsentation in der Werbung erfaßt (Abb. 147). Chrom und Weißwandreifen konkurrieren mit Kostüm und Designermöbeln, schwarzer Lack mit schwarzem Anzug. Wie ein Mannequin im Modesalon stellt sich das Auto dem umhegten Kunden; die Anzeige präsentiert es im Stil einer Porträtaufnahme im feinen Passepartout.

Vornehme Zurückhaltung ist nun das Motto. »Wählen Sie«, fordert der Text den Kunden auf, ausnahmsweise eine Frau. Die Schrift ist grafisch zurückhaltend eingesetzt; neben der des Markennamens wird nur eine weitere Type verwendet. Geschickt hat man die großzügige Charakterisierung des Wagens »groß, sicher und elegant« dem Käufer zur Identifikation angeboten: »Ihrem Temperament entsprechend . . .«. Da die Analogie von Temperament und PS-Zahlen inzwischen auch von der Konkurrenz weidlich in Anspruch genommen wird (vgl. Abb. 44, 45, 91, 95), muß man neue souveräne Adjektive zur Beschreibung der Motorstärke einführen: »elastisch [. . .] sportlich-kraftvoll«. Nachdem das wichtigste Argument so nachdrücklich betont wurde, kann man taktvoller werden: »spezielle Motorwünsche« werden »auf Wunsch« erfüllt. Erfolgreich profiliert sich *Mercedes-Benz* schließlich am eigenen teuren Image und erklärt seine Automobile zu Wertobjekten: »wenn Sie etwas mehr Geld anlegen wollen«.

Welchen Stimmungswandel bringen »Die neuen Sechszylinder« (Abb. 148) schon Ende der fünfziger Jahre! Deutschland hat wieder Anschluß an den Rest der Welt gefunden. In übertriebener Perspektive grinst der neue Mercedes fast wie ein amerikanischer Straßenkreuzer den Betrachter an. Er steht nun ganz allein da, ohne Beiwerk, ohne Bewunderer: »Eine Klasse für sich«.

Nun geht es nur noch um die Maschine Automobil: »Neue Form und neue Technik«; der Mensch spielt lediglich eine untergeordnete Rolle. Wo vorher runde Konturen noch relativ moderate Umgangsformen demonstrierten, herrscht nun kalte Eckigkeit – nicht nur am Auto: Auch den Text hat man in zwei harte Blöcke über dem Foto gepreßt.

Diese Linie setzt sich dann Mitte der sechziger Jahre immer mehr durch (Abb. 149). Bedrohlich dicht ist der Wagen im Foto an den Betrachter herangerückt. Das Riesenauge der Maschine demonstriert Effektivität und schiere physische Überlegenheit: »Dieser Scheinwerfer genügt«. Chrom, Glas und harter Stahl symbolisieren einen neuen Umgangston, ›Kaltschnäuzigkeit‹. Was eine solche Anzeige hier erreichte, mußte im Straßenverkehr dann nicht mehr de facto ausgeführt werden: Auch Nicht-*Mercedes-Benz*-Fahrer verstanden die Signale und wichen dem Gefährt im Verkehr rechtzeitig aus.

Die letzte Anzeige war, wie so viele jener Zeit, schon Bestandteil einer weltweiten Kampagne. *Mercedes-Benz* mußte sich mit seiner Werbung nicht mehr auf spezifisch bundesrepublikanische, sondern auf internationale Bedingungen einstellen. Die heimische Wirtschaft war im Begriff, sich einen Spitzenplatz unter den westlichen Industrienationen zu erobern, und aus ihrer Werbung verschwand, was einmal Ausdruck der eigenen, besonderen Nachkriegssituation war, und auch, was – wenn überhaupt – als ›typisch deutsch‹ zu bezeichnen gewesen wäre. Der Wiederaufbau war abgeschlossen, und in einer verschärften Konkurrenzsituation mußten den wirtschaftlich abgesicherten Konsumenten die Waren nicht mehr als materielle Notwendigkeit, sondern auf einem höheren Niveau als konnotativ enorm aufgeladene Imagebausteine, als Elemente für die private Konstruktion von Lebensphilosophien angeboten werden. Dieser neuen Funktion schien zum Beispiel eine Werbung gerecht zu werden, die wie in Abbildung 147 auf Repräsentativität bei größtmöglicher Nüchternheit und also optimaler Verständlichkeit setzte oder (Abb. 148) dieselbe Nüchternheit in einen ebenso gediegenen wie aggressiven Elitarismus umzumünzen verstand – oder aber eine Werbung, die in ihren Anzeigen noch heute Produkte in die scheinbar bloß vorgefundene, scheinbar unbelassene Alltagsrealität menschlicher Geselligkeit hineinträgt, tatsächlich aber mit ihren Klischeeschemata die Wirklichkeit, die sie abzubilden vorgibt, erst konstruiert (vgl. die Beispiele im ›Lifestyle‹-Kapitel).

Der Erfolg gerade dieser Strategie beweist: Die Werbung nimmt heutzutage mehr Einfluß auf unser Leben als je zuvor, unser Gesellschaftssystem ist ohne sie nicht denkbar. Aber: an *uns* richten sich ihre Botschaften, *wir* sind es, die an der Ladenkasse die Entscheidungen treffen. Wer sich beim Einkaufen beobachtet, wird viel über sich erfahren.

Anmerkungen

I.1 Zitiert nach: Eckhard Neumann/Wolfgang Sprang, ›Werbung in Deutschland '64‹, Düsseldorf 1964, S. 13.

1.1 Vgl. Friedrich Arnold (Hrsg.), ›»Anschläge«. Politische Plakate in Deutschland 1900–1970‹, Ebenhausen 1977, S. 3.

1.2 Hier wird Bezug genommen auf die ›Arisierung‹, die Übernahme des *Kaufhof* durch die Nationalsozialisten im Jahr 1933. Die jüdische Besitzerfamilie Tietz mußte ihre Aktien zu Schleuderpreisen verkaufen und wurde aus der Geschäftsleitung gedrängt. Vgl. Peter Fuchs, ›Hundert Jahre Kaufhof Köln‹, Köln 1991.

2.1 Anton Sailer, ›Das Plakat‹, München 1965, S. 45.

2.2 Herbert Bayer auf einer Tagung des Verbandes deutsche Reklamefachleute im Oktober 1927.

2.3 László Moholy-Nagy, ›Die Photographie in der Reklame‹, in: *Photographische Korrespondenz,* 63, 9, 1927, S. 257–260.

2.4 Ebenda.

2.5 Lucia Moholy, ›Marginalien zu Moholy-Nagy‹, Krefeld 1972, S. 29.

4.1 Vgl. Brian Holme, ›Advertising‹, London 1982, S. 110.

4.2 Vgl. Klaus Popitz u.a. (Hrsg.), ›Das frühe Plakat in Europa und den USA‹, Bd. 3: ›Deutschland‹, Berlin 1980, Tafel 232.

4.3 Vgl. Willi Bongard, ›Männer machen Märkte‹, Frankfurt a.M. 1963, S. 141 ff.

5.1 *Constanze,* 3, 1953, S. 48 f.

5.2 Ebenda.

5.3 Albrecht Bangert, ›Resopal à la Klee‹, in: *du: Zeitschrift für Kunst und Kultur,* 5, 1984, S. 26 f.

6.1 *Constanze,* 12, 1952, S. 21, und Kurt Schöning, ›Anzeigenwerbung‹, München 1975, S. 33.

6.2 Sailer, ›Plakat‹ (wie Anm. 2.1), S. 40.

6.3 *Constanze,* 24, 1954, S. 24.

7.1 ›De Lautrec à Warhol‹, Katalog der gleichnamigen Ausstellung, Musée de l'Affiche et de la Publicité, Paris 1988, S. 61 und 65; W. H. Allner (Hrsg.), ›The International Poster Annual‹, St. Gallen 1950, S. 56.

7.2 ›Modern art in advertising‹, Chicago 1946, Abb. 70.

7.3 Weigelt-Auktionen, ›Plakatauktionskatalog Nr. 8‹ und Ergebnisliste, Hannover 1988.

7.4 Vgl. Ehrenfried Kluckert, ›Kunstgeschichte und Werbung‹, Ravensburg 1979, S. 34 ff.

7.5 Zitiert nach: Schöning, ›Anzeigenwerbung‹ (wie Anm. 6.1), S. 168.

7.6 Dr. Hans Kiener im Vorwort des Katalogs für die ›Große Deutsche Kunstausstellung 1938‹, München 1938, S. 24.

7.7 ›Das Große Duden-Lexikon‹, 2. neu bearb. Ausg., Mannheim 1969, Bd. 3, S. 729.

7.8 Bangert, ›Resopal‹ (wie Anm. 5.3), S. 27.

7.9 Bernhard Schulz (Hrsg.), ›Grauzonen Farbwelten‹, Berlin 1983, S. 160.

7.10 Bangert, ›Resopal‹ (wie Anm. 5.3), S. 27.

7.11 Alain Weill, ›Plakatkunst international‹, Berlin 1985, S. 303.

7.12 Vgl. Patricia Frantz Kery, ›Great Magazine Covers of the World‹, New York 1982, Abb. 554.

8.1 Sylvia Lott-Almstadt, ›Brigitte – Die ersten hundert Jahre‹, Hamburg 1986, S. 183.

8.2 Ebenda.

8.3 Ebenda, S. 185.

8.4 Dieter Conrads, Chefredakteur der *Brigitte* von 1952 bis 1956, in einem Brief an Sylvia Lott-Almstadt; zitiert nach: dies., ›Brigitte‹ (wie Anm. 8.1), S. 187.

8.5 Ebenda.

8.6 Ebenda, S. 185.

8.7 IVW: ›Informationsgemeinschaft zur Feststellung der Verbreitung von Werbeträgern‹.

8.8 Lott-Almstadt, ›Brigitte‹ (wie Anm. 8.1), S. 183.

9.1 Vgl. Raymond Boyer, ›Et dieu créa ... la star‹, Paris 1983, S. 6.

9.2 ›rororo Filmlexikon‹, 3. Aufl., Reinbek 1981, Bd. 4, S. 830.

9.3 Herbert Holba, ›Reclams deutsches Filmlexikon‹, Stuttgart 1984, S. 209.

9.4 Bericht im *Kölner Stadt-Anzeiger* vom 4. 12. 1990.

10.1 Arnold, ›»Anschläge«‹ (wie Anm. 1.2), Abb. 127.

10.2 So lautete die Überschrift der amerikanischen ›Bekanntmachungen‹, sinngemäß übersetzt etwa: »Wen immer es betrifft.«

10.3 Arnold, ›»Anschläge«‹ (wie Anm. 1.2), S. 3.

10.4 Hansjörg Felmy im Vorwort zu Gerhard Bliersbachs ›So grün war die Heide‹, Weinheim 1985.

10.5 Eberhard Spiess in seinem Beitrag ›Werbung für den Film‹ für das Buch ›Filmplakate‹, Berlin 1984, S. 8.

10.6 Otto Friedrich, ›Das Wesen der Stimmungen‹, Frankfurt 1956, S. 151. Der Begriff ›Kitsch‹ kann hier nicht ausführlich diskutiert werden; das Zitat soll immerhin deutlich machen, daß es durchaus Möglichkeiten gibt, Objekte aus ihrem negativ belasteten ›kitschigen‹ Zusammenhang herauszulösen und nur ihre formale Erscheinung zu untersuchen.

10.7 Bliersbach, ›Heide‹ (wie Anm. 10.4), S. 37.

10.8 ›Handbuch V der katholischen Filmkritik‹, 4. Aufl., Düsseldorf 1980, S. 162.

10.9 Ebenda, S. 47.

10.10 In ›Werbung für den Film‹ (wie Anm. 10.5, S. 15) fordert Eberhard Spiess die »filmgerechte« Plakatgestaltung, wie sie von der ›Kasseler Schule‹ im Gegensatz zum herkömmlichen Filmplakatdesign der fünfziger Jahre geleistet wurde.

10.11 ›Handbuch V der katholischen Filmkritik‹ (wie Anm. 10.8), S. 297.

10.12 Spiess, ›Werbung‹ (wie Anm. 10.5), S. 15.

10.13 Hans Hillmann, ›Über die Arbeit an Filmplakaten‹, in: ›Das Plakat ist eine Fläche die ins Auge springt‹, Frankfurt a. M. 1979, S. 89.

10.14 Ebenda, S. 89 ff.

11.1 Lott-Almstadt, ›Brigitte‹ (wie Anm. 8.1), S. 177.

11.2 Ebenda, S. 178.

11.3 Ebenda, S. 176.

11.4 Ingrid Loschek, ›Reclams Mode- und Kostümlexikon‹, Stuttgart 1987, S. 364.

11.5 *Libelle: Die Wochenschrift der Frau,* 35, 1953, S. 30 f.

11.6 Ebenda, S. 3.

11.7 Vgl. Andreas Leys Beitrag ›Jugend – Freizeit – Haute Couture‹ für ›Zwischen Kaltem Krieg und Wirtschaftswunder‹, Katalog der gleichnamigen (Plakat-)Ausstellung, Münchener Stadtmuseum, München 1982/83.

11.8 Neumann/Sprang, ›Werbung in Deutschland '64‹ (wie Anm. I.1), S. 28.

12.1 Aus dem Vorwort zum Sonderheft ›Schöner Wohnen‹ der *Constanze* vom September 1958.

12.2 Loschek, ›Reclams Mode- und Kostümlexikon‹ (wie Anm. 11.4), S. 91.

13.1 Lott-Almstadt, ›Brigitte‹ (wie Anm. 8.1), S. 177.

13.2 Ebenda, S. 121.

13.3 Ebenda.

14.1 George Him im Vorwort zum ›graphis annual 1962/63‹, Zürich 1963, S. 12.

14.2 Walter Herdeg/Charles Rosner, ›graphis annual 1952/53‹, Zürich 1953, S. 59.

14.3 Eduard Grosse, ›100 Jahre Werbung in Europa‹, Berlin 1980, S. 114.

14.4 Fritz Schischke/Wilhelm Mohr/Grete Fehlow, ›Dr. Oetkers Warenkunde‹, Bielefeld 1935, S. 105.

15.1 Neumann/Sprang, ›Werbung in Deutschland '64‹ (wie Anm. I.1), S. 14.

15.2 Ebenda.

15.3 Grosse, ›100 Jahre Werbung‹ (wie Anm. 14.3), S. 106.

15.4 Neumann/Sprang, ›Werbung in Deutschland '64‹ (wie Anm. I.1), S. 14.

17.1 Rüdiger Joppien, ›Weniger ist mehr – oder: Die Leere ist die Fülle‹, in: ›Mehr oder weniger: Braun-Design im Vergleich‹, Katalog der gleichnamigen Ausstellung, Museum für Kunst und Gewerbe, Hamburg 1990, S. 9.

17.2 Ebenda.

17.3 Erwin Schirmer, in: *Innen-Dekoration – Architektur und Wohnen,* 1, Oktober 1955, S. 43 ff.

17.4 Hartmut Jatzke-Wigand in dem Beitrag ›»Mehr oder weniger« ... vorbildlos?‹, in: ›Braun-Design‹ (wie Anm. 17.1), S. 27.

17.5 Fritz Eichler, ›Eichler an Wagenfeld‹, in: *form,* 23, 9, 1963, S. 11.

17.6 ›Braun-Design‹ (wie Anm. 17.1), S. 54.

17.7 So lautete sinngemäß die Überschrift einer *Braun*-Anzeige aus dem Jahr 1985. Die genannten Zahlen wurden auf eine telefonische Anfrage hin von der *Braun*-Marketingabteilung auch für 1991 bestätigt.

18.1 Eckhard Neumann / Wolfgang Sprang, ›Werbung in Deutschland '65‹, Düsseldorf 1965, S. 332.

18.2 Neumann/Sprang, ›Werbung in Deutschland '64‹ (wie Anm. I.1), S. 249.

18.3 Eckhard Neumann / Wolfgang Sprang, ›Werbung in Deutschland '67‹, Düsseldorf 1967, S. 166.

18.4 Vgl. Neumann / Sprang, ›Werbung in Deutschland '65‹ (wie Anm. 18.1), S. 324.

18.5 Eckhard Neumann / Wolfgang Sprang, ›Werbung in Deutschland '66‹, Düsseldorf 1966, S. 264.

18.6 Ebenda.

18.7 Neumann/Sprang, ›Werbung in Deutschland '64‹ (wie Anm. I.1), S. 260.

18.8 Ebenda.

18.9 Ebenda.

18.10 Jürgen Salm in der *Kölner Stadt-Revue,* 10, 1990, S. 15 f.

19.1 Neumann/Sprang, ›Werbung in Deutschland '64‹ (wie Anm. I.1), S. 14.

19.2 Zitiert nach: ›Kleine Bleifrei-Geschichte‹, in: *Aral informiert intern,* 9. 1. 1989.

19.3 »Benzol-Benzin-Gemisch« nannte die erste Presseinformation der *Aral AG* vom 17. 3. 1955 das neue *Aral bleifrei.*

19.4 Bongard, ›Männer machen Märkte‹ (wie Anm. 4.3), S. 141 f.

20.1 Ebenda, S. 45.

20.2 Hans-Christoph Graf von Seherr-Thoss, ›Die deutsche Automobilindustrie‹, Stuttgart 1974, S. 558 f.

Verzeichnis der Abbildungen

Bis zu vierzig Jahre nach ihrem Erscheinen ist bei vielen Anzeigen trotz umfassender Recherche die Ermittlung ihrer Gestalter, Texter, Zeichner, Fotografen in einzelnen Fällen fruchtlos geblieben. Der Autor bittet freundlichst, ihm entsprechende Nachweise mitzuteilen, die etwa beteiligten Urheberrechte betreffend, um diese in künftigen Auflagen und Ausgaben berücksichtigen zu können.
Alle Vorlagen entstammen dem Archiv des Autors.

Abb. 1 (Cover): **Persil**
Freigestellte farbige Pinselzeichnung kombiniert mit zum Teil farbigem Satz und Grafik, vierfarbig gedruckt. 37 x 26 cm
Aus: *Freundin* 9/1960
Auftraggeber: Henkel & Cie GmbH, Düsseldorf
Agentur: Troost, Düsseldorf

Abb. 2 (Backcover): **BP**
Einfarbige Zeichnung, unter Verwendung eines technischen Rasters einfarbig (schwarz) gedruckt. 18,5 x 13 cm
Aus: *Das Beste aus Reader's Digest* 12/1952
Auftraggeber: BP Benzin- und Petroleum-Gesellschaft mbH, Hamburg
Agentur: William Wilkens GmbH & Co, Hamburg
Gestaltung: Hörnig

Abb. 3 (Frontispiz): **Hudson**
SW-Fotografie kombiniert mit technisch einkopierter, zum Teil farbiger Malerei, vierfarbig gedruckt. 36,6 x 27,5 cm

Aus: *Freundin* 11/1954
Auftraggeber: Hudson AG, Stuttgart

Abb. 4 (S. 4): **Knorr**
Farbig gemalte Illustration kombiniert mit Satz und Grafik, vierfarbig gedruckt. 36,5 x 26 cm
Aus: *Constanze* 6/1957
Auftraggeber: Knorr Maizena GmbH, Heilbronn

Abb. 5 (S. 9): **Ford**
Farbig gemalte Illustration kombiniert mit Satz, vierfarbig gedruckt. 18,5 x 13 cm
Aus: *Das Beste aus Reader's Digest* 1/1950
Auftraggeber: Ford-Werke AG, Köln
Agentur: J. Walter Thompson
Zeichnung: Reuten

Abb. 6 (S. 11): **Kaufhof**
Tuschzeichnung kombiniert mit Satz, einfarbig (schwarz) gedruckt. 14,5 x 21 cm
Aus: Stadt Köln (Hrsg.), *1900 Jahre Köln,* Köln 1949
Auftraggeber: Westdeutsche Kaufhof AG, Köln

Abb. 7 (S. 12): **Osram**
Farbige Zeichnung, vierfarbig gedruckt. 18,5 x 13 cm
Aus: *Das Beste aus Reader's Digest* 1/1950
Auftraggeber: Osram GmbH, München
Gestaltung: Paul Lorenz

Abb. 8 (S. 13): **Caro**
Einfarbige Handzeichnung kombiniert mit Satz und Grafik, zweifarbig gedruckt. 36 x 26 cm
Aus: *Film und Frau* 23/1953
Auftraggeber: Nestlé Deutschland AG, München
Gestaltung: Schultz-Severin

Abb. 9 (S. 14): **Osram**
Farbige (?) Zeichnung in Tusche und Spritztechnik, einfarbig (braun) gedruckt. 12 x 16 cm
Aus: *Constanze* 21/1950
Auftraggeber: Osram GmbH, München
Gestaltung: Hermann Schneider

Abb. 10 (S. 15): **Sunlicht**
Einfarbige Zeichnung kombiniert mit Satz, einfarbig (braun) gedruckt. 36,5 x 26 cm
Aus: *Constanze* 10/1949
Auftraggeber: Sunlicht GmbH, Lever GmbH, Hamburg
Agentur: Lintas, Hamburg

Abb. 11 (S. 16): **VW-Fleischhauer**
Einfarbige Tuschzeichnung (?), einfarbig (schwarz) gedruckt. 14,5 x 21 cm
Aus: Stadt Köln (Hrsg.), *1900 Jahre Köln,* Köln 1949
Auftraggeber: Autohaus Jacob Fleischhauer GmbH & Co KG, Köln
Gestaltung: Gerd van Husen, Köln

Abb. 12 (S. 19): **Nivea**
SW-Fotografie kombiniert mit Satz und Grafik, einfarbig (braun) gedruckt. 12 x 16,6 cm
Aus: *Constanze* 1/1949
Auftraggeber: BDF, Beiersdorf AG, Hamburg

Abb. 13 (S. 20): **Westminster**
SW-Fotografie kombiniert mit Satz, einfarbig (schwarz) gedruckt. 18,5 x 13 cm
Aus: *Das Beste aus Reader's Digest* 12/1952
Auftraggeber: Reynolds Tobacco, Köln

Abb. 14 (S. 21): **Ninoflex**
Einfarbige Zeichnung (SW-Fotografie als Strich?), einfarbig (braun) gedruckt. 16 x 11,5 cm
Aus: *Constanze* 16/1950
Auftraggeber: Nino AG, Nordhorn

Abb. 15 (S. 22): **Bosch**
Verschiedene SW-Fotografien kombiniert mit Satz und Zeichnungen, einfarbig (braun) gedruckt. 36 x 18 cm
Aus: *Constanze* 13/1951
Auftraggeber: Robert Bosch GmbH, München
Agentur: Günther Bläse, Stuttgart

Abb. 16 (S. 23): **Telefunken**
SW-Fotografie kombiniert mit gezeichneten und gespritzten Elementen und Satz, einfarbig (schwarz) gedruckt. 18,5 x 13 cm
Aus: *Das Beste aus Reader's Digest* 12/1952
Auftraggeber: Telefunken GmbH, Hannover
Agentur: Telefunken-Werbeabteilung
Foto: Lessmann, Hannover

Abb. 17 (S. 23): **Werra**
SW-Fotografie kombiniert mit gezeichneten Elementen und Satz, einfarbig (braun) gedruckt. 16,5 x 12 cm
Aus: *Constanze* 26/1954
Auftraggeber: VEB Carl Zeiss Jena? (Vertretung Hans Pollnow, Berlin-Fronau?)
Gestaltung: Blank

Abb. 18 (S. 24): **WMF**
Verschiedene SW-Fotografien kombiniert mit Satz, einfarbig (schwarz) gedruckt. 29 x 10,5 cm
Aus: *Medaillon* 12/1959
Auftraggeber: Württembergische Metallwarenfabrik, Geislingen
Gestaltung: WMF-Werbeabteilung (?)

Abb. 19 (S. 26): **Thomy's**
Schriftsatz, vergrößert
Aus: *Film und Frau* 4/1955, *Film und Frau* 5/1956, *Film und Frau* 10/1959, *Constanze* 26/1959, *Neue Illustrierte* 40/1963, *Moderne Frau* 19/1967
Auftraggeber: Unifranck Lebensmittel GmbH, Ludwigsburg
Gestaltung: Schultz-Severin (?)

Abb. 20 (S. 27): **Thomy's**
Farbfotografie kombiniert mit farbiger Zeichnung und Satz, vierfarbig (technisch farblich verstärkt?) gedruckt. 18,5 x 13 cm
Aus: *Das Beste aus Reader's Digest* 6/1966
Auftraggeber: Unifranck Lebensmittel GmbH, Ludwigsburg
Gestaltung: Schultz-Severin (?)

Abb. 21 (S. 30): **Constanze-Layout**
SW-Fotografie kombiniert mit Satz, einfarbig (braun) gedruckt. 36,5 x 26 cm
Aus: *Constanze* 17/1948
Auftraggeber: Constanze Verlag, Hamburg (Axel Springer und John Jahr)
Grafik: H. R. Möller
Foto: Gaza

Abb. 22 (S. 31): **Constanze-Layout**
SW-Fotografie kombiniert mit Satz, einfarbig (braun) gedruckt. 36,5 x 26 cm
Aus: *Constanze* 13/1964
Auftraggeber: Constanze Verlag, Hamburg (Axel Springer und John Jahr)
Constanze-Chefgrafiker: Otto Brandt

Abb. 23 (S. 33): **Luxor**
SW-Fotografie, farbige (?) Zeichnung und Satz, zum Teil ineinanderkopiert, einfarbig (braun) gedruckt. 29 x 14,5 cm
Aus: *Stimme der Frau* 23/1953
Auftraggeber: Sunlicht GmbH, Lever GmbH, Hamburg
Agentur: J. Walter Thompson (?)

Abb. 24 (S. 33): **Luxor**
SW-Fotografie, farbige (?) Zeichnung und Satz, zum Teil ineinanderkopiert, einfarbig (braun) gedruckt. 34 x 11,5 cm
Aus: *Freundin* 19/1954
Auftraggeber: Sunlicht GmbH, Lever GmbH, Hamburg
Agentur: J. Walter Thompson (?)

Abb. 25 (S. 34): **Juwel**
SW-Fotografie, farbige (?) Zeichnung und Satz, zum Teil ineinanderkopiert, einfarbig (braun) gedruckt. 27 x 19,5 cm
Aus: *Freundin* 4/1954
Auftraggeber: Elida Gibbs, Hamburg

Abb. 26 (S. 34): **Kaloderma**
Verschiedene SW-Fotografien (zum Teil retuschiert) kombiniert mit Satz, einfarbig (schwarz) gedruckt. 35 x 12,5 cm
Aus: *Constanze* 17/1957
Auftraggeber: F. Wolff & Sohn, Karlsruhe

Abb. 27 (S. 35): **8 mal 4**
Strichzeichnung und Satz in SW-Fotografie einkopiert, einfarbig (schwarz) gedruckt. 25 x 11,5 cm
Aus: *Film und Frau* 12/1959
Auftraggeber: BDF, Beiersdorf AG, Hamburg

Abb. 28 (S. 35): **Dali**
Verschiedene SW-Fotografien (zum Teil retuschiert) kombiniert mit Satz, einfarbig gelb nachkoloriert, zweifarbig gedruckt. 35 x 12 cm
Aus: *Freundin* 20/1959

Abb. 29 (S. 36): **CD**
Farbfotografie kombiniert mit Satz, zum Teil ineinanderkopiert, vierfarbig gedruckt. 36 x 18 cm
Aus: *Constanze* 40/1965
Auftraggeber: Elida Gibbs, Hamburg
Agentur: J. Walter Thompson

Abb. 30 (S. 36): **Princess**
Verschiedene SW-Fotografien kombiniert mit Satz, einfarbig (schwarzbraun) gedruckt. 36 x 19 cm
Aus: *Constanze* 17/1961
Auftraggeber: Dralle GmbH, Hamburg

Abb. 31 (S. 37): **Fa**
SW-Fotografie, farbige (?) Grafik und Satz, zum Teil ineinanderkopiert, einfarbig (braun) gedruckt. 25 x 24 cm
Aus: *Stern* 48/1959
Auftraggeber: Dreiring-Werke, Krefeld (Henkel-Gruppe)
Agentur: Troost, Düsseldorf

Abb. 32 (S. 39): **Bifora**
Einfarbige (?) Zeichnung, gelb nachkoloriert, zweifarbig gedruckt. 18,5 x 13 cm
Aus: *Das Beste aus Reader's Digest* 12/1952
Auftraggeber: J. Bidlingmaier, Schwäbisch-Gmünd

Abb. 33 (S. 41): **Montblanc**
Verschiedene SW-Fotografien und Satz, zum Teil freigestellt und ineinanderkopiert, einfarbig (braun) gedruckt. 25 x 11,5 cm
Aus: *Freundin* 5/1953
Auftraggeber: Montblanc-Simplo GmbH, Hamburg
Gestaltung: Montblanc-Werbeabteilung

Abb. 34 (S. 41): **4711**
Verschiedene SW-Fotografien und farbige (?) Zeichnung, einfarbig (schwarz) gedruckt. 30 x 21 cm
Aus: *Elegante Welt* 6/1953
Auftraggeber: 4711 Eau de Cologne- und Parfümeriefabrik, Köln; heute: Mülhens, Köln
Agentur: H. K. McCann Company, Köln
Gestaltung: 4711-Werbeabteilung
Zeichnung: H. Stanzig
Foto: H. Pfannkuch

Abb. 35 (S. 43): **Geha**
SW-Fotografie, farbige (?) Zeichnung und Satz, zum Teil ineinanderkopiert, einfarbig (braun) gedruckt. 17 x 12 cm
Aus: *Constanze* 24/1955
Auftraggeber: Geha-Werke, Hannover
Gestaltung: Christoph Reinhardt

Abb. 36 (S. 44): **Phonotrix**
Einfarbige Zeichnung kombiniert mit Satz, einfarbig (schwarz) gedruckt. 9,5 x 13,5 cm
Aus: *Hobby* 1954
Gestaltung: ? (›m‹)

Abb. 37 (S. 45): **Bolex**
SW-Fotografie, Grafik und Satz, zum Teil ineinanderkopiert, einfarbig (braun) gedruckt. 17 x 12 cm
Aus: *Freundin* 5/1954
Auftraggeber: Paillard-Bolex-Vertrieb GmbH, Frankfurt
Gestaltung: ? (›CH‹)

Abb. 38 (S. 45): **Pitt-Müller-Werkstätten**
SW-Fotografie kombiniert mit Satz, einfarbig (schwarz) gedruckt. 13,5 x 9 cm (rund beschnitten)
Aus: *Die Kunst und das schöne Heim* 9/1954
Auftraggeber: Pitt Müller, Villich bei Bonn
Gestaltung: Pitt Müller (?)

Abb. 39 (S. 46): **Uhu-Line**
Farbige Pinselzeichnung kombiniert mit Satz, vierfarbig gedruckt. 36 x 26 cm
Aus: *Freundin* 7/1955
Auftraggeber: Uhu-Werk H. u. M. Fischer, Bühl
Agentur: ? (›DNA‹)
Gestaltung: ? (›v. G.‹)

Abb. 40 (S. 47): **Arnold**
SW-Fotografie, Grafik und Satz, zum Teil ineinanderkopiert, einfarbig (schwarz) gedruckt. 13,5 x 10,5 cm
Aus: *Die Kunst und das schöne Heim* 7/1955
Auftraggeber: L. & C. Arnold, Schorndorf

Abb. 41 (S. 47): **Triumph**
Einfarbige Zeichnung und Satz, zum Teil ineinanderkopiert, einfarbig (schwarzbraun) gedruckt. 17 x 11,5 cm
Aus: *Constanze* 5/1953
Auftraggeber: Triumph-Werke Nürnberg AG

Abb. 42 (S. 51): **Uhu-Line**
Farbige Pinselzeichnung auf schwarzem Grund freigestellt mit negativ (weiß) einkopiertem Satz, vierfarbig gedruckt. 36 x 26 cm
Aus: *Freundin* 5/1956
Auftraggeber: Uhu-Werk H. u. M. Fischer, Bühl
Agentur: ? (›DNA‹)
Gestaltung: ? (›v. G.‹)

Abb. 43 (S. 53): **Porolastic**
Farbige (?) Zeichnung kombiniert mit Satz, einfarbig (braun) gedruckt. 24 x 11,2 cm
Aus: *Freundin* 5/1954
Auftraggeber: Porolastic-Werke, Reutlingen
Zeichnung: René Gruau (?)

Abb. 44 (S. 54): **Ford**
Weißgehöhtes Aquarell (?) kombiniert mit Satz und zum Teil farbiger Grafik, vierfarbig gedruckt. 37 x 26 cm
Aus: *Constanze* 6/1957
Auftraggeber: Ford-Werke AG, Köln
Agentur: J. Walter Thompson
Zeichnung: Gotschke (?)

Abb. 45 (S. 55): **Ford**
Weißgehöhtes Aquarell (?) kombiniert mit Satz und zum Teil farbiger Grafik, vierfarbig gedruckt. 37 x 26 cm
Aus: *Constanze* 3/1959
Auftraggeber: Ford-Werke AG, Köln
Agentur: J. Walter Thompson
Zeichnung: Gotschke (?)

Abb. 46 (S. 57): **Bac**
Farbige (?) Zeichnung kombiniert mit Satz, einfarbig (braun) gedruckt. 16 x 10,8 cm
Aus: *Freundin* 13/1954
Auftraggeber: Olivin, Wiesbaden

Abb. 47 (S. 58): **Pelikan**
Farbige Collage kombiniert mit Farbfotografie und Satz, (im Rot geänderter?) Vierfarbendruck. 18,5 x 13 cm
Aus: *Das Beste aus Reader's Digest* 12/1954
Auftraggeber: Pelikan-Werke GmbH & Co KG, Hannover
Gestaltung: Herbert Leupin
Text: Pelikan-Werbeabteilung

Abb. 48 (S. 59): **Fewa**
Kombination aus verschiedenen Farbillustrationen, Satz und SW-Fotografien, vierfarbig gedruckt. 36 x 26 cm
Aus: *Revue* 5/1959

Auftraggeber: Böhme Fettchemie, Düsseldorf (Henkel-Gruppe)
Zeichnung: Max Hoff

Abb. 49 (S. 60): **Kaloderma**
Farbige (?) Pinselzeichnung und Satz (negativ auf Vollton), einfarbig (schwarzbraun) gedruckt. 36 x 26 cm
Aus: *Constanze-Modeheft* 1951
Auftraggeber: F. Wolff & Sohn, Karlsruhe
Agentur: Interne Werbeabteilung

Abb. 50 (S. 61): **Kaloderma**
Farbige (?) Pinselzeichnung kombiniert mit Satz, einfarbig (braun) gedruckt. 22,3 x 10,5 cm
Aus: *Freundin* 22/1951
Auftraggeber: F. Wolff & Sohn, Karlsruhe
Agentur: Interne Werbeabteilung

Abb. 51 (S. 61): **Kaloderma**
Farbige (?) Pinselzeichnung kombiniert mit Satz, einfarbig (braun) gedruckt. 23,4 x 11 cm
Aus: *Film und Frau* 22/1951
Auftraggeber: F. Wolff & Sohn, Karlsruhe

Abb. 52 (S. 63): **Besmer**
Farbfotografie kombiniert mit technisch angelegtem (schwarzem) Vollton und Satz, vierfarbig gedruckt. 13 x 6 cm
Aus: *Die Kunst* 10/1955
Auftraggeber: Besmer Teppichfabrik GmbH, Hameln

Abb. 53 (S. 65): **Nino-Flex**
Freigestellte SW-Fotografie, farbige (?) Zeichnung und Satz zum Teil ineinanderkopiert, einfarbig (braun) gedruckt. 33 x 17,5 cm
Aus: *Constanze* 12/1955
Auftraggeber: Nino AG, Nordhorn

Abb. 54 (S. 66): **Constanze-Cover** 4/1949
SW-Fotografie kombiniert mit Satz in technisch angelegter Zweifarbigkeit, zweifarbig gedruckt. 37 x 26 cm
Auftraggeber: Constanze Verlag GmbH, Hamburg (Axel Springer und John Jahr)
Foto: MPEA/Metro Goldwyn Mayer
Grafik: H. R. Möller

Abb. 55 (S. 66): **Constanze-Cover** 4/1955
Farbfotografie kombiniert mit Satz und technisch angelegten Farbflächen, zum Teil ineinanderkopiert, vierfarbig gedruckt. 37 x 26 cm
Auftraggeber: Constanze Verlag GmbH, Hamburg (Axel Springer und John Jahr)
Foto: Harry Horn
Grafik: Herbert Scheurich

Abb. 56 (S. 67): **Constanze-Cover** 6/1957
Freigestellte Farbfotografie mit teilweise farbig angelegtem Satz, zum Teil ineinanderkopiert, vierfarbig gedruckt. 37 x 26 cm
Auftraggeber: Constanze Verlag GmbH, Hamburg (Axel Springer und John Jahr)
Foto: Palmas/Graziani
Grafik: Herbert Scheurich

Abb. 57 (S. 67): **Constanze-Cover** 8/1960
Farbige Pinselzeichnung kombiniert mit Satz und technisch angelegten Farbflächen, zum Teil ineinanderkopiert, vierfarbig gedruckt. 36 x 26 cm
Auftraggeber: Constanze Verlag GmbH, Hamburg (Axel Springer und John Jahr)
Gestaltung: Vincent E. van den Bogaard
Grafik: Herbert Scheurich

Abb. 58 (S. 70): **Ihre Freundin-Cover** 24/1953
Farbfotografie kombiniert mit Satz und technisch angelegten Farbflächen, vierfarbig gedruckt. 37 x 27,5 cm
Auftraggeber: Burda Verlag GmbH, München
Foto: Metro Goldwyn Mayer

Abb. 59 (S. 70): **Freundin-Cover** 25/1961
Farbfotografie kombiniert mit teilweise farbig angelegtem Satz und technisch angelegten Farbflächen, zum Teil ineinanderkopiert, vierfarbig gedruckt. 37 x 26 cm
Auftraggeber: Burda Verlag GmbH, München
Grafische Gestaltung: Max Rheinschmidt
Foto: Erich Bauer

Abb. 60 (S. 71): **Freundin-Cover** 18/1962
Freigestellte Farbfotografie mit teilweise farbig angelegtem Satz, zum Teil ineinanderkopiert, vierfarbig gedruckt. 37 x 26 cm
Auftraggeber: Burda Verlag GmbH, München
Grafische Gestaltung: Max Rheinschmidt
Foto: Bublitz

Abb. 61 (S. 71): **Freundin-Cover** 11/1965
Farbfotografie kombiniert mit teilweise farbig angelegtem Satz und technisch angelegten Farbflächen, zum Teil ineinanderkopiert, vierfarbig gedruckt. 35 x 26 cm
Auftraggeber: Burda Verlag GmbH, München
Heftgrafik: C. J. Hagemann
Heftlayout: Max Rheinschmidt

Abb. 62 (S. 74): **Film und Frau-Cover** 4/1953
SW-Fotografie kombiniert mit Satz, zweifarbig (braun und gold) gedruckt. 36 x 26 cm
Auftraggeber: Jahreszeitenverlag, Hamburg
Foto: abc press/scoop

Abb. 63 (S. 75): **Film und Frau**
SW-Fotografie kombiniert mit Satz, einfarbig (braun) gedruckt. 7,8 x 6,2 cm
Aus: *Film und Frau* 4/1953
Auftraggeber: Jahreszeitenverlag, Hamburg
Foto: abc press/scoop

Abb. 64 (S. 76): **Riz**
SW-Fotografie kombiniert mit farbiger (?) Zeichnung und Satz, zum Teil ineinanderkopiert, einfarbig (braun) gedruckt. 16 x 11 cm
Aus: *Film und Frau* 3/1953
Auftraggeber: Riz, Köln
Foto: RKO

Abb. 65 (S. 77): **Eterna**
SW-Fotografie kombiniert mit Satz, zum Teil ineinanderkopiert, einfarbig (schwarz) gedruckt. 33,5 x 12 cm
Aus: *Revue* 39/1961
Auftraggeber: Eterna AG, Passau

Abb. 66 (S. 78): **Quikoton**
SW-Fotografie auf Volltonhintergrund freigestellt, kombiniert mit gezeichneten Elementen und Satz, einfarbig (schwarzbraun) gedruckt. 36 x 26 cm
Aus: *Constanze* 11/1965

Abb. 67 (S. 79): **Zwei blaue Augen**
Farbige Pinselzeichnung, vierfarbig gedruckt. 84 x 59,6 cm. 1955
Auftraggeber: Real-Film (?)

Abb. 68 (S. 80): **Lux**
SW-Fotografie, farbige (?) Zeichnung und Satz, zum Teil ineinanderkopiert, einfarbig (braun) gedruckt. 25 x 17,5 cm
Aus: *Freundin* 16/1957
Auftraggeber: Sunlicht GmbH, Lever GmbH, Hamburg
Agentur: J. Walter Thompson (?)

Abb. 69 (S. 80): **Lux**
SW-Fotografie, farbige (?) Zeichnung und Satz, zum Teil ineinanderkopiert, einfarbig (schwarz) gedruckt. 32 x 16,5 cm
Aus: *Kristall* 21/1959
Auftraggeber: Sunlicht GmbH, Lever GmbH, Hamburg
Agentur: J. Walter Thompson (?)

Abb. 70 (S. 80): **Lux**
Farbfotografien kombiniert mit teilweise farbig angelegtem Satz, zum Teil ineinanderkopiert, vierfarbig gedruckt. 37 x 26 cm
Aus: *Freundin* 41/1963
Auftraggeber: Sunlicht GmbH, Lever GmbH, Hamburg
Agentur: J. Walter Thompson (?)

Abb. 71 (S. 81): **Film und Frau**
SW-Fotografie, einfarbig (braun) gedruckt, kombiniert mit Gold. 33 x 24 cm
Aus: *Film und Frau* 5/1955
Auftraggeber: Jahreszeitenverlag, Hamburg

Abb. 72 (S. 81): **Martini**
Verschiedene SW-Fotografien kombiniert mit Satz und Grafik, ineinanderkopiert, einfarbig (schwarz) gedruckt.
37 x 19,5 cm
Aus: *Stern* 48/1959
Auftraggeber: Martini & Rossi AG, Bad Kreuznach

Abb. 73 (S. 82): **Gillette**
Verschiedene Farbfotografien kombiniert mit Satz, vierfarbig gedruckt. 37 x 25,5 cm
Aus: *Revue* 48/1962
Auftraggeber: Gillette Deutschland GmbH & Co, Berlin

Abb. 74 (S. 82): **Jacobs**
Verschiedene Farbfotografien auf gemeinsamem Fond freigestellt, kombiniert mit Satz auf technisch angelegter Farbfläche, vierfarbig gedruckt. 25 x 17,5 cm
Aus: *Westermanns Monatshefte* 3/1964
Auftraggeber: Joh. Jacobs & Co, Bremen

Abb. 75 (S. 83): **Glücksritter**
Farbige Pinselzeichnung kombiniert mit Satz, vierfarbig gedruckt. 84 x 59,6 cm. 1956
Auftraggeber: Real-Film (?)
Gestaltung: Boris Streimann

Abb. 76 (S. 86): **Der blaue Strohhut**
Farbige Pinselzeichnung kombiniert mit Satz, vierfarbig gedruckt. 84 x 59,6 cm. 1950
Auftraggeber: Bavaria (?)
Zeichnung: Gortzenbach (?)

Abb. 77 (S. 86): **Das Meer ruft**
Farbige Pinselzeichnung kombiniert mit Satz, vierfarbig gedruckt. 84 x 59,6 cm. 1952
Auftraggeber: Florstedt Filmverleih, Hannover (?)
Gestaltung: Ernst Litter

Abb. 78 (S. 87): **Der Weg der zum Himmel führt**
Farbige Zeichnung kombiniert mit Satz, vierfarbig gedruckt. 84 x 59,6 cm. 1969
Auftraggeber: Neue Filmkunst, Göttingen
Gestaltung: Hans Hillmann

Abb. 79 (S. 87): **Orfeu Negro**
Farbige Collage in Mischtechnik kombiniert mit Satz, vierfarbig gedruckt. 84 x 59,6 cm. 1964
Auftraggeber: Atlas Film, Duisburg
Gestaltung: Karl Oskar Blase

Abb. 80 (S. 89): **Constructa**, 1951
Technisch dreifarbig angelegte Zeichnung, dreifarbig gedruckt. 42 x 30 cm
Auftraggeber: Deutsche Messe AG, Hannover
Agentur: Interne Werbeabteilung; Leitung: H. Hammers
Gestaltung: Kurt Hinterberger

Abb. 81 (S. 90): **Hannover-Messe**, 1952
Technisch dreifarbig angelegte Zeichnung, dreifarbig gedruckt. 84 x 59,6 cm
Auftraggeber: Deutsche Messe AG, Hannover
Agentur: Interne Werbeabteilung; Leitung: H. Hammers
Gestaltung: H. Hammers (?)

Abb. 82 (S. 90): **Hannover-Messe**, 1955
Technisch vierfarbig angelegte Zeichnung, vierfarbig gedruckt. 59,6 x 42 cm
Auftraggeber: Deutsche Messe AG, Hannover
Agentur: Interne Werbeabteilung; Leitung: H. Hammers
Gestaltung: Schöning

Abb. 83 (S. 91): **Hannover-Messe**, 1962
Technisch dreifarbig angelegte Zeichnung, dreifarbig gedruckt. 84 x 59,6 cm
Auftraggeber: Deutsche Messe AG, Hannover
Agentur: Interne Werbeabteilung; Leitung: H. Hammers
Gestaltung: Oberländer

Abb. 84 (S. 96): **Eterna**
SW-Fotografie, Grafik und Satz, zum Teil ineinanderkopiert, einfarbig (schwarz) gedruckt. 18,5 x 13 cm
Aus: *Das Beste aus Reader's Digest* 12/1952
Auftraggeber: Eterna AG, Passau

Abb. 85 (S. 97): **Rosenthal**
SW-Fotografie kombiniert mit Satz, einfarbig (braun) gedruckt. 18,5 x 14 cm
Aus: *Freundin* 26/1953
Auftraggeber: Rosenthal AG, Selb
Gestaltung: Rosenthal-Werbeabteilung

Abb. 86 (S. 99): **Herrenoberbekleidungsindustrie**
Verschiedene freigestellte SW-Fotografien kombiniert mit Satz und Grafik, einfarbig (schwarz) gedruckt. 30,5 x 23,5 cm
Aus: *Praline* 17/1959
Auftraggeber: Werbegemeinschaft Herrenoberbekleidung GmbH, Köln

Abb. 87 (S. 101): **Trevira**
Verschiedene freigestellte SW-Fotografien kombiniert mit Satz und Grafik, einfarbig (schwarz) gedruckt. 33 x 25 cm
Aus: *Für Sie* 20/1963
Auftraggeber: Hoechst AG, Frankfurt am Main
Agentur: Dorland, München

Abb. 88 (S. 104): **Opel**
Farbige (?) Zeichnung kombiniert mit einfarbigen Zeichnungen, Satz und Grafik, einfarbig (schwarz) gedruckt. 32,5 x 24,2 cm
Aus: *Innen-Dekoration* 6/1954
Auftraggeber: Opel AG, Rüsselsheim
Agentur: McCann Erickson, Frankfurt (?)

Abb. 89 (S. 105): **Opel**
Farbige (?) Zeichnung kombiniert mit Satz und Grafik, einfarbig (schwarz) gedruckt. 28,5 x 20 cm
Aus: *Die Kunst* 10/1955
Auftraggeber: Opel AG, Rüsselsheim
Agentur: McCann Erickson, Frankfurt (?)

Abb. 90 (S. 107): **Opel**
Verschiedene ineinanderkopierte Farbfotografien kombiniert mit Satz und Grafik, vierfarbig gedruckt. 32 x 23,5 cm
Aus: *Chic* 40/1959
Auftraggeber: Opel AG, Rüsselsheim
Agentur: McCann Erickson, Frankfurt (?)

Abb. 91 (S. 108): **Ford**
Verschiedene zum Teil freigestellte (technisch retuschierte?) SW-Fotografien kombiniert mit Satz und Grafik, einfarbig (schwarz) gedruckt. 30 x 22 cm
Aus: *Der Spiegel* 51/1959
Auftraggeber: Ford-Werke AG, Köln
Agentur: J. Walter Thompson

Abb. 92 (S. 109): **Eppens**
Einfarbige Kohlezeichnung kombiniert mit Satz und Grafik, einfarbig (schwarz) gedruckt. 33 x 22,3 cm
Lesezirkel-Umschlag, Köln 1959
Auftraggeber: Eppens & Co, Köln
Gestaltung: Bageritz

Abb. 93 (S. 111): **Borgward**
Verschiedene Farbillustrationen kombiniert mit zum Teil farbigem Satz und Grafik, vierfarbig gedruckt. 32 x 23,5 cm
Aus: *Chic* 4/1959
Auftraggeber: Borgward AG, Bremen
Zeichnung: A. Höfer

Abb. 94 (S. 112): **Edelstahl rostfrei**
Verschiedene zum Teil freigestellte SW-Fotografien kombiniert mit Satz und Grafik, einfarbig (schwarz) gedruckt. 30 x 22 cm
Aus: *Der Spiegel* 51/1959
Auftraggeber: Informationsstelle Edelstahl Rostfrei, Düsseldorf
Agentur: Zernisch & Partner, Düsseldorf

Abb. 95 (S. 113): **Auto Union**
Verschiedene zum Teil freigestellte SW-Fotografien kombiniert mit Satz und Grafik, einfarbig (braun) gedruckt. 36 x 25 cm
Aus: *Freundin* 9/1959
Auftraggeber: Auto Union GmbH, Ingolstadt

Abb. 96 (S. 117): **Dralon**
Verschiedene SW-Fotografien kombiniert mit Satz und Grafik, einfarbig (braun) gedruckt. 34 x 26 cm
Aus: *Für Sie* 10/1959
Auftraggeber: Bayer AG, Dormagen

Abb. 97 (S. 118): **Felina**
Retuschierte (?) SW-Fotografie kombiniert mit Satz, einfarbig (braun) gedruckt. 16,5 x 11,3 cm
Aus: *Film und Frau* 12/1952
Auftraggeber: Felina GmbH, Mannheim

Abb. 98 (S. 119): **Blaupunkt**
SW-Fotografie kombiniert mit Satz und Grafik, einfarbig (blau-schwarz) gedruckt. 15,8 x 11,8 cm
Aus: *Schöner Wohnen* 4/1958
Auftraggeber: Blaupunkt-Werke GmbH, Hildesheim

Abb. 99 (S. 121): **Opel Rekord**
Farbige (?) Zeichnung kombiniert mit Satz, einfarbig (braun) gedruckt. 16,5 x 25 cm
Aus: *Constanze* 11/1955
Auftraggeber: Opel AG, Rüsselsheim
Agentur: McCann Erickson, Frankfurt (?)

Abb. 100 (S. 122): **Panto**
Verschiedene zum Teil freigestellte SW-Fotografien kombiniert mit Satz und Grafik, einfarbig (braun) gedruckt. 16,3 x 23,3 cm (Ausschnitt)
Aus: *Revue* 41/1959

Abb. 101 (S. 123): **8 mal 4**
Technisch zweifarbig angelegte Grafik und Satz in Farbfotografie einkopiert, vierfarbig gedruckt. 35,5 x 25 cm
Aus: *Quick* 28/1962
Auftraggeber: BDF, Beiersdorf AG, Hamburg

Abb. 102 (S. 125): **Herrenoberbekleidungsindustrie**
SW-Fotografie kombiniert mit Satz, einfarbig (schwarz) gedruckt. 34,5 x 25 cm
Aus: *Constanze* 40/1962
Auftraggeber: Werbegemeinschaft Herrenoberbekleidung GmbH, Köln

Abb. 103 (S. 127): **Nescafé**
Farbige (?) Pinselzeichnung kombiniert mit Satz, einfarbig (braun) gedruckt. 34 x 17,8 cm
Aus: *Constanze* 17/1954
Auftraggeber: Nestlé Deutschland AG, München

Abb. 104 (S. 129): **Bier**
Verschiedene zum Teil freigestellte Farbfotografien (auf der Druckplatte [?] teilweise farblich verstärkt) kombiniert mit Satz und einer einfarbigen Strichzeichnung, vierfarbig gedruckt. 35 x 18,5 cm
Aus: *Revue* 42/1961

Abb. 105 (S. 130): **Jacobs**
Farbige Pinselzeichnung kombiniert mit zum Teil farbigem Satz, vierfarbig gedruckt. 36 x 25 cm
Aus: *Neue Illustrierte* 5/1962
Auftraggeber: Joh. Jacobs & Co, Bremen
Agentur: Starke Werbung
Zeichnung: Ooievaar
Text: Starke Werbung/Caprano, Jacobs

Abb. 106 (S. 131): **Tchibo**
Verschiedene zum Teil freigestellte Farbfotografien (auf der Druckplatte farblich verstärkt?) kombiniert mit Satz und Grafik, vierfarbig gedruckt. 36 x 26 cm
Aus: *Constanze* 17/1964
Auftraggeber: Tchibo-Frisch-Röst Kaffee GmbH, Hamburg
Agentur: Doyle, Dane, Bernbach; Düsseldorf
Zuständiger Werbeleiter: Ernst Pressler

Abb. 107 (S. 134): **Kathreiner**
Einfarbige Zeichnung kombiniert mit Satz, einfarbig (braun-schwarz) gedruckt. 17 x 23,8 cm
Aus: *Constanze* 21/1963
Auftraggeber: Nestlé Deutschland AG, München
Gestaltung: Schultz-Severin

Abb. 108 (S. 136): **Opel**
Farbfotografie (auf der Druckplatte farblich verstärkt?) kombiniert mit Satz und Grafik, zum Teil ineinanderkopiert, vierfarbig gedruckt. 34 x 25,5 cm
Aus: *Schöner Wohnen* 11/1961
Auftraggeber: Opel AG, Rüsselsheim
Agentur: McCann Erickson, Frankfurt (?)

Abb. 109 (S. 137): **VW**
SW-Fotografie kombiniert mit Satz, einfarbig (schwarz) gedruckt. 36 x 26 cm
Aus: *Revue* 48/1962
Auftraggeber: VW AG, Wolfsburg
Agentur: Wensauer DDB Needham, Düsseldorf
Gestaltung: Paul Wollman (?)
Text: Claus Harden (?)

Abb. 110 (S. 137): **DKW**
SW-Fotografie kombiniert mit Satz, einfarbiger Strichzeichnung und Grafik, zum Teil ineinanderkopiert, einfarbig (schwarz) gedruckt.
36 x 26 cm
Aus: *Neue Illustrierte* 46/1962
Auftraggeber: Auto Union GmbH, Ingolstadt

Abb. 111 (S. 138): **Ford**
SW-Fotografie kombiniert mit Satz, einfarbiger Strichzeichnung und Grafik, zum Teil ineinanderkopiert, einfarbig (schwarz) gedruckt.
36 x 26 cm
Aus: *Constanze* 12/1963
Auftraggeber: Ford-Werke AG, Köln
Agentur: J. Walter Thompson

Abb. 112 (S. 138): **BMW**
SW-Fotografien kombiniert mit Satz und Grafik, einfarbig (schwarz) gedruckt. 36 x 26 cm
Aus: *Constanze* 31/1965
Auftraggeber: BMW AG, München
Agentur: Dorland, München

Abb. 113 (S. 141): **wellaform**
Verschiedene SW-Fotografien (zum Teil einfarbig nachkoloriert) kombiniert mit Satz und Grafik, zweifarbig (schwarz und rot) gedruckt. 18,5 x 13 cm
Aus: *Das Beste aus Reader's Digest* 7/1962
Auftraggeber: Wella AG, Darmstadt

Abb. 114 (S. 142): **Diplona**
Verschiedene SW- und Farbfotografien (stark nachkoloriert) kombiniert mit Satz und Grafik, vierfarbig gedruckt.
36,5 x 26 cm
Aus: *Neue Illustrierte* 4/1960
Auftraggeber: Diplona (?); heutiger Lizenzinhaber:
Mann & Schröder GmbH, Siegelsbach

Abb. 115 (S. 143): **Diplona**
Verschiedene SW- und Farbfotografien (stark nachkoloriert) kombiniert mit Satz und Grafik, vierfarbig gedruckt.
36,5 x 26 cm
Aus: *Neue Illustrierte* 23/1962
Auftraggeber: Diplona (?); heutiger Lizenzinhaber:
Mann & Schröder GmbH, Siegelsbach

Abb. 116 (S. 144): **Brisk**
Verschiedene zum Teil freigestellte SW-Fotografien kombiniert mit Satz und Grafik, einfarbig (schwarz) gedruckt. 34 x 18 cm

Aus: *TV Hören und Sehen* 29/1962
Auftraggeber: Elida Gibbs, Hamburg

Abb. 117 (S. 146): **Braun**
Verschiedene SW- und Farbfotografien (auf der Druckplatte farblich verstärkt?) kombiniert mit Satz und Grafik, vierfarbig gedruckt.
36 x 26 cm
Aus: *Freundin* 2/1960
Auftraggeber: Braun AG, Kronberg

Abb. 118 (S. 147): **Starmix**
Freigestellte SW-Fotografie kombiniert mit Satz und Grafik, einfarbig (schwarz) gedruckt. 36 x 19 cm
Aus: *Freundin* 2/1960
Auftraggeber: Electrostar Schöttle GmbH & Co, Reichenbach/Fils

Abb. 119 (S. 148): **Braun**
Verschiedene einfarbige Zeichnungen kombiniert mit Satz, einfarbig (schwarz) gedruckt. 36 x 26 cm
Aus: *Constanze* 4/1955
Auftraggeber: Braun AG, Kronberg

Abb. 120 (S. 149): **Braun**
SW-Fotografie kombiniert mit Satz, einfarbig (schwarz) gedruckt.
18,5 x 13 cm
Aus: *Das Beste aus Reader's Digest* 11/1959
Auftraggeber: Braun AG, Kronberg

Abb. 121 (S. 150): **Distler**
Retuschierte (?), freigestellte SW-Fotografie kombiniert mit einfarbiger (?) Zeichnung, Satz und Grafik, einfarbig (schwarz) gedruckt. 18,5 x 13 cm
Aus: *Das Beste aus Reader's Digest* 7/1958
Auftraggeber: Distler KG, Nürnberg
Gestaltung: Holl

Abb. 122 (S. 150): **Sunbeam**
Verschiedene zum Teil freigestellte SW-Fotografien kombiniert mit Satz und Grafik, einfarbig (schwarz) gedruckt. 18,5 x 13 cm
Aus: *Das Beste aus Reader's Digest* 10/1959
Auftraggeber: Sunbeam GmbH, Düsseldorf

Abb. 123 (S. 151): **Remington**
Verschiedene SW-Fotografien kombiniert mit Satz, einfarbig (schwarz) gedruckt. 18,5 x 13 cm
Aus: *Das Beste aus Reader's Digest* 2/1958
Auftraggeber: Remington Products Inc., Riedlingen

Abb. 124 (S. 151): **Siemens**
Verschiedene zum Teil freigestellte SW-Fotografien kombiniert mit Satz und Grafik, einfarbig (schwarz) gedruckt. 18,5 x 13 cm
Aus: *Das Beste aus Reader's Digest* 8/1958
Auftraggeber: Siemens AG, München

Abb. 125 (S. 152): **Braun**
Einfarbige Zeichnung und Satz in SW-Fotografie einkopiert, einfarbig (braunschwarz) gedruckt. 34 x 26 cm
Aus: *Schöner Wohnen* 5/1963
Auftraggeber: Braun AG, Kronberg

Abb. 126 (S. 155): **Muratti**
SW-Fotografie retuschiert, zweifarbig nachkoloriert und mit technisch angelegtem Rahmen versehen, dreifarbig gedruckt.
37 x 26 cm
Aus: *Praline* 9/1959
Auftraggeber: Cigarettenfabriken Muratti AG, Berlin

Abb. 127 (S. 156): **Texas**
Farbige (?) Zeichnungen kombiniert mit Satz und Grafik, einfarbig (braunschwarz) gedruckt. 36 x 26,5 cm
Aus: *Film und Frau* 24/1949
Auftraggeber: Martin Brinkmann AG, Bremen

Abb. 128 (S. 157): **Reemtsma**
Einfarbige Zeichnung kombiniert mit Satz, einfarbig (schwarz) gedruckt. 24,7 x 16,5 cm
Aus: *Die Welt,* 29. 8. 1953
Auftraggeber: H. F. & Ph. F. Reemtsma GmbH & Co, Hamburg
Gestaltung: Reemtsma-Werbeabteilung

Abb. 129 (S. 158): **Nil**
Satz in technisch zweifarbig angelegte Zeichnung einkopiert, zweifarbig gedruckt. 36 x 26 cm
Aus: *Quick* 51/1961
Auftraggeber: Austria Tabak GmbH, München
Agentur: Mayer-Absberg, München

Abb. 130 (S. 159): **Astor**
Satz in farbige Zeichnung einkopiert, vierfarbig gedruckt.
36,5 x 26 cm
Aus: *Revue* 20/1962
Auftraggeber: H. F. & Ph. F. Reemtsma GmbH & Co, Hamburg
Agentur: Heinz Martin Brose, Hamburg
Zeichnung: Max Hoff
Text: Heinz Martin Brose, Hamburg

Abb. 131 (S. 159): **Lord**
Farbfotografie (?) und zum Teil farbiger Satz in farbige Zeichnung einkopiert, vierfarbig gedruckt. 36,5 x 26 cm
Aus: *Neue Illustrierte* 18/1963
Auftraggeber: Martin Brinkmann AG, Bremen

Abb. 132 (S. 161): **HB**
Hartkopiertes, farbig gedrucktes (SW-?) Foto kombiniert mit Satz und retuschierter Farbfotografie (?), vierfarbig gedruckt.
35,5 x 25,5 cm
Aus: *Neue Illustrierte* 7/1962
Auftraggeber: BAT Hamburg
Agentur: Werbe Gramm, Düsseldorf
Gestaltung: Otto Czarnowski, Düsseldorf
Foto: Jens Schütte, Werbe Gramm, Düsseldorf
Fototechnik: Labor Werbe Gramm, Düsseldorf
Text: Jürgen Polter, Neuss

Abb. 133 (S. 162): **Marlboro**
Verschiedene ineinanderkopierte Farbfotografien (auf der Druckplatte farblich verstärkt?) kombiniert mit Satz, vierfarbig gedruckt.
35,5 x 25,5 cm
Aus: *Revue* 43/1962
Auftraggeber: Martin Brinkmann AG, Bremen

Abb. 134 (S. 163): **Simon Arzt**
Verschiedene zum Teil freigestellte und ineinanderkopierte Farbfotografien (auf der Druckplatte farblich verstärkt?) kombiniert mit Satz und Grafik, vierfarbig gedruckt. 35,5 x 25,5 cm
Aus: *Quick* 45/1962
Auftraggeber: BAT Hamburg
Agentur: Werbe Gramm, Düsseldorf
Gestaltung: Otto Czarnowski, Düsseldorf
Text: Jürgen Polter, Neuss

Abb. 135 (S. 163): **Martini**
Verschiedene zum Teil freigestellte und ineinanderkopierte Farbfotografien (auf der Druckplatte farblich verstärkt?) kombiniert mit Satz und Grafik, vierfarbig gedruckt. 35,5 x 25,5 cm
Aus: *Revue* 44/1962
Auftraggeber: Martini & Rossi AG, Bad Kreuznach

Abb. 136 (S. 163): **Coca-Cola**
Verschiedene Farbfotografien (auf der Druckplatte farblich verstärkt?) kombiniert mit Satz und Grafik, vierfarbig gedruckt.
35 x 25 cm
Aus: *Constanze* 6/1960
Auftraggeber: The Coca-Cola Company, Atlanta/Ga. (USA)

Abb. 137 (S. 169): **Die Waage**
Verschiedene einfarbige Zeichnungen kombiniert mit Satz und Grafik, einfarbig (schwarz) gedruckt. 36,5 x 26 cm
Aus: *Freundin* 17/1953
Auftraggeber: Die Waage, Gemeinschaft zur Förderung des Sozialen Ausgleichs e.V., Köln

Abb. 138 (S. 170): **Pril**
Verschiedene nachkolorierte (?) Farbfotografien kombiniert mit

zum Teil farbig angelegtem Satz und Zeichnung, vierfarbig gedruckt. 35 x 25 cm
Aus: *Constanze* 16/1954
Auftraggeber: Böhme Fettchemie, Düsseldorf (Henkel-Gruppe)

Abb. 139 (S. 171): **Aral**
Einfarbige (?) grafische Zeichnung, einfarbig (schwarz) gedruckt. 18,5 x 13 cm
Aus: *Das Beste aus Reader's Digest* 6/1955
Auftraggeber: Aral AG, Bochum

Abb. 140 (S. 172): **Lord**
Verschiedene zum Teil freigestellte SW-Farbfotografien kombiniert mit Satz und Grafik, einfarbig (schwarz) gedruckt. 34,5 x 12 cm
Aus: *Constanze* 14/1955
Auftraggeber: Kristinus GmbH, München

Abb. 141 (S. 173): **Lux**
Verschiedene farbige (?) Zeichnungen kombiniert mit Satz und Grafik, einfarbig (braun) gedruckt. 36,5 x 26 cm
Aus: *Freundin* 5/1957
Auftraggeber: Sunlicht GmbH, Lever GmbH, Hamburg
Agentur: J. Walter Thompson (?)

Abb. 142 (S. 174): **Felina**
Verschiedene freigestellte, zum Teil ineinanderkopierte SW-Fotografien kombiniert mit Satz und Grafik, einfarbig (braun) gedruckt. 36,5 x 26 cm
Aus: *Freundin* 22/1958
Auftraggeber: Felina GmbH, Mannheim

Abb. 143 (S. 175): **Schuhindustrie**
Einfarbig gezeichneter Text und Zeichnung auf technisch angelegtem einfarbigem Fond, zweifarbig gedruckt. 32,5 x 5,5 cm
Aus: *Quick* 48/1959

Abb. 144 (S. 176): **SPD**
Verschiedene SW-Fotografien kombiniert mit Satz, einfarbig (schwarz) gedruckt. 34 x 12,8 cm
Aus: *Revue* 37/1961
Auftraggeber: Parteivorstand der SPD, Bonn

Abb. 145 (S. 178): **Mercedes-Benz**
Farbige Pinselzeichnung kombiniert mit Satz und Grafik, vierfarbig gedruckt. 18,5 x 13 cm
Aus: *Das Beste aus Reader's Digest* 12/1952
Auftraggeber: Mercedes-Benz AG, Stuttgart
Zeichnung: Hans Liska
Text: Mercedes-Benz AG

Abb. 146 (S. 179): **Mercedes-Benz**
Farbige Zeichnung kombiniert mit zum Teil farbigem Satz und Grafik, vierfarbig gedruckt. 18,5 x 13 cm
Aus: *Das Beste aus Reader's Digest* 6/1954
Auftraggeber: Mercedes-Benz AG, Stuttgart
Zeichnung: Maiwald
Text: Mercedes-Benz AG

Abb. 147 (S. 181): **Mercedes-Benz**
Farbfotografie (auf der Druckplatte farblich verstärkt?) kombiniert mit Satz und Grafik, vierfarbig gedruckt, 36 x 25 cm
Aus: *Film und Frau* 23/1958
Auftraggeber: Mercedes-Benz AG, Stuttgart
Foto: Mercedes-Benz AG
Text: Mercedes-Benz AG

Abb. 148 (S. 182): **Mercedes-Benz**
Dreifarbig angelegte Zeichnung (?) kombiniert mit Satz und Grafik, zum Teil ineinanderkopiert, dreifarbig gedruckt. 31,5 x 23,5 cm
Aus: *Praline* 19/1959
Auftraggeber: Mercedes-Benz AG, Stuttgart
Zeichnung: Kopp oder Bracq
Text: Mercedes-Benz AG

Abb. 149 (S. 182): **Mercedes-Benz**
Farbfotografie kombiniert mit Satz und Grafik, vierfarbig gedruckt. 35,5 x 25,5 cm
Aus: *Constanze* 17/1964
Auftraggeber: Mercedes-Benz AG, Stuttgart
Foto: Mercedes-Benz AG
Text: Mercedes-Benz AG

COVER: Abb. 1
Persil
Schon damals seit vierzig Jahren am Puls der Zeit: die *Persil*- Frau.
Aus: *Freundin* 9/1960

BACKCOVER: Abb. 2
BP
Mit der Kraft der Fantasie abheben vom harten Boden der Nachkriegsrealität.
Aus: *Das Beste aus Reader's Digest* 12/1952

SEITE 1: Abb. 3
Hudson
Zum klassischen Schönheitssymbol verdammt: die Frau in der Werbung.
Aus: *Freundin* 11/1954

SEITE 4: Abb. 4
Knorr
Noch Genremalerei, aber schon an der Schwelle zum Farbfoto.
Aus: *Constanze* 6/1957

Die Deutsche Bibliothek – CIP-Einheitsaufnahme:
Werbung in Deutschland 1945–1965: die Nachkriegszeit im Spiegel ihrer Anzeigen / Michael Kriegeskorte. – Köln: DuMont, 1992
ISBN 3-7701-2968-7
NE: Kriegeskorte, Michael

Satz: Fotosatz Harten, Köln
Reproduktion: APEX, Köln
Druck und buchbinderische Verarbeitung:
Druckerei Uhl, Radolfzell

Printed in Germany ISBN 3-7701-2968-7